복 있는 사람

오직 여호와의 율법을 즐거워하여 그 율법을 주야로 묵상하는 자로다.
저는 시냇가에 심은 나무가 시절을 좇아 과실을 맺으며 그 잎사귀가 마르지 아니함 같으니
그 행사가 다 형통하리로다. (시편 1:2-3)

내가 학문적으로, 개인적으로 존경하고 매료된 현대 구약학자들 가운데 엘런 데이비스는 언제나 맨 앞줄에 선다. 그녀의 인품뿐 아니라 학문성과 영성에서 그러하다. 이 책은 그녀의 수많은 강연과 설교에서 발췌한, 정밀한 구약 에세이집이다. 이 책을 읽으면서 나는 넋을 잃고 강의에 몰입하는 진지한 학생이나 된 듯했다. 낭비되는 단어나 문구가 하나도 없을 정도로 품격 있는 구약신학 글쓰기의 전형이었기 때문이다. 구약의 핵심적인 내용들을 이렇게 진술하고 격조 있게 전달하는 구약학자는 참으로 드물다. 특별히 시편과 지혜 문헌에 대한 해석은 탄성을 자아내게 한다. 본문을 존중하며, 본문이 스스로 말하도록 한 걸음 물러나 들으려는 학자적이고 겸손한 영성과 온화한 목회자의 인격이 고스란히 전달된다. 『하나님의 진심』은 단순히 구약을 재발견하는 책이 아니다. 우리가 믿는 하나님과의 관계성을 한층 깊게 하는 데 목적이 있다. 이 책은 혼탁한 세상에서 진실을 추구하려는 영혼을 위한 따스하고 진한 수프다. 때론 공감으로, 때론 도전으로, 때론 아픔으로, 때론 위로로, 때론 새 비전으로 다가오는 글들이다. 구약 성경을 사랑하는 사람이라면 반드시 정독을 요청하는 신선한 목소리다. 마음을 다해 강력 추천한다.

류호준, 백석대학교 신학대학원 구약학 교수

엘런 데이비스의 『하나님의 진심』은 여러 편의 신학적 성찰과 설교를 담고 있다. 이 책은 구약 성경을 그리스도에 대한 예언으로 읽으려고 하는 보수주의적 읽기도 피하고, 이성적 잣대와 현대적 도덕적 감수성으로 읽으려고 하는 자유주의적 읽기도 피한다. 『하나님의 진심』은 구약 성경의 여러 본문을 통해 하나님과 친밀하게 사귀는 길을 보여주는 영성 고양을 위한 책이다. 1부는 시편이 곤경에 처한 사람들의 기도를 돕는 데 얼마나 유용한지를 보여준다. 심지어 시편의 애가 탄식이나 저주 기도마저도 그리스도인들의 영적 성장과 영성 함양에 유익하다는 점을 잘 설득하고 있다. 2부는 하나님의 값비싼 사랑에 관한 다양한 면모를 보여준다. 모세의 가시떨기 불꽃 한복판 하나님과의 대면, 이삭의 결박, 아가서 등을 다룬다. 특히 저자는 아가서를 일차적으로 남녀 간의 순수한 성애적 사랑을 예찬하는 노래로 읽는 것을 옹호하고, 궁극적으로는 하나님과의 신비한 영적 친교를 말하는 노래로 읽는 것을 열렬히 옹호한다. 아가서가 우리 영혼이 하나님의 현존을 즐거워하며 우리 존재가 하나님께 사로잡히는 것을 즐거워하도록 창조되었음을 가르친다는 것이다. 잠언, 전도서, 욥기를 다루는 3부는 모순, 부조리, 불확실성으로 가득 찬 세상에서 하나님을 경외하고 살아가는 삶에 관한 고단수의 지혜를 다룬다. 4부는 여러 구약 성경 본문에 대한 설교 묶음이며, 5부는 구약을 성경적 생태계를 착상하는 토대로 삼아 보려는 시도다. 여기서 저자는 그리스도인 생태주의자 시인인 웬델 베리(『온 삶을 먹다』의 저자)의 사상을 되울리고 있다.

전체적으로 이 책은 세상을 사랑하시는 하나님, 부조리하고 불의한 세상에서 신음하며 간신히 살아가는 당신의 백성들과 친밀하게 동행해 주려고 애쓰시는 구약 성경 하나님의 다양한 면모를 보여준다. 더불어 우리의 부서지고 망가진 자아를 세심하게 돌봐 주시고 응시해 주시는 하나님의 자애로움을 느끼게 해준다. 하나님이 자신과 아주 멀리 떨어져 있다고 느끼는 영적 냉담자들이라도 이 책을 읽으면 하나님이 아주 가까운 곳에서 나와 동행하고 계신다는 사실을 깨닫게 될 것이다. 벧엘에서 돌베개를 베고 누워 노숙하던 야곱이 자신에게 나타나신 하나님을 보고 자신이 누운 그 고독한 노숙터가 바로 하나님께로 직행하는 하나님의 집이요 하나님께 올라가는 하늘 문임을 깨달았듯이, 독자들은 이 책을 읽으며 자신의 노숙터와 같은 일상 현장이 바로 하나님의 집이 될 수 있음을 알게 될 것이다.

김회권, 숭실대학교 기독교학과 구약학 교수

이 책의 시작부터 끝까지 엘런 데이비스는 성경 본문을 민감하게 읽어 내고, 그 본문을 통해 일하시는 성령에 집중하며, 그 본문이 말하는 하나님과 교회가 더 가까워지기를 바라는 마음을 드러낸다.

월터 브루그만, 컬럼비아신학교 구약학 명예교수

엘런 데이비스는 상실한 지 오래된 신학의 장르를 복구시켰다. 그것은 우리의 고통을 공유하시는 하나님과 지속적으로 관계 맺으며, 본문 자체로 돌아갈 것을 우리에게 도전하고 선언하는 탁월하고 탐구적인 성경 해석이다.

브레버드 차일즈, 前 예일대학교 신학대학원 구약학 교수

쉽게 그러나 탁월하게, 자신 있게 그러나 예술적으로, 저자는 구약 성경에서 매우 어려운 본문들을 해결해 나간다. 성경 해석에 대한 가장 최근의 연구들을 접하는 동시에, 믿음의 삶에 대한 풍성한 통찰을 마음껏 즐기고 싶다면, 지금 이 책을 읽기 바란다.

플레밍 러틀리지, 미국 성공회 신부, *The Crucifixion* 저자

하나님의
진심

Getting Involved with God
Rediscovering the Old Testament

ELLEN F. DAVIS

엘런 F. 데이비스

하나님의
진심

구약 성경, 천천히 다시 읽기

복 있는 사람

하나님의 진심

2017년 9월 12일 초판 1쇄 발행
2023년 9월 22일 초판 4쇄 발행

지은이 엘런 F. 데이비스
옮긴이 양혜원
펴낸이 박종현

(주) 복 있는 사람
주소 서울특별시 마포구 연남동 246-21(성미산로23길 26-6)
전화 02-723-7183, 7734(영업·마케팅)
팩스 02-723-7184
이메일 hismessage@naver.com
등록 1998년 1월 19일 제1-2280호

ISBN 979-11-7083-022-1 03230

이 도서의 국립중앙도서관 출판예정도서목록(CIP)은
서지정보유통지원시스템 홈페이지(http://seoji.nl.go.kr)와 국가자료공동목록시스템
(http://www.nl.go.kr/kolisnet)에서 이용하실 수 있습니다. (CIP 제어번호: 2017021803)

Getting Involved with God
by Ellen F. Davis

몰리, 니코, 니콜라스, 페이터, 아이작, 그리고 에스라

우리 믿음의 새 세대를 위하여

감사의 글

이 책은 14년에 걸친 강의와 설교에서 비롯되었다. 그 시작을 돌아보면서 성 제임스 감독교회의 사람들에게 감사하게 되는 이유는 '평범한 교인들'이 성경신학의 가장 굵직하고도 어려운 문제들과 기꺼이 씨름하려 한다는 사실을 알게 해주었기 때문이다. 이 책의 교수법은 그들과 함께한 경험에서 나온 것이다.

이 책은 편집자 덕분에 나오게 된 책이다. 신시아 섀턱이 구상을 했고, 상당한 노력을 통해 책으로 엮을 수 있는 글의 윤곽을 강의 노트 더미 속에서 찾아냈다. 오랜 세월의 우정을 통해 그녀는 내게 쉽게 풀어 쓰는 글쓰기를 부드럽게 권유했다. 이 책이 제대로 모양을 잡아 가는 몇 년 동안 그녀는 인내하며 나를 기다리기도 했고, 글이 이상하면 방향을 잡아 주기도 했다. 그녀와 카울리 출판사 직원들의 탁월한 작업과 친절에 감사를 드린다.

버지니아신학교에서는 내가 글을 마무리할 수 있도록 안식년을 허락해 주었다. 비숍 페인 도서관과 특히 숀 맥더모트에게 유쾌하게 대해 주고 효율적으로 도와준 것에 감사를 드린다. 나의 학생들, 그리고 나의 학장인 마사 혼에게 이 작업에 진심으로 관심을 보여준 것에 감사를 드린다. 안식년의 자유와 더불어, 가족들의 지지는 참으로 특권이다.

언제나 그렇듯 가장 고마운 사람은 글쓰기가 고통스러운 노동이면서 본질적인 오락이기도 한 아내에게 늘 관대한 남편 드웨인 휴브너다. 이 책을 우리의 자녀와 손자녀들에게 바친다.

차례

내 사랑하는 이가 입을 열어 내게 말합니다.

내 친구여, 일어나요. 내 아름다운 이여, 이리 와요.

겨울이 지나가고, 비가 그치고 사라졌어요.

땅에 싹이 나고, 노래의 시간이 왔어요.

우리 땅에 멧비둘기의 소리가 들려요. 아 2:10-12

일러두기

별도로 표기하지 않은 한 이 책에 나오는 모든 성경 본문은 저자가 직접 번역한 것이다(따라서 옮긴이도 한글 성경을 그대로 인용하지 않고 저자의 의도에 맞게 번역했다—옮긴이). 구절 표기는 히브리 성경의 방식을 따랐기 때문에 영어 번역본과는 다를 수 있다. 본문에 참고로 표시한 구절의 경우 NRSV New Revised Standard Version의 구절 표기 방식을 따랐다.

서문

이 책은 하나님과 깊은 관계를 맺기 시작하고, 그 관계 안에 머무는 것을 논하는 글이다. 어떻게 해야 그렇게 할 수 있는지, 그 대가는 무엇인지, 그 모양과 느낌은 어떤지, 애초부터 왜 그러한 일을 시도하는지에 대한 글이다. 이 책은 또한 복음으로서, 그리고 하나님과 함께하는 삶에 대한 안내로서 구약을 읽는 것에 대한 글이기도 하다. 복음의 핵심 하나는 하나님이 우리와 깊고 불가피한 관계를 맺고 있다는 사실을 구약 성경이 반복해서 알려 준다는 것이다. 구약 성경은 그 복음의 메시지를 다양한 어조와 변화하는 감정으로 확언하고 있다. 슬픔에서부터 기쁨까지, 주체할 수 없는 분노에서부터 가슴 먹먹한 감사에 이르기까지, 인간이 느끼는 모든 감정의 폭을 표출하며 하나님께 외치는 시편 기자의 음성과, 시인, 이야기꾼, 예언자, 그리고 선생들을 통해서 말씀하시는 하나님 자신의 음성으로도 우리는 그 메시지를 듣는다. 하나님의 생은 우리의 생만큼이나 복합적이다. 그 이유는 하나님의 생이 우리의 생과 불가피하게 엮여 있기 때문이다.

이 책은 그리스도인들이 별로 익숙지 않으리라 생각하는 영적 독서의 방식을 권하고 있다. 구약 성경에 접근하는 두 가지 좀 더 일반적인 방법들의 대안으로 나는 이 방식을 제안한다. 두 가지 일반적인 방법 중 첫째는 보수적인 그리스도인들이 흔히 취하는 방식인데, 구약 성경을 무엇보다도 예수 그리스도의 탄생과 죽음과 부활을 예언하는 책으로 읽는 것이다. 많은 경우 이 접근 방법을 택하는 사람은 (십계명, 잠언, 그리고 몇 가지 시편들처럼) 구약 성경 군데군데에서 그리스도인에게 유용한 도덕적 교훈을 발견하기도 하고, (창세기의 경우처럼) 더러는 이를 역사로 읽기도 하지만, 나머지 부분은 대체로 무시한다. 두 번째 방법은 자유주의 그리스도인들에게 더 흔한 방식인데, 구약 성경에서 지루하지 않은 부분, 그러니까 거의 대부분의 구약 성경이 도덕적으로 결함이 있다고 보는 것이다. 말하자면 구약 성경은 열등한 도덕적 감수성을 가지고 있다고 보는 것인데, 이러한 관점을 택하는 사람은 구약 성경을 아예 읽으려 하지 않거나, 그가 만약 목회자라면 설교하려 하지 않는다. 구원에 필요한 모든 것은 신약 성경에 편리하게 요약해서 잘 나와 있다고 보는 것이다.

나의 접근 방식은 이 두 가지 모두와 다르다. 나는 그리스도인에게 구약 성경이 필요하다고 믿는다. 그러나 내가 여기에서 연구하는 부분은 구약 성경의 예언적 기능도 아니고 도덕적 가르침도 아니다. 그 도덕적 가르침이 우리가 무엇을 해야 하고 하지 말아야 하는지에 대한 고정된 규칙들이라면 말이다. 내가 살펴보고자 하는 것은 하나님과의 친밀한 삶에 대해서 구약 성경이 우리에게 가르쳐 주는 것이다. 2세기 때부터 교회는 신약 성경만으로는 우리가 삶에 대해서 알아야 하는 것을 다 배울 수 없다는 입장을 고수해 왔다.[1] 그리스도인들이 구약 성경 안에서 복음을 찾아야 하는 이유는 신약 성경의 저자들이 구약 성경을 특별히 인용하며 근거로 제시하지 않는 경우에도 언제나 구약 성경을 전제하고 있기 때문이다. 그들은 자신의 청중이 이미 구약 성경을 잘 알고 있고, 그 가르침으로부터 유익을 얻고 있다고 대체로 가정한다. 구약 성경이 잘 다루는 영적인 삶의 측면이 있다면 신약 성경의 저자들은 여전히 권위가 있는 그 옛날의 방식을 따랐다. 예수님 자신이 그렇게 했던 것처럼 말이다. 다시 말해서, 구약 성경은 그들의 신학적 기반이었다. "신약 성경에 직접 언급된 부분에서만이 아니라, 암암리에도 구약 성경의 권위가 인정되었다."[2]

이 책의 각 부는 하나님과 깊이 관계 맺고 싶은 사람들을 위해서 구약 성경을 비체계적으로 소개하는 구조를 취하고 있다. 성경을 통해 하나님과 관계 맺는 비법이 있다면, 그것은 아마도 책장을 천천히 넘기는 일일 것이다. 내가 가르치는 구약 성경 입문 강의를

---

[1] 교회가 처음 규명한 이단은 마르시온주의였는데, 이 교파는 구약 성경이 하나님에 대한 참지식을 반영하지 않으며 따라서 교회의 성경이 아니라고 주장했다.
[2] Christopher Seitz, *Word Without End: The Old Testament as Abiding Theological Witness* (Grand Rapids: Eerdmans, 1998), 222.

들었던 학생 하나는 이렇게 말했다. "이 강의를 처음 들을 때는 내가 너무 천천히 읽는 게 문제라고 생각했는데, 듣고 보니 내가 너무 빨리 읽고 있었더군요." 속도를 찬양하는 우리 문화의 일반적 경향이 우리의 독서 방식에도 반영된다. 현대 소설은 오락으로 독서를 하는 사람들에게 줄거리를 따라 훑어 읽는 방식을 가르쳤다. 많은 사람들이 자기 직업 때문에 책을 읽어야 하며, 우리는 방대한 양의 인쇄물을 얼마나 빨리 읽어 내느냐를 자랑스럽게 여긴다. 그러나 성경은 마일리지를 쌓는 것을 성공의 척도로 보지 않게 한다. 많은 경우, 구약 성경의 풍성함은 버섯을 캐는 사람처럼 천천히 움직이는 사람들에게만 감지된다. 그들은 아무것도 없어 보이는 곳에 가까이 다가가 자세히 살펴본다. 이상하게 선택되었다고 여겨지는 단어나 문구에 머물며 한참 생각하는 게 거의 언제나 도움이 된다. 따라서 여기에 수록된 에세이나 설교는 다음의 질문을 자주 던진다. "왜 성경은 우리가 예상하는 방식이 아닌 이러한 방식으로 말하는 걸까?" 그 이유는 성경의 계시적 기능이 말을 통해서 수행되기 때문이다. 예상치 못한 단어는 실재에 대한 새로운 가능성들을 묵상하는 방향으로 우리를 이끌 수 있다. 그리고 모호한 단어는 완전히 다른 길로 우리의 생각이 옮겨 가게 할 수 있다. 성경의 한 부분을 읽을 때 우리는 종종 다른 본문을 연상시키는 단어들과 마주치곤 한다. 그렇게 성경 저자들은 우리가 이전에는 전혀 생각해 보지 못했던 성경 본문 안의 사건들, 그리고 우리 인생의 사건들을 서로 연결 짓도록 미묘하게 이끈다.

이러한 종류의 독서는 많은 시간과 인내를 필요로 한다. 왜냐하면 이 세상에서 생각하며 살아가는 완전히 새로운 방식을 배우는 것이기 때문이다. 오늘날 대학들과 일부 신학교들은 성경 해석을 '과학'이라고 보기 때문에 이 같은 사실을 제대로 인식하지 못한다. 과학적 지식과 기술을 습득하는 것은 힘든 노력을 요하는 일이지만, 우리가 실재를 바라보는 방식을 근본적으로 바꾸지는 않는다. 그러나 성경을 영적으로 인식하며 읽는 습관을 익히면 세상을 아주 다르게 바라보게 된다. 많은 사람들—주로 성경을 한 번도 읽지 않은 사람들—이 생각하듯 성경이 무슨 꿈같은 그림을 그려 주어서가 아니다. 성경은 오히려 우리가 친숙하게 아는 이 세상, 너무도 생생하고 때로는 해결하기 어려운 힘든 일들이 있는 세상을 보여준다. 성경은 이 세상과 우리의 상황에 대해 무자비하게 현실적이다. 더 나은 상황인 척하지도 않고, 선천적으로 타고났든 후천적으로 습득했든 어떤 영적인 우월성을 통해서 그 어려움들을 초월할 수 있다고 생각하도록 유혹하지도 않는다. 그럼에도 우리가 깊이 있게 읽으면 급진적인 변화가 일어난다. 역사적으로 성경을 아주 깊이 읽은 사람 중 하나인 16세기의 장 칼뱅은 성경을 한 쌍의 안경으로 적절하게 비유했다. 전에는 전혀 볼 수 없었던 것을 보게 해주고, 정체불명으로 흐릿했던 것에서 의미를 찾게 해주기 때문이다. 우리가 어디에 서 있는지를 볼 수 있는 것이다. 세상이 더 안전해지지는 않겠지만, 그 안에 자리 잡은 우리의 인생은 더 안정적이 되고 우리의 움직임은 더 확고해진다. 성경을 잘 읽는 것이 안경을 쓰는 것과 같다면, 성경 읽기의 가장 큰 유익은 우리가 대화할 때 거기에 계신 분을 분명하게 볼 수 있다는 것이다. 그래서 이 책은 우리가 하나님과 대화하는 것으로 시작된다.

1부

고통과 찬양
공동 기도로서의 시편

시편은 정직하지만 낯선, 적어도 현대의 그리스도인들에게는 낯선 하나님과의 대화법을 우리에게 보여준다. 시편은 새로운 기도의 가능성을 열어 주기 때문에 우리가 하나님과 더 깊은 관계를 맺는 첫걸음이 될 수 있다. 시편은 완전한 개방의 길로 우리를 초대한다. 하나님이 우리가 하는 말에 관심을 갖게 하려면 먼저 처리해야 한다고 대부분의 사람들이 생각하는 감정과 사고에 대해서 하나님과 대화할 수 있게 해주기 때문이다. 충격적으로 들리는 시편의 목적은 수치스러운 것—예를 들어, 달콤한 복수의 욕망 같은 것—을 거룩하게 만들어 주거나 우리가 마땅히 달라져야 하는 부분에 대해서 이 정도면 괜찮다는 기분이 들도록 하려는 게 아니다. 시편이 우리에게 가르치는 것은 깊은 변화는 언제나 하나님의 현존 안에서 이루어진다는 것이다. 그리고 시편은 우리의 생각과 마음을 만드신 하나님께 그 생각과 마음을 온전히 열면, 우리가 알게든 모르게든 상상 너머로 변화될 수 있는 가능성이 열린다는 사실을 반복해서 증언한다.

1
더 잘 겨냥하기 위하여
시편으로 기도하기

내가 시편으로 시작하는 이유는 시편이 '있기 때문'이다. 시편은 단지 히브리 성경 안에만 있는 게 아니다. 가만히 보면 시편은 어느 곳에나 있음을 알 수 있다. 신약 성경에는 선지서보다 시편이 더 자주 인용된다. 예배 중에도 시편이 있다. 거의 모든 전통적인 가톨릭과 개신교 예배에 시편이 몇 소절 혹은 그 이상 등장한다. 우리가 알든 모르든 시편의 형식이 곧 우리가 하나님과 대화하는 형식이다. "오 주님, 우리의 입술을 열어 주십시오. … 그러면 우리의 입이 당신을 찬양할 것입니다." 이것은 시편 51편의 구절이지 루터나 크랜머Cranmer의 말이 아니다. 시편은 미사 전례집이나 개신교 기도서에 다 들어 있다. 성경의 여러 책 중에서도 유독 시편은 기도하는 그리스도인이 날마다 접하고자 하는 유일한 책인 듯하다. 심지어 전도에 열심인 가게 주인들이 손님들에게 공짜로 나누어 주는 성경처럼 생긴 내 자그마한 여행자용 신약 성경 맨 뒤에도 시편은 붙어 있다.

물론 시편이 이렇게 널리 퍼져 있는 이유, 그리고 우리가 시편에서부터 시작해야 하는 이유는 따로 있다. 시편은 현재 인쇄된 매체 중에서 영적인 생활을 안내해 주는 최고의 안내서다. 서점의 영성 코너에 있는 다른 모든 책들이 절판되고 나서 한참 후에도 시편은 여전히 책꽂이에 꽂혀 있을 것이다. 다른 책에서 배울 수 있는 것들은 이미 시편에 적어도 씨앗 형태로라도 다 들어 있다. 시편은 기도 안내서이지만, 종교와 기도에 대한 일반적인 오해들을 교정해 주기도 한다. 우리가 시편을 읽고 기도하면, 또한 시편의 말에, 그리고 시편으로 기도하는 우리의 말에 정말로 귀를 기울이면, 기도에 대한 우리의 생각이 바뀔 것이다. 시편으로 기도하는 이 성경적 기도는 기도 행세를 하는 텅 빈 감상주의를 폭로한다. 하나님 앞에서는 어떻게 생각하고 말해야 하는지에 대해서 우리가 들은 것들, 그리고 어쩌면 우리 자신도 생각했을 위험한 거짓들을 폭로한다. 하나님은 우리의 분노 따위는 신경 쓰시지 않는다거나, 우리가 적을 먼저 용서해야 하나님이 우리의 기도를 들으신다와 같은 말들 말이다. 또는, 우리는 희망의 사람들이기 때문에 (여기까지는 맞지만 그다음에 오는 말은 틀렸다.) 그리스도인의 삶에는 절망이나 두려움이 설 자리가 없다는 식의 말도 있다. 혹은 그 어떤 말보다도 더 많이 기도를 잠재웠을 지침도 있다. 하나님께 절대로 화를 내면 안 된다는 것이다. 대체로 이러한 생각들 때문에 많은 사람들이 더 자주 기도하지 않거나 더 깊이 기도하지 않는다.

이러한 모든 기도에 대한 인식의 문제는 우리가 정직하게 말할 수 없는 존재, 그러니까 우리의 추한 면이나 숨겨진 약점을 드러낼 수 없는 존재와는 친밀한 관계를 맺을 수 없다는 사실에서 비롯된다. 오늘날 우리는 정직하고 허심탄회한 대화가 가정생활이나 친밀한 우정에 매우 중요하다는 것을 알 만큼 심리학 지식이 발달한 시대에 살고 있다. 그러나 그것이 하나님과의 관계에도 적용된다는 걸 알고 있는가? 이것이 바로 시편의 요점이다. 하나님 앞에서 우리의 생각을 정직하게 다 말하는 것 말이다. 시편은 말하자면 신자들에게 보장된 언론의 자유다. 하나님 앞에서 완전한 언론의 자유를 보장하고, (세속 헌법에는 결코 없는) 그 자유를 행사하는 방법에 대한 자세한 모델을 제시해 준다. 거의 반란에 육박할 정도의 위험한 수위까지 말이다.

그 이유는 시편이 전부 하나님은 하늘에 계시니 이 세상은 평안하도다 하고 선포하는 열정적인 찬양이 아니기 때문이다. 시편의 많은 부분이 사실 이 세상에는 잘못된 일들이 많다고 주장하고 있고, 하나님이 그것들을 어떻게든 해주실 것을 요구하고 있다. 때로는 당황스러울 정도로 고상하지 못하다. 예를 들어, 적이 뜨거운 길 위의 민달팽이처럼 녹게 해달라고 경건하게 기도하는 시편 기자의 경우를 보라.시 58:8 그러나 이런 유쾌하지 않은 외침들은 성경에 있기 때문에 하나님의 말씀으로서 우리에게 다가온다. 그리고 그러한 아이러니가 바로 시편의 가장 중요한 점이다. 즉 그 외침들이 의심의 여지없는 인간의 표현이라는 것이다. 시편은 인간의 언어로 분명하게 구현된 유일한 성경이다. 그래서 우리가 그대로 받아서 사용할 수 있다. 성경의 나머지 부분은 선지서처럼 직접적으로든, 이스라엘의 역사나 복음 서사나 잠언의 격언처럼 간접적으로든, 전부 하나님이 우리에게 하시는 말씀을 재현한다. 시편만이 기도로, 인간이 하나님께 하는 말로 구성되어 있다. 그러나 그것이 성경이기 때문에 우리는 그것을 또한 우리를 향한 하나님의 말씀으로도 이해한다. 혹은 시편이란 우리 안에 있는 하나님의 말씀이라고 하는 게 더 나을지도 모르겠다. 바울이 로마에 있는 사람들에게 쓴 편지에서 한 말롬 8:6을 풀어서 쓰자면, 시편은 우리를 통해서 말씀하시는 하나님의 영으로서, 대개의 경우 우리가 어떻게 마땅히 기도해야 할지 모를 때 기도하도록 우리를 도와주는 책이다.

그래서 시편은 정직한 말을 요구한다. 그러나 친밀한 관계에서는 정직이 다가 아니다. 우리는 또한 지혜롭게 말해야 한다. 적어도 때로는 말이다. 인내하며 깊이 주의를 기울이면 시편은 우리에게 기도의 지혜를 가르쳐 줄 것이다. 첫 번째 시편이 지혜의 시편인 것은 우연이 아니다. 아마도 그것은 고대 이스라엘의 고등 교육에서 나왔을 것이다. 이 첫 시편은 그 이후에 나오는 모든 시편을 이해할 수 있는 맥락을 제공해 준다.

특권 있는 사람이란

사악한 사람들의 무리에 끼지 않고,

죄인의 길에 서지도 않으며,

멸시하는 사람들의 거주지에 안착하지도 않은 사람이다.

그들은 하나님의 가르침[토라]에 즐거워하고,

그 가르침 안에서 밤낮으로 중얼거린다.시 1:1-2

첫 번째 시편은 이처럼 거룩한 가르침을 밤낮으로 '중얼거리는' 사람에게 어떤 일이 일어나는지 보여준다.

그래서 그는 나무와 같다.

시냇가에 심겨서

때가 되면 열매를 맺고,

그 잎사귀는 시들지 않으며,

그가 하는 모든 일이 잘된다.시 1:3

"그가 하는 모든 일이 잘된다"라는 말은 엄청난 약속이지만 번지르르한 말은 아니다. 시편 기자는 우리가 시편을 충분히 깊게 묵상해서 그것을 통해 '심기는' 모습을, 지혜와 의로움 안에 안정적으로 세워지는 모습을 상상한다. 그렇게 심긴 사람은 실제로 모든 일에 어느 정도의 좋은 열매를 맺는 게 사실이다. 모든 일이 자신이 바라던 대로 된다는 게 아니라, 그들의 행위의 열매가 "하나님께서 [그들의] 길을 아시는"시 1:6 것으로 나타난다는 뜻이다. 그들이 무슨 일을 하든 그들을 만드신 하나님께서 그들을 알아보신다. 찰스 프라이스Charles Price가 쓴 아름다운 감사 기도는 잘된다는 것의 복합적인 의미를 잘 표현하고 있다. "우리가 오직 당신께만 의존한다는 것을 인정하게 하는 실망과 실패에 대해서도 감사를 드립니다."[1]

오래전부터 사람들은 잘되기를 바라는 사람들에게 시편이 소중한 책이라고 인식했다.

> 우리의 모든 성경은… 하나님의 영감을 받은 것으로 가르치기에 유익하다고 [딤후 3:16에] 기록되어 있다. 그러나 기도하는 사람들은 시편이 특별히 잘 맞추는 경향이 있다고 본다.[2]

4세기에 알렉산드리아의 주교였던 아타나시우스는 자신에게서 영성 지도를 받는 마르셀리누스에게 쓴 편지에서 이처럼 말했다. 이 편지는 사실 시편으로 기도하는 것에 대한 최초의 핸드북이다. '특별히 잘 맞춘다'는 표현은 기도에 목표가 있음을 암시한다. 우리가 가까이 가기를 바라는 표적, 혹은 제대로 맞추기를 바라는 표적 말이다. 그러나 이 말은 또한 기도하면서 아무것도 맞

---

1 "A Prayer of Thanksgiving", *The Book of Common Prayer* (New York: Church Hymnal Corporation, 1979), 836. 이후로는 BCP로 표기(이 책에서는 공동기도서로 표기—옮긴이).

2 Athanasius, *The Life of Anthony and the Letter to Marcellinus*, trans. Robert Gregg (New York: Paulist Press, 1980), 101.

28 | 1부 고통과 찬양

추지 못할 수 있는 우리의 현실을 암시한다. 그저 열심히만 하는 것은 소용이 없다. 시편은 우리가 기도할 때 더 잘 겨냥하게 도와줄 수 있다. 기도 생활의 두 가지 공통된 약점, 심지어는 위험을 교정해 주기 때문이다.

첫째, 시편은 괴이한 기도를 교정해 준다. 시편은 고대 이스라엘의 공동 기도서였다. 시편의 말로 기도함으로써 우리는 신실한 이스라엘 사람들, 유대인들, 그리고 그리스도인들 사이에 의식적으로 서게 된다. 마르틴 루터가 말했듯 시편의 위대한 가치는 '성도'의 일뿐만 아니라 그들의 말도 전해 준다는 것이다. 성경의 나머지 책들은 성도의 모범적인 행위들, 루터의 지적대로 모방하기에는 위험하거나 불가능한 행위들을 보여준다. 그러나 시편은 거룩한 삶을 안내해 주는 가장 실용적이고 이해하기 쉬운 책이다.

> 시편은 성도의 교제에 참여하도록 그리고 종파로부터는 멀어지도록 해준다. 모든 성도가 생각하고 말했던 방식으로 생각하고 말하도록, 기쁨과 두려움과 소망과 슬픔 속에서 가르치기 때문이다.[3]

시편은 우리가 하나님 앞으로 나아갈 때의 모든 상태를 묘사하는 언어를 제공해 준다. 경배, 희열, 감사뿐만 아니라, 분노, 절망, 두려움 등 우리가 '성도'라면 부인해야 할 것 같은 그러한 감정까

---

3 Preface to the Psalms, *Luther's Works*, ed. E. T. Bachmann and H. T. Lehmann(Philadelphia: Muhlenberg Press, 1960), 35:256.

지도 말이다. 그러나 시편을 하나씩 우리 입으로 내뱉다 보면 결국에는 그 각각의 경험과 느낌을 우리도 가지고 있음을 인식하게 되고, 따라서 스스로를 이스라엘이라고 부르는 모든 사람들의 삶으로 온전히 들어가게 된다. 이스라엘의 종교적 인식에서 독특한 것은 우리가 하늘과 땅을 창조하신 하나님과 온전히 친밀한 관계로, 익숙하지 않으나 변화되는 관계로 부름을 받았다는 생각이다. 그리고 이 관계는 우리의 생각과 느낌을 정직하게 고백하는 데서 시작한다. 그러나 이 관계의 조건은 우리가 언제나 기꺼이 성장하고 깊이 있게 변화하려 해야 한다는 것이다. 따라서 시편은 우리의 개인적 경험들을 존중하지만, 동시에 그 안으로 빠져드는 것을 막아 준다. 그것은 시편이 공동 기도이기 때문만이 아니라, 앞으로도 살펴보겠지만 역동적인 기도이기 때문에 더욱 그렇다.

둘째, 시편은 영적 위험인 '인류에 대한 원초적 위협… 즉, 종교'라고 불리는 것으로부터 우리를 지켜 준다. 위험한 의미로서 '종교'란 하나님과의 지속적인 관계로부터 추상화된 하나님에 대한 일련의 사상들이다. 다시 말해 어떠한 친밀한 관계에서든 나타나기 마련인 오르막과 내리막으로부터 거리를 두고, 자기만족과 확실성에 맞서지 않게 정화된 종교적 개념들이다. 이 같은 순수 종교는 쉽사리 우리를 무기력하게 할 수 있고 다른 사람에게는 위협이 될 수 있다. 이러한 위협은 종교 전쟁의 역사에서도 나타나고, '종교적인' 환경에서 자란 많은 사람들의 개인 역사에서도 나타난다. 시편은 기도이기 때문에 하나님에 대한 합리적인 가설만을 가지고 논하는 것 이상을 하도록 우리를 강권한다. 시편의 말을 사용하면 우리는 직접 만나게 된다. 살아 계신 하나님과 대화하고, 때로는 우리 입에서 나와 하나님의 귀로 들어가리라고는 상상조차 하지 못했던 언어로 이야기하는 우리 자신을 발견하게 된다.

2

눈물에 내 요가 녹을 지경입니다
슬픔의 시편

시편으로 기도하면서 주일 예배에 거의 등장하지 않는 여러 시편
을 발견하는 사람들은 놀랄 것이다. 시편에 있는 최고의 깜짝 선
물은 슬픔의 시편이다. 슬픔의 시편은 '다윗의 기도'라고 알려진
시편의 전반부를 차지한다.시1-72, 72:20 이 고통과 분노의 외침은 모든
그리스도인의 기도의 규칙을 깨는 것처럼 보인다. 우선 시편 기자
들은 자기 자신에게 너무 집중하고 있다. 대부분의 애가는 '나'로
시작한다. "하나님, 나를 보세요, 내 말을 들어 보세요" 하고 말이
다. 처음부터 끝까지 '나' 그리고 '내'이며, 내 고민이고 내 구원이
다. 게다가 이 기도는 공손하지도 않다. 시편 기자들은 하나님더
러 버렸다,시 22:2, 88:14 살인했다,시 22:16 일하다 잠들었다시 44:24고 비난한

다. 그들은 하나님을 매수하려고까지 한다.시 6:6 (이에 대해서는 이 책의 35쪽을 보라.) 그리고 하나님더러 떠나라고도 한다.시 39:13 마지막으로 가장 불편한 것은 시편 기자들이 적에 대해서 비그리스도인적인 태도를 취한다는 것이다. 그들은 적에게 끔찍한 일이 일어나게 해달라고, 심지어 어린아이에게도 그렇게 해달라고 경건하게 기도한다.시 109:6-20, 137:9, 143:12

그럼에도 이러한 슬픔의 시의 수가 너무도 많기 때문에 우리는 이것을 성경이 제시하는 기도의 모델로 진지하게 고려하지 않을 수 없다. 성경의 시편에서 슬픔의 시는 감사의 시보다 많으며, 가장 많은 편수를 자랑한다. 사실 이것은 좀 이상하기도 한데, 왜냐하면 시편의 히브리어 명칭은 '테힐림Tehillim', 즉 '찬송'이기 때문이다. 이렇듯 시편은 찬송의 책이라고 불리면서도 다른 어떤 책보다 애가가 많은 책이다. 이러한 모순에 대해 곰곰이 생각해 보면 기도의 조준을 좀 더 잘 가다듬을 수 있는 좋은 기회가 될 수 있다. 이에 대해 먼저 다음과 같이 생각할 수 있다. 신실한 믿음으로 슬퍼하면서 하나님 앞에 자신을 정직하게 온전히 열면, 거기에서 어떠한 말이 나오든 찬양으로 가는 길을 가로막는 것들이 제거되기 시작한다. 하나님께서 눈물을 웃음으로 바꾸실 때를 향해 한 걸음씩 나아간다는 뜻이다. 슬퍼한다는 것은 하나님을 찬양할 수 있는 조건을 만들어 달라고 구하는 것이다. 그리고 그 조건은 주로 우리 마음 안에 있는 경우가 많다.

찬양의 책에서 차지하는 애가의 압도적 수로부터 우리는 많은 것을 배울 수 있다. 그러나 그 모순보다 더 우리를 고민하게 하는 두 번째 괴리가 있는데, 그것은 바로 성경에 나오는 기도의 모델과 오늘날 교회의 관습 차이다. 고대 이스라엘은 크게 신음하는 기도를 잘해야 한다고 믿은 것 같다. 그래서 그들은 그런 기도를 연습할 수 있는 자료를 우리에게 많이 남겨 주었다. 그렇기 때문에 많은 그리스도인이 슬픔의 시편을 무척 낯설게 느낀다는 것은 다소 문제가 된다. 재의 수요일과 성금요일 외에는 예배 때 이 같은 시편을 사용하는 경우가 거의 없다. 현대의 그리스도교 전례학자들은 아무래도 고대 이스라엘보다 예배를 더 협소하게 정의하는 것 같고, 그 결과 신자로서 또한 교회로서의 우리 삶은 빈곤해졌다. 시편의 구조, 즉 슬픔의 시가 많이 강조되는 구조는 고통의 언어를 매주 전례의 핵심으로 성소 안에 가져오지 않는 우리가 사실은 예배를 왜곡시키고 있음을 시사한다. 그렇게 됨으로써 우리가 무엇을 잃고 있는지는 슬픔의 시 중 하나인 시편 6편을 자세히 보면 더 분명하게 알 수 있다.

1 합창 지휘자에게, 여덟 번째[1] 악기에 맞춘,

다윗을 위한 시편.

2 주님, 당신의 분노 가운데서 나를 꾸짖지 마시고,

화가 난 상태로 나를 훈육하지 말아 주십시오.

---

1 이 표시의 의미는 알려져 있지 않다. 8현의 악기, 혹은 의식의 여덟 번째 단계를 의미하는 것이지 않을까 추측한다.

3 주님, 내게 자비를 베풀어 주십시오. 내가 많이 지쳤습니다.

내 뼈가 다 흔들릴 지경이니 나를 치료해 주십시오.

4 주님, 내 존재 자체가 심히 흔들리고 있습니다.

그런데 주님, 당신을 얼마나 오래 기다려야 합니까?

5 주님, 돌이켜 주십시오. 나를 구원해 주십시오!

당신의 언약에 충실하셔서 나를 구해 주십시오!

6 죽으면 누가 당신을 기억하겠습니까?

스올에서 누가 당신에게 감사를 드리겠습니까?

7 신음하느라 지칠 지경입니다.

밤마다 침대에서 헤엄을 칠 지경입니다.

눈물에 내 요가 녹을 지경입니다.

8 내 눈이 근심으로 지치고,

내 적들 때문에 노안이 왔습니다.

9 너희 악을 행하는 자들은 전부 내게서 물러가라!

주께서 내가 우는 소리를 들으셨다.

10 주께서 내가 은혜를 간구하는 기도를 들으셨다.

주께서 내 기도를 들으신다.

11 그들, 나의 모든 적들은 혼란에 빠지고 심기가 불편해질 것이다.

그들은 순식간에 혼란에 빠져 버릴 것이다.

슬픔의 시편에서 주의해서 보아야 하는 것은 그 흐름이다. 거의 항상 시편 기자들은 처음 기도할 때와는 다른 기분으로 그 시편을 마친다. 상황과 하나님에 대한 관점이 기도하면서 바뀌는 것이다. 시편은 각각 여러 시인이 지었는데, 많은 경우 왕실이나 성전 악사와 관련 있는 사람들이었지만 모두가 익명으로 시를 썼다. 그들은 주어진 형식에 말만 집어넣는 B급 작가가 아니라 제대로 된 시인이었다. 그럼에도 슬픔의 시들을 보면 비교적 규칙적인 패턴이 보인다. 처음에는 하나님에 대한 간구와 불평으로 시작하고, 늘 기꺼이 그러는 것은 아니지만 찬양의 방향으로 나아간다.

위의 시편에서는 첫 단어가 가장 중요하다. 바로 '주ʏʜᴡʜ'이다.[2] 이 시에서 가장 자주 반복되는 단어인데, 시인은 소망의 초점이자 도움의 근원으로서 하나님을 여덟 번이나 부른다. 이러한 관찰은 이 시가 어떤 시인지를 이해하는 데 매우 중요하다. 이 시편과 다른 모든 애가의 첫 행이 하나님을 직접 부르는 말로 시작한다는 것은 대화의 시작을 의미한다. 시편 기자는 자기 연민에 빠져 있거나, 별 기대 없이 그냥 '막연하게 바라는'[3] 게 아니다.

이 시편의 무게 중심은 하나님을 향한 시인의 간구와 극심한 고통에 대한 불평이다.시 6:2-8 내 뼈가 흔들릴 지경입니다, 내 존재가 흔들립니다. … 그런데 주님, 당신을 얼마나 기다려야 합니까? 얼마나 오래 그렇게 지켜보기만 하실 겁니까? 시인은 비난이 아닌 듯하게 비난하기 위해서 용기를 낸다. 먼저 하나님께 화내지 말 것

---

2 성경과 유대교의 전통에서 하나님의 이름인 'YHWH'는 발음할 수 없는 매우 신성한 이름이다. 이 네 철자의 단어는 영어로 보통 'LORD'로 표기된다.

3 이 문구는 유진 피터슨의 *Answering God: The Psalms as Tools for Prayer*(San Francisco: Harper & Row, 1989), 15쪽에서 인용했다. (『응답하는 기도』, IVP)

을 부탁하고,시 6:2 그다음에는 세 번에 걸쳐서 자신의 불쌍한 상태를 강조한다.시 6:3-4 그러나 이렇듯 신중한 시작에도 불구하고 이 기도 전체는 담대한 가정을 전제하고 있다. 즉, 하나님은 내가 고통 중에 있는 것을 신경 쓰시기 때문에 그것에 대한 조치를 취해 주실 것을 기대할 수 있다는 전제다. 하늘과 땅을 만드신 하나님이 내가 아픈 것에 신경 쓰신다는 것은 가만히 생각해 보면 엄청난 가정인데, 우리는 사실 이것에 대해서 잘 생각하지 않는다. 하지만 고대 사회에서는 유례가 없는 이러한 형식의 특이한 기도를 설명할 수 있는 방법은 그것뿐이다. 높으신 하나님께 이토록 강하고 직설적이고 심지어 무례한 언어로 기도한 문화는 없다. 예를 들어 "일어나십시오, 하나님! 왜 주무시고 계십니까? 우리는 당신을 잊지 않았는데, 당신은 왜 우리를 잊으셨습니까?"시 44:21, 24-25처럼 말이다. 그러나 이 시편의 경우 저자는 그보다는 은근하게 하나님이 '언약에 충실할 것'을 호소한다.시 6:5 그래도 여전히 한 방 먹이는 느낌은 감지할 수 있다. 시인은 그러니까 "우리가 거래한 게 있는데, 주님, 당신이 그것을 이행할 때가 된 거 아닙니까!"라고 말하는 것이다.

그리고 은근한 비난은 이제 은근한 위협으로 바뀐다. "죽으면 누가 당신을 기억하겠습니까?"시 6:6 이것은 하나님의 이익에 대한 호소다. 시인은 하나님이 찬양받을 수 있는 조건을 제시하는 것이다. 고대 이스라엘이 생각하기에 인간이 가진 것 중에서 하나님이 원하시는 유일한 것은 그들의 찬양이었고, 오직 살아 있는 자만

이 하나님을 찬양할 수 있기 때문이다. 시인은 다른 거의 모든 시인들과 마찬가지로, 죽은 사람은 느낄 수 없고, 스올은 침묵의 장소라는 구약 성경의 일반적 관점을 따른다.[4] 이러한 이해에 기초해서 시인은 중요한 추론을 한다. 오직 산 사람만이 하나님을 찬양할 수 있다면, 내 인생은 하나님의 안녕에 부차적인 게 아니다. 하나님의 명성이 내가 스올로 내려가지 않는 것에 달려 있다.

이와 같은 이스라엘의 깊은 신념 중에서 내가 가장 좋아하는 표현은 아이 성의 여호수아가 한 것이다. 이스라엘 군대가 약속의 땅을 '정복'하는 일에 처음으로 패배한 후였다. 새로운 지도자인 여호수아는 이 시인과 사뭇 비슷하게 하나님께 이렇게 말한다. "하나님, 지금 여기에서 그들이 우리를 아주 묵사발 내고 있습니다. 그래서 말인데⋯ 만약 가나안 사람들이 이 땅에서 우리의 이름을 끊어 버리면, 당신의 큰 이름은 어떻게 하시렵니까?"[수 7:9] 이것을 언약의 신앙이라 부르든 뻔뻔함이라 부르든, 여호수아는 성경적 종교의 근본 조항을 가리키고 있다. 즉 하나님의 생명, 하나님의 영광, 심지어는 하나님의 안녕까지도 우리의 삶과 밀접하게 연결되어 있다는 것이다. 그리스도인에게 하나님의 영광과 연약한 인간의 삶이 그렇게 연결되어 있음에 관한 가장 고귀한 표시는 예수 그리스도로 육화하신 하나님이다. 그래서 여호수아가 제기하는 질문에 대한 하나님의 궁극적인 대답은 예수 그리스도의 부활

---

4 시편 22편 시인의 경우는 중요한 예외다.시 22:30 죽은 자가 하나님을 예배하는 것을 내다보는 이 시편이 예수님의 죽음과 부활 이야기의 모델로 초대 교회에서 사용된 것은 우연이 아니다.

인 것이다.

여호수아의 질문을 좀 더 객관적으로 표현해 보면 하나님의 응답이 더 분명하게 보인다. "인간의 죽음으로 하나님의 영광은 축소되거나 사라지는 것인가?" 여호수아와 이 시인은 모두 이렇게 답할 것이다. "당연하다! 그렇기 때문에 하나님은 내가 죽게 내버려 둘 수 없는 것이다." 어떤 의미에서 유대인이든 그리스도인이든 모든 성경적 신앙의 후손들은 궁극적으로 하나님이 인간의 죽음을 이기셔야 한다는 믿음을 공유하게 되었다고 할 수 있다. 독실한 유대인과 그리스도인이 동의하는 많은 교리적 요소 중 하나는 하나님이 죽은 자를 부활시키신다는 것이다. 부활의 교리는 여호수아와 시편의 시인이 상상한 것 이상일 수 있다. 그러나 이 교리의 씨앗이, 하나님을 달래거나 심지어 강요해서라도 자신들을 구하게 할 수 있다는 그들의 믿음에 있다고도 할 수 있을 것이다. 이 대담한 신자들의 그와 같은 긴박한 기대가 없었다면 그 누구도 이러한 교리적 입장에 도달할 수는 없었을 것이라고 생각한다. 따라서 이제 우리는 왜 시편이 그리스도인의 신앙에 그토록 중요한지 알 수 있다. 이 시들은 하나님께 매우 개인적인 언어로 심하게 대들고, 우리 신앙의 한계를 밀어붙인다. 그리고 때로는, 심지어 몇 세기에 걸쳐서 새로운 종교적 이해를 열어 주기도 한다.

하나님께서 우리의 기도를 들을 만하게 만드는 불평의 예가 이 시에 있다. 특히 하나님이 블루스를 좋아하는 팬이라면, 이러한 기도는 기꺼이 들으실 것이다.

밤마다 침대에서 헤엄을 칠 지경입니다.

눈물에 내 요가 녹을 지경입니다.시 6:7

이와 같은 직설법 외에도 슬픔의 시에 나오는 언어의 가장 놀라운 점은 시인들이 사용하는 비유다. 정말로 얼마나 기분이 나쁜지를 시마다 행마다 정확하게 표현하는 이 생생한 비유를 들어 보라. "내 등을 따라 농부가 밭을 갈았다."시 129:3 '무엇'이 그렇게 괴로운가? 그것은 우리도 모른다. 하지만 "내 모든 뼈가 탈구되었다"시 22:15라는 말이 실제로 정형외과 소관의 질병을 말하는 건 아닐 것이다. 시편 기자들이 자신의 정황에 대해서 자세히 말하는 경우는 거의 없다. 그러나 이러한 비유의 폭, 감정의 정확성과 상황에 대한 모호함의 조합 때문에 누구나 시편을 사용할 수 있다. 블루스처럼, 아파하는 사람은 누구나, 혹은 아픈 적이 있고 그것을 기억하고 싶어 하는 사람들은 누구나 그 노래를 부르면서 연민이 계속 살아 있게 할 수 있다. 이 비유들이 우리 이웃의 기분이 어떠했는지를 표현하는 방식을 들어 보라. "나는 마치 연기 속의 가죽 부대 같다."시 119:83 그러니까 메마르고 금이 가고 물이 새는, 따라서 버려도 되는 존재와 같다는 뜻이다. 이렇게 느끼는 사람들을 우리는 얼마나 알며 얼마나 자주 보는가? 도심의 실업 청년들, 연약한 노인들, 해고를 당한 임원들, 아이들이 집을 떠나고 나면 삶이 이전 같지 않은 주부들, 배우자가 사망하거나 떠난 사람들. 그러니 이 슬픔의 시편에 나오는 비유로 당신의 슬픔을 표현해 보라. 그리고 너무 슬퍼서 제정신이 아니거든, 이 애가의 시편에서 연민을 배우라.

시편 6편 마지막에 보면, 일반적으로 슬픔의 시편이 그렇듯 갑자기 분위기가 바뀐다. 거의 예외 없이 모든 슬픔의 시편은 구원에 대한 분명한 기대로 끝을 맺는다. 시편 기자들은 종종 하나님의 '큰 이름'을 더 크게 하기 위해서 성전에서 열리는 찬양의 잔치를 기대한다. "가장 높으신 주님의 이름을 내가 노래하리라."시 7:18 그러나 (우리의 평범한 관점에서 보기에는) 특이하게도 시편 기자는 여전히 적들에게 둘러싸인 가운데 이 잔치를 계획한다. "너희 악을 행하는 자들은 전부 내게서 물러가라!"시 6:9 여기에서 놀라운 점은 슬픔의 시편이 하나님에 대한 불평에서 하나님에 대한 신뢰로, 절박한 호소에서 찬양에 대한 기대로 대개 바뀐다는 것이다. 그런데 그러한 변화는 외부의 상황이 나아졌다는 언급이 전혀 없이 일어난다. 이 경우 악을 행하는 자들은 여전히 여느 때 못지않게 위협적이다. 달라진 것은 시인이 경험하는 고통이다. 어쩌면 그 변화는 시인이 용기를 내어 침묵을 깼고, 하나님이 자신의 기도를 들으셨다는 것을 알기 때문에 일어난 것인지도 모른다.

시편 기자가 외부 상황의 변화를 분명하게 보고하는 경우가 하나도 없다는 사실은 성경의 끈질긴 사실주의의 표지다. 기도는 항상 우리가 기대하고 바라는 대로 응답되는 게 아니다. 심지어 그 상황을 외부에서 바라보는 사람은 감지하지 못하는 가운데 응답이 주어질 수도 있다. 하나님은 뇌종양으로 죽어 가던 내 친구 마티의 치유를 위한 간곡한 기도를 들어주셨다. 진단을 확정 지은 수술을 한 뒤 15개월 동안 마티는 서서히, 그리고 마침내는 온전히 평생을 앓아 온 슬픔의 질병으로부터 고침을 받았다. 마티가 평생을 앓아 온 불안증으로부터 서서히 벗어나게 된 그 시간은 커져 가는 기쁨과 자유의 시간이었고, 눈물뿐만 아니라 웃음도 함께했던 기간이었다. 그리고 그녀는 성토요일에 죽었다. 자신이 구원받았다는 확신을 품고.

시편에 나오는 또 한 가지 사실주의의 표지는 찬양으로 변하지 않는 시편 두 편—39편과 88편—이 포함되어 있다는 사실이다. 이러한 예외적인 시편의 존재는 매우 중요하다. 해결되지 않는 절망은 슬프기는 하지만 하나님과 함께하는 우리 삶에 타당한 것이라는 사실을 말해 주기 때문이다. 하나님께 외치는 절규, 어둠 속에서 하나님께 지르는 비명, 욥처럼 거짓 위로는 거부하면서도 일어나 희망을 붙잡지는 못하는 그러한 시간도 신실한 기도의 삶에는 있는 것이다. 「소피의 선택」이라는 영화의 마지막 장면에서 한 남자가 두 친구의 시신을 확인하고 묻으러 간다. 홀로코스트 생존자와 그녀의 연인인데, 그들이 기억의 무게를 감당하지 못하고 자살을 했기 때문이다. 버스 안에서 그는 나이 많은 아프리카계 미국인 여성을 만나는데, 그녀는 시편 88편의 말씀을 읊어 준다. 그 시편의 결론은 이렇다.

당신[하나님]은 내게서 연인이자 동반자를 가져가셨습니다.

이제 내 친구는… 어둠뿐입니다!

버스에서 만난 그 여인은, 고통받는 사람들과 그들을 위해 사역하는 사람들에게 때로 유일하게 가능한 믿음의 행위란 하나님 앞에서 우리의 처참한 심정을 아뢰고, 고통이 하나님과 무관하지 않음을 상기하는 것밖에 없음을 이해하는, 시편 기자의 지혜를 물려받았던 것이다.[5]

---

5 욥기를 다루는 이 책의 10장 '고통받는 자의 지혜'에서 이 주제를 더 살펴볼 것이다.

3
그건 말도 안 됩니다!
저주의 시편

"정말로 그리스도인이라면 누구나 그런 시편으로 기도할 수 있다는 말은 아니겠지요! 바로 그런 말들 때문에라도 구약 성경은 불태워서 그 재를 바다에 던져야 합니다!" 다소 강경한 반응이지만, 적어도 첫 번째 말에 대해서는 공감하는 사람들이 있을 것이다. 이것은 내가 속한 교구에서 이제 막 저주하는 시편을 변호하고 난 뒤 청중의 반응이었다. 사람들이 솔직하게 말하기를 꺼리지 않는 교회였다. 그렇다, 나는 적에게 하나님의 분노를 퍼붓는 다소 공격적인 시편들로 그리스도인들이 기도해야 한다고 말하는 것이다. 아니, 그것보다는 이런 시편들이 있다는 사실을 우리가 알고, 그것이 그리스도인의 기도에도 적합하며, 때로는 필요하다는 것을 알아야 한다는 것이다. 그러나 많은 좋은 도구들이 그렇듯 이를 책임 있게 사용해야 한다. 그렇지 않으면 우리 자신에게, 그리고 다른 사람에게도 위험할 수 있다.

시편 109편은 저주의 시편 중에서도 가장 긴 시편이다. 이 시는 다른 슬픔의 시처럼 적에 대한 불평으로 시작한다.

> 내 찬송의 하나님, 귀를 막지 마십시오!
>
> 악한 자의 입과 속이는 자의 입이
>
> 나를 향해 열렸습니다.시 109:1-2

저주하는 시편의 특별한 통렬함은 적들이 미지의 적이 아니라는 데서 기인한다. 이들은 시인이 잘 아는 사람들, 심지어 가까운 친구들이기도 해서, 자신이 사랑하는 만큼 그들의 사랑도 충분히 기대할 수 있는 사이였다.

> 미움의 말이 나를 에워싸고 있습니다.
>
> 아무 이유 없이 그들이 내게 싸움을 걸고 있습니다.
>
> 나는 그들을 사랑했는데 그들은 나를 적대합니다.
>
> 그럼에도 나는 기도에 전념합니다.시 109:3-4

시인은 정말로 '기도에 전념'한다. 친구였던 사람에 대해 그는 지금 이렇게 기도한다.

그 사람 위에 악한 사람을 세우시고,

그를 대적하는 사람을 그 우편에 세우소서.

그가 심판을 받을 때 유죄로 판명되게 하시고,

그의 기도가 표적을 놓치게 하소서.[1]

그의 날을 짧게 하시고,

다른 사람이 그의 소유를 취하게 하소서.

그의 자녀들이 고아가 되게 하시고,

그의 아내가 과부가 되게 하소서.

그의 자녀들이 떠돌아다니며 구걸하게 하시고,

자기 허름한 집을 떠나 떠돌게 하소서.시 109:6-10

교회에서 이러한 말을 들어 본 적은 없을 것이다. 주일에 사용하는 성구집은 이 같은 시편을 아예 배제하거나, 아니면 아주 순화해서 포함시킨다. 그러나 그렇게 시편 기자의 입을 막아 버리면 우리는 성경이 우리에게 주고자 하는 바를 잃게 된다. 그 분노를 듣지 않으려 하고 우리 입으로도 말하지 않으려 함으로써 우리는 하나님과의 관계에서 우리 자신의 분노를 다룰 기회를 잃게 된다. 저주하는 시편은 사실 우리의 영적 성장에 매우 중요한 자원이고, 우리가 정말로 정직하게 하나님 앞에 나가고자 한다면 반드시 필

요한 부분이다. 개인의 영적 건강을 위해서뿐만 아니라, 교회의 건강을 유지하거나 회복하는 데도 필요하다. 이런 시편들은 거의 인식하지 못하는 교회의 삶의 특징, 즉 신앙 공동체 안에서 일어나는 배신의 문제를 직접 다루기 때문이다. 한번은 사역을 위해 학생들을 준비시키는 신학교에서 성찬을 하면서 제단에 같이 둘러서서 테제Taize 형식으로 노래를 불렀다.

> 주의 만찬의 식탁에 우리가 왔습니다.
> 우리는 혼자가 아닙니다.
> 우리는 이곳에 적과 함께 있습니다.

정기적으로 만나는 회중치고 이 노래를 정직하게 부를 수 없는, 그리고 거기에서 도움을 받을 수 없는 회중은 없을 것이다. 이 가사는 어쩌면 저주하는 시편 가운데서도 가장 통렬한 시편에서 영감을 받았는지 모른다.

> 나를 욕하는 적 때문이 아니다.
> 그건 견딜 수 있다.
> 내 앞에서 자기 자랑을 늘어놓는 내 대적 때문이 아니다.
> 그로부터는 숨을 수 있다.
> 그러나 너, 나와 같은 사람이고,
> 내 동료이자 절친한 친구인 너,

우리는 하나님의 집 안에서

달콤한 교제를 나누었고

무리 가운데서 함께 걸었었다.시 55:13-15

저주하는 시편은 우리가 분노를 정직하게 다룰 수 있도록 도와
준다. 슬프게도 대부분의 사람들이 적에 대해서 예수님보다는 시
편 기자들과 같은 심정을 가지고 있다. 이렇듯 완고한 마음을 치
유받기 위해서 우리는 기도해야 하는데, 치유는 덮어 놓는다고 되
는 게 아니다. 자신의 치유는 물론이고 적의 치유 역시, 우리가 자
신의 비통한 감정을 인식하면서도 그것에 휘둘리지 않아야 일어
날 수 있다. 우리는 분노의 감정을 다른 더 매력적인 선물들과 함
께 하나님께서 변화시키시도록 내드려야 한다. 몇 가지 면에서 저
주의 시편은 분노를 내드리는 데 실질적인 지침을 준다.

첫째, 저주의 시편은 우리가 엄청난 분노에 압도당해 스스로의
언어를 찾을 수 없을 때 그 분노를 표현할 수 있게 해준다. 어린 신
학생 시절에 나는 공동체 안의 가까운 친구로부터 배신을 당하는
쓸쓸한 경험을 했다. 저주의 시편이 다루는 전형적인 사례였지만,
그때는 그것을 알지 못했다. 그러나 내 목회신학 교수님이 나의 필
요를 보고, 다음과 같은 조언과 함께 몇 가지 시편 목록을 주었다.
"아무도 없을 때 예배실에 가서 목청껏 이 시편들을 외쳐라." 당시
에 내게 제일 도움이 되는 충고였다. 특히 그 목청껏 외치라는 부
분이 도움이 되었다. 그 시편들이 내가 분노를 표출할 수 있는 통

로가 되어 준 것은 말할 것도 없다. 그보다 덜 자명한, 그러나 더 중요한 것은 그렇게 함으로써 내가 맹목적 분노에서 벗어날 수 있었다는 것이다. 몇 날 며칠 밤을 그렇게 하고 나자 나의 외치는 소리가 내 귀에 조금 다르게 들리기 시작했다. 여전히 나는 화가 나 있었지만, 그 안에서 나는 자기 의를, 심지어는 나의 옹졸함을 희미하게 감지하기 시작했다. "당신의 법령이 내 자문관입니다"시 119:24 라고 시편 기자는 말한다. 지혜로운 친구처럼 이 시편들은 내 분노와 함께했고, 동시에 내 자의식을 통해서 내게 가르침을 주었다. 저주하는 시편은 이스라엘과 교회가 단 한 번도 면역된 적이 없는 우리의 가장 끈질긴 우상 중 하나를 보여주기 때문이다. 그것은 바로 하나님이 우리의 적을 우리가 멸시하듯 멸시하신다는 믿음, 하나님을 우리 자신의 상처투성이 자아의 확장으로 축소시키고픈 욕망이다.

둘째, 이 시편들은 하나님이 우리에게 주신 '자문관들'이기 때문에, 이러한 복수심에 찬 분노로도 하나님께 나아갈 수 있다고 가르치는 시편들을 신뢰할 수 있다. 시편 기자들은 "내 찬송의 하나님" 시 109:1이라는 말로 시작한다. 복수해 달라는 외침은 우리의 임의적 표현이 아니라 기도다. 우리가 아는 사실, 즉 하나님은 자비로우실 뿐만 아니라 심판도 하신다는 사실에 기초하고 있기 때문이다. 함께 살도록 우리를 창조하신 하나님은,창 2:18 우리와 마찬가지로 신뢰를 깨고 공동체를 깨는 사람 때문에 화가 나신다. 저주하는 시편은 모든 신자가 악을 명명하고 거절하는 선지자적 임무에 동참하고 있음을 간접적으로 확언한다. 그 악에는 신앙의 공동체 안에 있는 악도 포함되고, 우리가 행하는 악도 포함된다. 이것은 그리스도인이 되기 이전에만 국한된 문제가 결코 아니다. 세례 서약을 할 때에도 우리는 그 사실을 인정해야 한다. "하나님의 피조물을 타락시키고 파괴하는 이 세상의 악한 세력을 거부하십니까?"공동기도서 302라는 질문에 그렇다고 대답하는 예비자(혹은 그 부모)는 그 사실을 인정하는 것이다.

세 번째의 가장 중요한 지침은 바로 복수해 달라는 외침은 언제나 하나님의 행동에 호소하는 형식을 취한다는 것이다.

> 오 주 나의 하나님, 나를 도와주십시오.
>
> 당신의 언약에 충실하시어 나를 구원해 주십시오.
>
> 그래서 그들이 당신의 손이,
>
> 당신이, 오 주님, 직접 하셨다는 것을 알게 해주십시오.시 109:26-27

그 어떠한 개인적 복수도 허용되지 않고, 못된 장난질도, 총을 집어 드는 일도 허용되지 않는다. 오히려 그 반대로, 할 수 있는 모든 유효한 처벌의 행위는 전적으로 하나님의 행위에 달린 것이지 우리에게 달려 있지 않다. 성경의 독자들은 이것이 사실상 매우 제한적인 조건임을 알게 된다. 하나님의 행위는 자유로운 것이고, 따라서 우리 자신의 치유뿐만 아니라 도덕적 질서 전체의 치유를 지향하기 때문이다. 이 시편들을 통해서 우리는 적을 하나님의 손아귀로 몰아가지만, 거기에서 실제로 무슨 일이 일어날지 누가 알겠는가? 왜냐하면 하나님은 적들을 심판하시기만 하는 게 아니라 안타깝게도 그들에게 자비도 베푸시기 때문이다. 따라서 복수를 요구하는 이 시편들은 우리의 적들을 위한 다른 기도와도 관계가 있다. 한번은 누군가가 기도하다가 저주의 시편을 자신에게 상처 준 사람을 위한 중보의 기도로 바꾸는 것을 들은 적이 있다. 이것이 바로 기도하는 사람의 특권이다. 물론 모든 사람이 그러한 단계를 밟을 수 있는 게 아니고, 때 이르게 밟아서도 안 된다. "받아들여야 할 때가 있고, 받아들이지 말아야 할 때가 있다."^{전 3:5} 그러나 여전히 분노할 때에도, 저주의 시편들은 우리가 스스로 복수하고픈 마음을 하나님께 양도할 수 있게 해주는데, 그것이 바로 공동체 전체가 치유받을 수 있는 중요한 첫걸음이다.

내가 지금까지 말한 모든 것은 화가 났을 때 저주의 시편을 가지고 기도하는 경우에 대한 것이다. 그렇다면 화가 나 있지 않을 때에도 이 시편들의 용도가 있는가? 이 시편들이 일일 성구집에, 심지어 순화되지 않은 형식으로 등장하는지는 중요하지 않다. 이 시편들이 묘사하는 감정들로부터 다행히도 풀려난 때에 이러한 시편들을 마주치게 되었다고 하자. 그때에도 이 시편들을 가지고 기도할 이유가 있는가? 고대의 랍비들은 성경에 대해 이렇게 말했다. "뒤집고, 또 뒤집어라. 거기에 다 들어 있다." 용기만 있다면 (실제로 용기가 좀 필요한 일이다.) 그 시편을 180도 돌려서 자신을 향하게 하고 물어보라. 하나님의 백성의 공동체 안에서 나에 대해서,

혹은 우리에 대해서 하나님께 이 말을 하고 싶어 하는 사람은 없는가?

나 자신이 그 질문에 대해서 답하는 몇 가지 방식이 있다. 나는 이 시대에 사는 대부분의 사람들, 이전에 지구상에 살았던 대부분의 사람들, 미래에 살 대부분의 사람들보다 물질적으로 많은 것을 누리고 있다. 사회적 위치, 수입, 그리고 개인적 습관으로 볼 때 나는 탐욕적인 산업 경제의 능동적 참여자이고, 이 세상의 상품을 필요 이상으로 많이 소비하고 있다. 내 증손자녀들 세대의 필요에 맞춰 내 생활 양식을 조절하는 데 대체로 실패했고, 세계의 3분의 2를 차지하는 제3세계에 사는 현 시대 사람들의 필요에 맞추는 것은 말할 것도 없다. 그래서 오늘 밤 혹은 지금으로부터 50년 후에 하나님께 이렇게 외치는 사람이 있을 수 있다.

> [그녀에 대한] 기억이 이 땅에서 끊기게 해주십시오.
> [그녀가] 언약의 믿음에 따라 행동하기를 잊고
> 가난하고 결핍된 사람,
> 마음이 짓눌려 죽음에까지 이른 사람을 추궁했기 때문입니다. …
> 그러나 주님 당신은 당신의 이름에 합당하게 내게 행하여 주십시오.
> 당신의 언약적 신실함은 선하니 나를 구원해 주십시오.
> 나는 가난하고 결핍되어 있으며,
> 내 심장이 내 안에서 뚫렸습니다. 시 109:16, 21-22

하나님, 이 기도를 내가 듣고, 내가 들은 바에 따라 행할 수 있는 용기를 주십시오.

4

슬픔을 춤으로
찬양의 시편

이스라엘은 하나님을 찬양한다는 분명한 목적을 위해서 이 세상
에 존재하는, 단지 존재할 뿐만 아니라 그 목적을 위해 온갖 역경
에도 보존되고 신앙이 유지되는 백성이라고 스스로를 이해한다.
따라서 이스라엘은 슬퍼할 때에도 언제나 찬양의 기회를 찾는다.
슬픔의 시편은 찬양으로 변화되기를 갈망하는 고통의 기도다. 시
편 기자들은 대개 자신의 기도가 극적으로 바뀌는 것을 상상하며
시를 마친다.

> 나는 성실하게 나의 길을 갈 것이니
> 나를 구원하시고 내게 은혜를 베풀어 주소서!

내 발이 평평한 땅에 서 있습니다.

신실한 자들의 모임에서 내가 주님을 찬양할 것입니다.시 26:11-12

따라서 슬픔의 시는 언제나 찬양으로 변하기를 바라고, 그렇게 변할 때에도 그 찬양이 어디에서 비롯되었는지를 잊지 않는다. 찬양의 시편을 자세히 보면 (넓게 말하면, 슬픔의 시가 아닌 거의 모든 시편이 찬양의 시편이다.) 지금은 지나간 심각한 상황이 언제나 그 배경에 있다. 어쩌면 찬양을 드리는 행위 자체가 불안이나 슬픔을 뒤로하는 방법인지도 모른다. 다음의 시편에 나오는 동사들은 시간의 순서를 분명하게 제시하지는 않지만, 여기에서 암시되는 위험이 완전히 지나간 과거의 일이라고는 결코 확신할 수 없다.[1]

나를 끌어 올리신 주님을 내가 찬양합니다.

주께서 내 적들이 나로 인해 기뻐하게 하지 않으셨습니다.

오 주님, 내가 당신께 외쳤더니

당신이 나를 치료해 주셨습니다. …

오 주님, 당신께 내가 외칩니다.

그리고 내 주님께 내가 간구합니다.

"내 피에 무슨 유익이 있으며, 내가 구덩이로 내려가는 게 무슨 유익이 있습니까?

---

[1] 9절에 나오는 것과 같은 '불완전' 동사는 주로 계속되는 행동을 나타낸다. 그래서 나는 이것을 현재 시제로 번역했는데, 도움을 구하는 이 기도의 상황은 지금도 여전히 계속되는 것일 수 있다.

먼지가 당신을 찬양하겠습니까? 당신의 신실함을 낱낱이 말하겠습니까?

오 주님, 들으시고 내게 은혜를 베풀어 주십시오.

주님, 나를 도와주십시오!"

나를 위해서 내 슬픔을 춤으로 바꾸셨습니다.

내 베옷을 벗기시고 기쁨으로 두르셔서

[내] 온 존재가 당신을 찬양하고 결코 잠잠하지 않게 하셨습니다.

오 주 나의 하나님, 내가 영원히 당신께 감사드릴 것입니다!시 30:2-3, 9-13

이 시편은 시편 6편과 쌍을 이룬다. 6편에서 우리는 시인이 찬양을 대가로 드리겠다고 약속하며 하나님을 몰아붙이는 것을 보았다. 그런데 그게 효과가 있었던 것이다! 찬양의 시편을 최근의 혹은 지금도 계속되는 고통을 염두에 두고 읽으면, 더 이상 지루하거나 일상적으로 들리지 않는다. (대부분의 설교자가 찬양의 시편을 지루하게 여긴다는 결론을 내릴 수밖에 없는 이유는, 거의 주일 아침마다 시편을 읽는데도 그 시편을 가지고 설교하는 경우는 많지 않기 때문이다.) 찬양의 시편은 슬픔의 시편만큼이나 인생의 끈덕진 어려움을 온전히 인식하면서 쓴 시다. "생의 한가운데서 우리는 죽음 속에 있다."[2] 이스라엘은 긍정적인 백성이 아니다. 심지어 그들이 드리는 기쁨의 기도도 결코 느긋하거나 순진하지 않다. "존재 가능한 세

---

2 이것은 감독교회의 장례 의식에서 부르는 노래의 첫 행이다.공동기도서 484

계 중에서 최고의 세계인 이 세계 안에서는 모든 일이 최고의 결과를 낳는다"라는 (볼테르의 『깡디드』에 나오는) 팽글로스 같은 태도는 결코 이스라엘의 태도가 아니다. 시편 기자는 현실을 그것과는 매우 다르게 인식했다. 그들은 언제나 이 힘든 세상에서의 생존은 기도라고 하는 가느다란 실과, 우리를 하나님과 묶어 주는 언약적 신실함에 전적으로 달려 있다고 인식했다.

시편 30편에서 시인은 특별한 구원의 행위에 대해 하나님께 감사를 드린다. 시편이 대체로 그러하듯 일반화시키는 경향에 따라 그 구체적인 내용은 드러나지 않지만 말이다. 그러나 시편 33편의 경우처럼 시인은 때로 그냥 하나님이 하나님이시기 때문에 찬양하기도 한다.

1 너희 의로운 사람들아 주께 즐거이 노래하라.
  정직한 자에게서 찬양이 나온다.

2 수금으로 하나님께 감사를 드려라.
  십 현의 하프로 그에게 찬송을 드려라!

3 그를 향해 새로운 노래를 부르고,
  울리는 외침으로 화려한 멜로디를 연주하라.

4 하나님의 말씀은 곧으시고,
  그의 모든 행위는 신실하시기 때문이다.

5 의와 정의를 사랑하시는 분,
  주의 언약적 사랑이 온 땅을 채운다.

6 주의 말씀으로 하늘이 만들어졌고,

그분의 입김으로 그 안에 있는 모든 것이 만들어졌다.

7 그분은 바다의 물을 한 무더기 모아서

깊은 곳의 창고에 가두신다.

8 온 땅은 주님 앞에서 두려워하고,

이 땅의 모든 주민은 그분을 경외하라.

9 그분이 말씀하시니 그대로 되었기 때문이다.

그분이 명령하시니 그대로 이루어졌다.

10 주께서 나라들의 자문을 깨시고,

백성들의 계획을 좌절시키신다.

11 주의 자문은 영원하며,

그분의 마음의 생각은 세대에 세대를 이어 전달된다.

12 하나님이 주님이신 나라는 특권을 누리는 것이다.

그분이 자신의 유업으로 택한 백성이 되는 것은 특권이다.

13 하늘에서 주께서 보시니

모든 인간 피조물들을 보셨다.

14 이 땅의 모든 거주민을

그분의 거처에서 내려다보셨다.

15 그들의 마음을 다 빚으시고,

그들의 모든 행동을 이해하시는 분이.

16 거대한 힘으로 승리를 거두는 왕은 없다.

영웅은 위대한 힘 때문에 구원받는 게 아니다.

17 거짓말이다! 승리를 위해 말을 내세우지만

   그 큰 힘으로도 구원하지 못한다.

18 보라, 주의 눈은 자신을 두려워하는 사람에게 가 있다.

   그분의 언약적 사랑을 기대하는 사람에게 가 있다.

19 그 언약적 사랑이 죽음으로부터 구해 주고

   기근에도 살아남게 해주길 기대하는 사람에게 가 있다.

20 우리의 존재 자체가 주님을 기다린다.

   그분은 우리의 도움이시고 우리의 방패이시다.

21 그분 안에서 우리의 마음이 기뻐하고,

   그분의 거룩한 이름을 우리가 믿기 때문이다.

22 주님 당신의 언약적 사랑이 우리에게 있게 하소서.

   우리가 기다리는 그때에도 우리에게 있게 하소서.

"정직한 자에게서 찬양이 나온다."시 33:1 이것이 바로 모든 찬양의 시편이 비롯되는 핵심 통찰인지도 모른다. 찬양은 우리가 하나님을 위해서 하는 것 이상의 일이다. 시편 기자들이 찬양을 거래 조건으로 사용하는 것에서 완전히 벗어난 것은 아니지만[3] 좀 더 큰 그림을 보게 해주기도 한다.

사실 찬양은 우리가 하나님께 해드리는 것보다 우리에게 해주는 게 더 많다. (교회에 가는 이유가 하나님을 실망시키지 않기 위해서라

---

3 시편 6편과 30편을 다룬 34-35쪽, 그리고 55-56쪽을 보라.

고 하는 청소년기 같은 생각에서 그리스도인들은 벗어나야 한다.) 찬양은 정직한 사람, 현실적으로 그리고 비감상적으로 세상 보기를 바라는 사람, 곧 욕망의 왜곡된 렌즈로 세상 보기를 바라지 않는 사람과 어울린다. 다시 말해서 찬양은 세상을 있는 그대로 보기 원하는 사람에게 어울린다.

이것은 찬양의 본질적 기능에 대한 핵심 통찰이다. 하나님을 찬양하는 것은 아첨하기 위한 것이 아니라, 우리가 인간으로서 할수 있는 가장 진지한 일이다. 궁극적으로 찬양은 이 세상을 위한 것이다. 우리는 이 세상을 하나님이 보시는 것처럼 보기 위해서 하나님을 찬양한다. 그래서 우리의 근거 없는 환상을 뒤로하고 이시편이 우리에게 제시하는 또 다른 렌즈는 '주님의 말씀'이다. 하나님의 말씀은 진솔하다.시 33:4 그리고 우리도 그렇게 진솔하기를 바란다.

우리가 쓰는 용어로 '주님의 말씀'이란 주로 성경 자체를 가리킨다. 그러나 시편 기자가 말하는 것은 그것보다 더 일반적인 것, 즉 이 세상을 향한 하나님의 뜻이다. 그 뜻은 선지자, 제사장, 서기관의 전통을 통해서 말로 표현되었지만, "의와 정의"시 33:5의 행동을 통해서도 나타난다. 의와 정의의 행동이란 곧 약한 자의 권리를 지켜 주고 하나님이 만드신 모든 피조물의 안녕을 보존하는 행동 전체다. 그 모든 것이 우리를 향한 하나님의 '말씀'이며, 피조물을 향한 창조주의 선한 의도를 표현한다. 신의 행동과 인간의 행동을 포함하는 이 수많은 행동들 때문에 이 땅은 하나님의 "언약적 사랑"(히브리어로 '헤세드hesed')[4]으로 가득 차게 된다.시 33:5 이 사랑이 바로 신의 대표적 성품이다. 영어 단어 하나로는 이스라엘 하나님의 가장 근본적인 '말씀'의 의미를 적절하게 다 전달하지 못한다. 이 단어는 언약의 대상에 대한 흔들리지 않는 충성심, 도움이 필요한 사람을 향한 연민, 심지어는 애정이 담긴 돌봄의 사랑까지도 포함한다.[5] '헤세드'는 이스라엘과 맺은 하나님의 언약에 관한 문맥에서 가장 자주 언급된다.[6] 그러나 시편 기자는 하나님의 언약적 충성심의 범위가 매우 넓음을 알고 있다. 하나님의 '헤세드'가 제일 먼저 나타난 것은 우주의 질서에서다.시 33:6-7 이것은 하나님이 첫 언약을 이스라엘과 하신 게 아니라, 심지어 인류하고만 하신 게 아니라, 이 땅 자체와 하셨다는 뜻임을 상기시킨다. (창세기 9:11, 13과 비교하라.)

하나님의 '헤세드'가 이 땅을 채우는 것이 이 세대의 '정직한 사람들'에게는 구원의 말씀이다. 찬양의 시편들은 성경의 생태학적 관점을 가장 분명하게 담고 있다. 창조주의 사역을 매우 아름답고 상세하게 묘사하기 때문이다. (예를 들어, 시편 29, 65, 104편이 그렇다.) 우리가 마음을 열고 그 시편으로 기도하면 하나님이 그토록 사랑하시는 '의와 정의'에 대한 우리의 이해가 자신의 직접적인 사회적 테두리 넘어서까지 확장된다. 성경적 사고를 했던 신학자 토마

---

4 여기에서 'ḥ' 발음은 '바흐Bach'의 마지막 음처럼 후두에서 마찰로 나오는 'ḥ' 발음이다.
5 예를 들어, 룻은 시어머니 나오미와 자신의 미래 남편 보아스에게 '헤세드'를 보여준다.룻 3:10
6 예를 들어, 시편 98:3을 보라. 이스라엘과의 언약이 이 책 35쪽, 시편 6:5의 배경이라고 가정할 수도 있다.

스 아퀴나스가 가르친 것처럼 정의는 인간 피조물이 다른 모든 피조물에 행해야 하는 최우선 의무이며, 피조물 대 피조물로서 우리는 그렇게 할 의무가 있다. 21세기 초를 사는 우리는 이제야 비로소 성경의 언약적 정의를 확장해서 이해하는 것이 우리 생존에 얼마나 중요한지를 이해하고 있다. 현 상황에서 구현되어야 하는 정의의 의미를 온전히 다 이해하기 위해서는 법 전문가처럼 이 사건과 연관된 역사를 검토해야 한다. 이 시편은 이러한 사건과 연관된 역사가 성경의 첫 장, 이 세상을 향한 하나님의 뜻이 나타나 있는 첫 말씀으로까지 거슬러 감을 일깨워 준다. "그분이 말씀하시니, 그대로 되었다."시 33:9

이 시편에 나오는 가장 중요한 대비는 하나님의 '자문counsel', 곧 창조계와 성경에 나타난 그분의 뜻을 자기 인생에 결정적인 것으로 알아보는 사람과 알아보지 못하는 사람이다.시 33:10-12 후자는 간단하게 말해서 역사 속에서 몰락한다.시 33:16-17 그러나 전자는 "특권"시 33:12을 누린다. 이 말은 예수님의 팔복에서도 언급되는 히브리어 단어 (아슈레ashrē)와 같다. "영혼이 가난한 사람은 특권이 있다. 하늘의 나라가 그들의 것이기 때문이다."마 5:3 어쩌면 예수님은 이 시편을 염두에 두셨는지도 모른다. 어쨌거나 '영혼이 가난한 사람'의 한 가지 타당한 정의를 제시하는 것만은 확실하다. 그들은 바로 오도될 수밖에 없는 자신의 "자문"시 33:10 너머를 볼 수 있는 사람들, 혹은 나라들—시편 기자는 비전이 크다—이다. 다시 말해서 그들은 하나님의 직접적인 주권 아래 살며, 왕과 그들의 군마와 같은 거짓 안전으로 스스로를 위로하지 않는다.시 33:16-17 시편 33편과 팔복 모두에서 하나님의 주권(하늘의 나라)은 '의와 정의'가 심판받는 기준이다.

시편 기자가 어떻게 이 땅의 모든 안전들 대신 위험할 수 있는 하나님의 자문을 택하라고 격려하는지 보라. 우리의 선택은 하나님이 먼저 선택하신 것을 받아들이는 것이라고 말하는 게 더 정확할 것이다. "그분이 자신의 유업으로 택한 백성이 되는 것은 특권이다."시 33:12 이 시편은 이 세상에 거주하는 사람들과 사건들에 하나님이 특별한 관심이 있다고 말한다.시 33:13-15 위대한 창조주께서 '이 땅의 거주민'에게 일어나는 모든 일이 무척 보고 싶어서 앞으로 몸을 내밀어 구름 틈으로 내려다보시는 모습, 이 이미지는 고대 이교도들의 신 개념과 무척 다르다. 메소포타미아와 그리스 신화에서 보듯 인간 존재의 비극은 우주의 변덕스러움에서 기인한다. 이교에는 지속적인 불안의 요소가 있는데, 그것은 무엇보다도 그 신들이 인류에게 자비를 베푸는 일보다 자기들끼리 권력 다툼을 하는 데 더 관심이 있기 때문이다. (신들의 논쟁이 트로이 전쟁의 과정에 그대로 반영된다는 것을 생각해 보라.) 게다가 자신이 기도하는 신들이 자신의 편에 있다 하더라도, 그 신이 이 상황을 관장하는지에 대해서는 결코 확신할 수 없다. 그러나 시편 33편은 가장 확고한 말로 창조계의 모든 양상에 대한 하나님의 전적인 주권,시 33:6-8, 15 하나님과 우리 사이에 빈틈없이 유지되는 결속을 강조한다. 이 결속의 힘은 양쪽의 진실함에 달려 있는데, 한편으로는 "그분의 언약적 사랑을 기대하는 사람"시 33:18에 대한 하나님의 인내하는 관심, 그리고 또 한편으로는 하나님에 대한 우리의 인내하는 확신—"우리의 존재 자체가 주님을 기다린다"시 33:20—이 그 진실함을 입증한다.

따라서 슬픔의 시편들처럼 찬양의 시편들은 기대로 끝난다. 자기 삶의 모든 면에서 하나님의 언약적 사랑이 온전히 발현되기를 기다리는 사람들은 지금도 역사의 한가운데서 하나님을 찬양하고 있다.시 33:22 이 시의 마지막 행은 하나님에 대한 신뢰를 말하고 있지만,시 33:21 그렇다고 모든 기도에 적어도 어느 정도는 존재하는 긴장이 다 해결된 것은 아니다. 왜냐하면 기도하는 사람은 소망 가운데서 사는 사람들이기 때문이다. 성경적 전통은 만족보다는 소망과 기도를 더 많이 연결시킨다. 이 전통에 굳건히 서서 사도 바울은 로마에 있는 이방인 그리스도인들에게 이렇게 말했다. "소망 가운데서 즐거워하고, 고통 중에 인내하며, 기도를 멈추지 마십시오."롬 12:12 어쩌면 바울 자신이 이같이 소망하는 사람들의 전통을 굳건히 붙잡고 있다고 하는 게 더 나을지도 모르겠다. 성경적 관점에서 보자면 소망은, 하나님은 믿을 만하다는 과거의 경험과 아직은 미정인 미래 사이에 걸쳐 있는 끈으로 형상화할 수 있다. 이 끈은 이스라엘 하나님의 믿음직스러움과 자유 사이에 팽팽하게 걸쳐 있다. 그래서 시편에는 기대의 어투가 매우 특징적으로 나타난다.

그러나 이스라엘이 하나님을 기다리는 와중에도 시인은 의로운 사람들에게 즐겁게 노래하라고 촉구한다.시 33:1 그리고 그렇게 즐거

위하라는 요청에는 예배에 대한 심오한 이해가 깔려 있다. 우리는 자신의 상황에 완전히 만족할 때까지 하나님에 대한 찬양을 미룰 수가 없다. 기도의 기본 동력은 하나님이 우리에게 무엇을 주실 때 우리가 흡족한 마음으로 "감사하다"라고 말하는 게 아니다. 오히려 우리는 찬양을 통해서 우리가 이미 얼마나 많은 것을 받았는지 발견한다. 신실한 예배의 언어를 통해서 우리는 이 세상을 있는 그대로 보게 된다. 하나님의 손이 하신 일, 하나님이 끝없는 인내로 사랑하시는 대상으로서 이 세상을 보게 되는 것이다. 더불어 우리는 찬양을 통해서 우리 자신의 상황을 새롭게 인식한다. 우리는 자신의 자리를 확보하기 위해서 끊임없이 노력할 필요가 없다. 그 자리는 이미 제공되었다. 우리가 의존할 수 있는, 기본적으로 주어진 현실이 있다. "[하나님의] 모든 행위는 신실하시다."시 33:4 그 믿음직스러움에 기댐으로써, 이 세상에서 이미 주어진 우리의 놀라운 자리를 받아들임으로써, 우리는 행복을 찾게 된다. 따라서 우리는 하나님과 언약적 관계에 있다는 그 사실 때문에 축복받은 백성임을 인식하게 된다.시 33:12 이것이 바로 그리스도인으로서 우리가 이스라엘 백성과 동일하다는 주장의 의미다.

고대 이스라엘이 창조성을 가장 잘 발휘한 분야가 바로 하나님을 찬양하는 것이었을 수 있다. 다른 문화들은 미술이나 실용 예술, 건축이나 천문학, 조각상이나 상아 세공, 약품 처리 보존이나 전쟁에 탁월한 기술이 있었다. 고대의 그러한 업적은 오늘날까지도 따라잡지 못하는 것들이 있을 정도다. 그러나 이스라엘이 가장 잘한 일은 하나님을 찬양하는 것이었고, 그들도 그것을 알았다. "날마다 내가 당신을 송축하고, 영원히 당신의 이름을 찬양할 것입니다."시 145:2 이 전통은 유대인들과 그리스도인들이 계속해서 시편으로 기도하면서 오늘날까지도 유지되고 있다. 그러나 일반적으로 그리스도인들은 이 전통을 생생하게 유지해 주는 또 다른 중요한 자료가 있다는 것을 잘 모른다. 그것은 바로 유대인의 기도서에 보존되어 있는 성경 시대 이후의 찬송문 모음집이다.[7] 이것에 대해서 조금 알면 우리의 찬양이 보다 창의적이 될 수 있다.

많은 그리스도인들이 성만찬 기도의 기본이 되는 빵과 포도주를 놓고 하는 유대교의 찬송문을 잘 안다. "오 복되신 주님, 이 우주의 왕이시여, 당신은 이 땅에서 빵을 만드셨습니다." 그리고 "오 복되신 주님, 이 우주의 왕이시여, 당신은 포도나무의 열매를 만드셨습니다." 이처럼 수십 개의 유대교 찬송문이 있는데, 계란을 먹을 때 하는 찬양, 별똥별을 보거나 아름다운 나무를 봤을 때 하는 찬양, 좋은 스승을 만났을 때 하는 찬양, 좋은 소식이나 나쁜 소식을 들었을 때 하는 찬양 등이 있다. 빵과 포도주에 대한 찬송문처럼 대부분의 찬송문은 그냥 한 문장 정도다. 이 기도들은 감사의 마음이 들 때 순간적으로, 우리가 흔히 무의식중에 짜증의 말을 툭 내뱉듯 간단하게 하나님께 드릴 수 있는 기도다.

유대교의 찬송문 중에서 내가 개인적으로 가장 좋아하는 것은

---

7 *The Standard Prayer Book* (New York: Bloch Publishing Company, 1915), 4.

그보다는 조금 더 길다. 이 기도는 하루 중에 처음으로 드리는 주요 찬송문으로서 이른 아침 예배의 기도 예배에 포함되어 있다. 외부인의 관점에서 볼 때 이 기도가 놀라운 것은, 예배자들이 자신이 아침에 볼일을 볼 수 있었던 것에 대해서 하나님을 찬양하기 때문이다.

> 오 복되신 주님, 이 우주의 왕이시여, 당신은 인간을 지혜로 지으시고, 그들 안에 많은 관과 통로를 만드셨습니다. 그것 중에서 [닫혀야 하는 것이] 하나라도 열리거나, [열려야 하는 것이] 하나라도 닫히면 우리는 존재할 수 없고 당신 앞에 설 수도 없다는 것을 영광의 보좌에 계신 당신은 아십니다. 오 복되신 주님, 육체의 치료자시여, 당신의 행하심이 놀랍습니다.

시편 기자의 다음과 같은 열렬한 찬양의 서약을 위의 찬송문보다 더 잘 충족시키는 기도는 없다.

> 내가 참으로 대단하고 놀랍게 만들어졌기 때문에
> 나는 당신께 감사를 드립니다.
> 당신의 일은 놀랍고, 내 존재의 중심에서부터
> 내가 그것을 잘 압니다. 시 139:14

이렇듯 평범한 것들을 찬양하는 것이 우리에게는 다소 이상하고 부끄럽게 들린다. (미국의 주류 개신교도들은 찬양을 많이 부끄러워한다. 어느 일요일이든 치유와 위로의 기도가 감사의 기도보다 확실히 길다.) 그러나 성경의 관점에서 볼 때 설명되어야 하는 것은 왜 시편 기자나 오늘날의 정통 유대교인들이 매우 평범한 것도 축하해야 한다고 생각하느냐가 아니다. 이상한 것은 우리가 "창조, 보존, 그리고 이 생의 모든 축복들"공통기도서 101과 같은 일상의 기적들에 대해서 감사할 생각을 더 자주 하지 않는다는 것이다. 우선 우리가 오늘 아침에 바른 정신으로 깼고, 감사를 드려야 한다는 것을 안다는 사실에서부터 말이다. 이처럼 사소하고 구체적인 찬송문들은 우리가 마땅히 기도해야 할 바대로 기도하는 법을 배우는 가장 좋은 길일 수 있다. 모든 찬양의 기본적 목적을 겨냥하기 때문이다. 그 기본적인 목적은 바로 이 세상을 거룩하게 하고 그것을 거룩하다고 부르는 것이다. 수많은 사소한 기도를 드리는 것은 마치 수정을 들고 보듯이 이 세상과 우리 인생을 보는 것과 같다. 빛을 향해 수정을 들고 있으면, 그 모든 면에 빛이 와서 떨어진다. 그렇게 그 기도들은 아무것도, 그 어떤 것도 당연하게 여길 수 없음을 일깨워 준다. 우리가 보고 사용하는 모든 것, 우리가 존재하는 모든 모습은 하나님의 창조적 관심의 표현이며, 따라서 우리가 "감사합니다"라고 말할 기회다.

2부

사랑의 대가

이어지는 장에서는 어떻게 하나님이 특별한 한 가정(아브라함의 가정)과 한 민족, 그리고 그들을 통해서 인류 전체와 관계를 맺으셨는지에 대해서 살펴볼 것이다. 오래되고 친밀한 여느 관계에서처럼 이 관계는 양쪽 모두가 큰 대가를 치르는 관계였다. 이 관계를 기록한 역사 중에서, 나는 우리가 민감하게 읽는다면 그 대가가 어떤 것이었는지 느낄 수 있는 두 개의 순간을 부각시켰다. 바로 하나님이 아브라함을 불러 그 아들을 산 위로 데려가 희생제물로 바치라고 하셨을 때와, 하나님이 모세를 불타는 덤불에서 부르셨을 때다. 이스라엘은 하나님과 맺는 관계에는 대가가 따른다는 것을 알았다. 이 이야기들이 암시하듯 그것은 우리에게 모든 것을 요구한다. 그러나 그것은 또한 가늠할 수 없을 정도로 희귀하고 소중한 무엇을 우리에게 주기도 한다. 아가서는 이스라엘이 하나님과 누리는 친밀함을 어떻게 열렬하게 축하하는지를 보여준다. 그리고 그 안에 동참하라고 우리를 초대한다.

5

비켜서야만 한다
불타는 덤불

그리고 모세가 말했다. "내가 비켜서서 이 대단한 광경을 보아야겠다. 왜
이 덤불은 타지 않을까?"출 3:3[1]

불에 타고 있는 타지 않는 덤불. 이것은 아마도 이 땅에서 우리
가 감지할 수 있는 하나님의 거룩함에 관한 이미지 중에서도 가장
강렬한 성경의 이미지일 것이다. "네 발에서 신을 벗어라. 네가 서
있는 그 땅은 거룩한 땅이다."출 3:5 그곳은 단지 하나님의 음성을
듣는 자리가 아니라, 하나님께서 이 땅 위로 내려오시는 장소이기

---

1   이번 장은 현현절에 한 설교를 각색한 것이다.

도 했다. "내가 [내 백성을] 이집트의 손에서 구하고 그 땅에서 꺼내기 위해 내려왔다."출 3:8 복음의 본질이 이미 그 불타는 덤불에서부터 선포되었던 것이다. 하나님은 우리를 구원하시고 우리를 약속의 땅으로 데려가시기 위해 거룩한 땅으로 내려오셨다.

따라서 서로 연결 짓기를 잘하는 초대 그리스계 신학자들이 놀라운 상상력을 발휘해 이 불타는 덤불과 육화를 연결시킨 것은 일면 당연하다고 생각한다. 니사의 그레고리가 4세기에 쓴 「그리스도의 탄생On the Birth of Christ」이라는 논설에서 먼저 그 관계를 지적했고, 그 후에는 도상학적 전통이 그러한 관계성을 이어 갔다. 시내 산의 성 캐서린 수도원에는 성모 마리아가 불타는 덤불로 그려진 성화가 걸려 있다. 성령으로 잉태했지만 여전히 처녀였던 마리아, 자기 배에 하나님을 품었고 나중에는 팔에도 안았으나 재로 화하지 않은 마리아, 그 마리아가 계속해서 타고 있지만 소진되지는 않는 덤불로 그려져 있다.

이처럼 오래되었으면서도 여전히 생생한 마리아의 이미지는, 너무 친숙해서 진부해진 모세의 이야기를 새로이 읽게 해줄 수 있다. 마리아와 모세는 다음의 공통점을 가지고 있다. 이 세상의 역사에서 그 두 사람은 하나님을 가장 친밀하게, 평범한 필멸의 육체라면 타서 재가 되지 않고서는 견딜 수 없는 방식으로 알았던 사람들이다. 이스라엘 백성은 거룩한 땅을 침범하면 즉각 죽는다는 것을 알았다. 대제사장은 해마다 한 번 지성소로 들어갈 때 목숨을 내놓고 들어갔고, 그나마도 연기에 휩싸인 채 들어갔다. 하나님을 본 사람은 살 수 없었기 때문이다. 그러나 하나님은 "얼굴을 맞대고, 친구에게 말하듯이" 모세에게 말씀하셨다.출 33:11 성경 어디에서는 둘이 "입을 맞대고" 이야기했다고까지 한다.민 12:8

그것은 아주 친밀한 사이다. 하나님께 제일 친한 친구가 있었다면 (없을 이유도 없지 않은가?) 그것은 분명 모세였을 것이다. 때로 모세는 광야에서 일이 잘 풀리지 않을 때 하나님께 무례하게 굴기도 한다. 그런데도 아무 탈이 없었을 뿐만 아니라, 하나님이 그의 불평을 받아들이시고 도중에 수정하신다. 그리고 하나님은 인간을 전적으로 믿지 않으시는데, 다시 말해 하나님은 인간을 완전히 신뢰하지 않으신다고 할 수 있는데, 마리아를 성령으로 잉태시키셨다. 이 두 사람은 하나님이 가장 편안하게 여기신, 역사 속의 평범한 인물들이다. 모세와 마리아는 하나님의 극적인 새로운 구원 사역을 위해서 자신들의 삶에, 그 결과 이 세상에, 가장 큰 자리를 만든 사람들이다. 알면서도 기꺼이, 그들은 요구가 많고 또한 사랑도 많으신 하나님을 그대로 받아들였다. 그래서 하나님은 그렇게 '입을 맞댈' 만큼 가까이 오실 수 있었던 것이다.

모세를 마리아와 연결해서 생각하면 출애굽기의 세 번째 장에서 일어나는 일에 집중하는 데 도움이 된다. 하나님과 모세가 처음으로 직접 만나는 이 장면에서 친밀성의 시작을 볼 수 있기 때문이다. 이 무렵의 성인 모세에 대해서는 우리가 아는 게 극히 없다는 사실을 기억하길 바란다. 따라서 성경의 화자가 그를 제시하는 방식은 매우 중요하다. 일반적으로 성경은 누가 무슨 말을 하고 무엇을 했는지 행동의 본질만 추려서 기록하고 나머지는 우리가 추론하게 한다. 이 기록의 경우, 행동의 본질은 다음과 같다. 천사, 혹은 하나님이 불에 타는 덤불 가운데서 모세에게 나타나고, 모세는 그것을 보려고 비켜선다. 그러나 화자가 이 이야기를 들려주는 방식에는 다소 특이한 점이 있다. 모세가 무엇을 생각하는지 잠시 듣게 하는 것이다. 잠시 모세의 머릿속으로 들어가서 장인의 양 떼를 두고 돌아서려고 할 때의 그의 생각을 듣게 해준다. "내가 비켜서서 이 대단한 광경을 보아야겠다. 왜 이 덤불은 타지 않을까?"출 3:3 게다가 (이것이 더 특이한 점인데) 하나님이 어떻게 생각하시는지도 암시한다. "그리고 주께서 그가 비켜선 것을 보시자, 하나님은 덤불 안에서 그를 부르시며 '모세야, 모세야!' 하고 말씀하셨다."출 3:4 '내가 비켜서야겠다'는 모세의 의식적인 결심, 자신이 하던 일을 두고 '이 대단한 광경을' 조사해 봐야겠다는 그의 결심이 하나님으로 하여금 처음으로 그에게 말씀하시게 한 것이다.

하나님이 여기에서 특별히 중요하게 보신 것은 무엇일까? 모세의 어떤 특성을 알아보신 것일 수도 있다. 우리는 모세가 이미 '비켜섰던' 사건을 알고 있다. 그가 주제넘은 짓을 했는데, 결과적으로 하나님께서 관여하신 일이 된 사건이다. 그는 히브리 노예를 학대하는 이집트 사람을 죽이고 목숨을 보전하기 위해서 자기 할아버지인 파라오를 떠나 아라비아의 사막으로 도망갔다.출 2:11-15 그리고 덤불 앞에서 자기 양 떼를 뒤로하고 '비켜설' 때까지 이집트의 왕자였던 그는 미디안의 목자로 살았다. 모세는 선로에서 벗어난 기관차 같았다. 다시는 돌아갈 수 없었던 것이다. 물론 다시 파라오의 궁전으로 돌아가기는 하지만, 집으로 돌아가는 탕자로서가 아니라 파라오의 치명적인 자아 숭배를 폭로하는 반대파의 지도자로서 돌아간다. 모세는 다시 한 번 무리를 이끌고 광야로 나갈 것이지만, 이제 그 무리는 양이 아니다. 결심은 했지만 자신이 무슨 일을 하는지는 잘 모른 채 그는 일단 하나님의 일을 위해 비켜섰고, 이후 모세는 다시는 과거의 길로 돌아가지 못했다.

만약 내가 생각하는 대로 하나님이, 그분의 일을 위해서 선로를 이탈하는 모세의 잠재력 때문에 그에게 끌린 것이라면, 이것은 하나님에 대해서 우리에게 알려 주는 바가 있다. 나는 이것이 호렙(시내)에서의 첫 계시의 핵심이라고 생각한다. 시내에서 하나님은 선로를 이탈하는 신이자, 인류를 위해서, 이스라엘 백성을 위해서 탈선하는 신으로 그려진다. 이스라엘에 주신 이 계시는 하나님을 완전히 새롭게 이해하는 방식이다. 고대의 이교도들이 상상한 신, 그중에서도 급이 높은 신들은 하늘 어디엔가 편안하게 자리 잡고 말 그대로 신 노릇을 하는 신들이었다. 그들은 시끄럽게 논쟁을 벌이며 자기들끼리 연애를 했고, 만찬을 벌이며 인간들이 바친 제물을 받았다. 이 땅의 일을 이렇게 혹은 저렇게 움직여 달라는 간청과 뇌물을 받기도 했지만, 그들이 인간의 일에 관여하는 경우는 극히 제한적이었다. 시내에서 일어난 급진적으로 새로운 일은 하늘과 땅의 창조주가 이스라엘 백성과 무제한적으로 관여하는 관계로 들어섰다는 의미다. 다시 한 번 들어 보라.

이집트에 있는 내 백성의 고통을 내가 참으로 보았다. 그들이 받는 억압 때문에 내뱉는 외침을 내가 들었다. 그렇다, 내가 그들의 고통을 안다. 그래서 그들을 이집트의 손에서 구하려고 내가 내려왔다. 출 3:7-8

"내가 보았고, 내가 들었고, 그리고 내가 내려왔다." 말하자면 하나님은 "내가 비켜서야겠다. 내가 이 사람들의 고통을 아는데, 그냥 아무렇지도 않은 듯 지낼 수는 없다"라고 하시는 것이다. 감이 오는가? 하나님도 시내에서 선로를 이탈하는 기관차처럼 행동하셨고, 다시는 그 선로로 돌아가지 않으셨다. 신들이 이전에 존재하던 방식, 인간의 고통으로부터 본질적으로 영향을 받지 않고 멀찌감치 떨어져서 살던 방식이 불타는 덤불에서 모세를 부르신 하나님에게서는 영원히 사라져 버렸다.

이것이 출애굽기 3장을 제대로 읽는 방식이라면, 불타는 덤불과 하나님을 잉태한 마리아의 몸이 궁극적으로 같은 계시이고 서로 시간 차이만 있을 뿐이라고 본 니사의 그레고리는 옳다. 왜냐하면 복음은, 때가 차서, 이스라엘의 하나님이 다시 한 번 사랑과 고통에 의해 이성으로 설명할 수 없을 만큼 마음이 움직여서 이스라엘뿐 아니라 온 세상을 구원하기 위해 내려오셨다고 확언하기 때문이다. 시내에서 덤불을 태우던 그 불은 마리아가 낳은 빛이기도 했다. 그 빛은 지금도 타면서, 우리의 어둠에도 불구하고 꺼지지 않고 있다. 우리는 현현 가운데, 빛의 시대에 있다. 그렇다면 "네발에서 신을 벗어라. 네가 서 있는 땅은 거룩한 땅이다."

6

네 아들을 데려가라

이삭을 묶다

그 일이 있은 후에 하나님이 아브라함을 시험하시는 일이 있었다. 그가 "아브라함아" 하시니, 아브라함이 "내가 여기에 있습니다" 했다. 그러자 그가 말씀하시기를, "네 아들, 너의 유일한 아들, 네가 사랑하는 아들 이 삭을 데리고 모리아 땅으로 가서 내가 너에게 지시하는 산에서 그를 번 제로 드려라."창 22:1-2

아브라함과 그의 하나님은 참으로 지독하다. 이것이 만약 시험 이라면, 시험을 낸 사람이나 거기에 응한 사람 모두가 비참하게 실패한 것으로 보인다. 도대체 어떤 하나님이 아버지더러 자신의 독자를 희생하라고 요구하며, 고통스럽게 한 단계 한 단계 다 거치게 한 후에 칼을 높이 치켜들고 막 아이의 목을 내리치려는 순간 그 동작을 멈추게 한단 말인가? 도대체 어떤 아버지가 이러한 충성도 시험을 받아들인단 말인가? "그 어떤 상황에서도 받아들일 수 없습니다! 사탄아 내 뒤로 물러가라!" 이것이 바로 초월적 영역의 요구에 대한 바른 반응이 아니겠는가?

이 이야기에 대한 우리의 본능적이고 자연스러운 반응은 거부감이다. 이런 이야기는 우리의 성경적 전통에 슬쩍 끼워 넣어진 이질적 요소임에 틀림없다. 이건 기독교가 생기기 이전의 이야기일 뿐만 아니라, 기독교 행세는 하지만 기독교에서 벗어난 이야기이며, 우리가 아는 예수 그리스도의 아버지 하나님과는 모든 면에서 대립되는 이야기다. 이 이야기를 정면으로 다루면서 "내가 아브라함의 하나님을 예배하지 않는 게 참 다행입니다!"라고 전투적으로 외친 한 설교자가 생각난다. 그러나 그는 곧 강단에서 제단으로 자리를 옮겨서 자신의 외침과는 반대로 우리가 사실은 아브라함의 (그리고 이삭의) 하나님을 예배한다고 확언하는, 적어도 그렇게 하고자 한다는 성찬 기도를 드리기 시작했다.

거리끼는 것을 처리하기보다 조금 더 세련된 방법은 역사적으로 접근하는 것이다. 지금까지 한 세기 동안, 신학생들은 다음과 같은 역사 비평의 '발견'을 배웠다. 이 이야기는 이스라엘 종교 윤리의 발전의 중요한 전환점이 된다. 이 사건을 기점으로 이스라엘은 신을 달래기 위해서 아이들을 번제로 드리는 (고고학적으로 입증된) 고대 이교의 관습을 거부하게 되었다. 실제로 이삭은 죽지 않았고, 하나님의 명령에 따라 풀려났다. 이러한 접근법은 왜 이삭을 묶은 사건[1]이 성경에 기록되었는지를 설명하는 이상적인 방법으로 여겨질 수 있다. 이스라엘의 가장 빛나는 선조인 아브라함과 '윤리적 종교'를 연결시킴으로써 이스라엘의 이와 같은 획기적 발전을 축하하는 것이다. 이런 관점에 의하면 창세기 22장은 아래와 같은 우렁찬 예언을 예견하는 이야기가 된다.

내가 무엇을 가지고 주님 앞으로 나가서

높으신 분을 경배할까?

주께서 수천 마리의 숫양을 기뻐하실까,

쏟아져 넘치는 기름을 기뻐하실까?

내 첫아들을 나의 잘못을 위해,

내 배의 열매를 내 존재의 죄를 위해 바칠까?

사람아, 그가 네게 무엇이 선한지 알려 주셨다.

주께서 네게 요구하시는 것은

정의를 행하고, 언약적 신앙을 사랑하고,

겸손하게 네 하나님과 걷는 것이다.미 6:6-8

그러나 이와 같은 역사적인 접근은, 본능적인 반응의 접근과 마

---

1 '이삭을 묶은 사건'은 유대교 전통에서 이 이야기를 일컬을 때 사용하는 일반적 명칭이다. '이삭의 제사'라는 기독교의 일반적 명칭 대신 유대교의 명칭을 사용한 이유는 이 이야기에서 일어난 일과 일어나지 않은 일을 유대교의 명칭이 더 정확하게 표현하기 때문이다.

찬가지로 근본적인 모순을 안고 있다. 일단 이야기의 내용과 맞지 않는다. 이삭이 희생당하지 않은 것은 사실이지만, 그렇다고 아브라함이나 하나님이 그 관습을 끔찍하게 혐오스러운 것이라고 비난한 것도 아니다. 물론 아브라함이 그 요구를 따르기 싫어했던 것은 분명하다. 그러나 그는 결코 "하나님이 이런 걸 원하신다고 내가 상상이나 했을까!"라고 말하지 않는다. 하나님은 아브라함의 행동을 멈추시지만, 자신의 뜻을 완전히 오해했다고 아브라함을 비난하시지도 않는다. 역사적 사실에 의하면, 이스라엘 신앙은 전통적으로 유아 제사를 혐오했으며, 선지서들도 그 사실을 분명히 지적한다.렘 7:30-34 그러나 혼란스럽게도 이 이야기는 전혀 그러한 입장을 제시하지 않는다. 오히려 반대로, 우리에게 이 이야기만 전해졌다면 하나님이 그러한 관습을 진정한 신앙의 표시로 기꺼이 받아들이신다고 결론 내릴 수도 있었을 것이다. 실제로 하나님은 (천사를 통해서) 이렇게 말씀하셨다. "내가 나 자신을 두고 맹세하건대—이것은 주님의 말씀이다—네가 이 일을 행하고 하나뿐인 네 아들을 아끼지 않았기 때문에, 내가 참으로 네게 복을 주고 네 씨앗을 하늘의 별들처럼 많게 할 것이다."창 22:16-17 이와 같은 축복의 약속은 아브라함이 기꺼이 그러한 극단적 순종의 모습을 보였기 때문에 주어진 것이다.

따라서 성경을 진지하게 읽는 우리로서는 참으로 난감할 수밖에 없다. 이 본문은 하나님과 아브라함을 그나마 괜찮아 보이게 하려는 역사학자의 친절한 시도를 단호하게 거부한다. 그렇다고 아브라함의 하나님은 우리의 하나님이 아니라고 말할 수도 없다. 그러나 우리를 이렇게 난처한 입장에 놓는 것이 바로 성경의 의도라고 나는 생각한다. 하나님과 함께하는 이스라엘의 길고도 힘겨운 이야기가 시작된 지 불과 스무여 쪽 만에 이 이야기가 등장한다. 초반부터 우리는 우리가 상대해야 하는 하나님이 어떤 분인지, 그리고 그분을 상대하다 보면 어떤 일이 일어날 수 있는지 알아야 한다. 내가 보기에 이삭을 묶은 이 이야기는 기독교 행세를 하는 비기독교적인 이야기가 아니라, 예수 그리스도의 아버지이신 하나님에 대해서 근본적이고도 핵심적인 정보를 주는 이야기다. 게다가 이 정보는 예수 그리스도의 삶과 죽음과 부활을 통해서 계시된 하나님에 의해 퇴색되지도 않는다. 오히려 그 반대다. 우리가 이 이야기에서 얻게 되는 하나님에 대한 정보가 없다면, 예수님의 십자가 죽음은 충격적이고 비극적이기만 한 게 아니라, 어리석은 게 될 것이다. (그렇기 때문에 성금요일에 종종 이삭을 묶은 이 이야기를 본문으로 택하게 된다.)

다르게 표현하면, 이 이야기가 제시하는 본질적인 신학적 문제, 즉 하나님에 대한 문제는 신약 성경에서도 여전히 유효하다. "왜 하나님은 이것을 요구하시는가?"는 이스라엘의 생애에 늘 따라다니는 질문 중 하나였다. 성경의 이야기 중에서 창세기 22장과 수난의 서사는 그 질문을 가장 날카롭게 그리고 통렬하게 던진다. 우리가 이러지도 저러지도 못하게 만드는 것이다. 성경을 버릴 수 없는 우리로서는 그것을 읽는 것밖에는 방법이 없다. 그러나 평소보다 더 천천히 읽어야 한다. 단 하나의 단어도 허투루 쓰거나 가볍게 선택하지 않은 이야기이기 때문이다. 우리가 끈기 있게 이 본문을 붙든다면, 우리는 신비롭고도 깊은 이해에 도달하게 될 것이다. 그러니 이제 읽어 보자.

"그 일이 있은 후에 하나님이 아브라함을 시험하시는 일이 있었다."창 22:1 이 이야기는 과거를 돌아보는 것으로 시작한다. '그 일이 있은 후에'는 구약 성경에서 흔히 쓰는 서두가 아니므로 도대체 '무슨' 일인지 묻지 않을 수 없다. 화자는 우리에게 단서를 준다. 뜬금없이 등장하는 것 같아 보이는, 아브라함에게나 우리에게나 낯선 하나님을 제시하는 이 이야기가 따로 노는 이야기가 아니라는 것이다. 이 이야기를 제대로 이해하려면 그 전에 있었던 일들을 기억해야 한다. 예를 들어, 그 아들의 탄생과 같은 사건이 있었다. 아버지에 의해 불태움을 당할 뻔한 이 아이는 그냥 아무 아이가 아니었다. (사실 아무 아이란 있을 수 없지만 말이다.) 이삭은 불임과 고령의 악조건에서 나온 기적의 열매였다. 그들의 독자가 태어났을 때 사라는 90세였고, 아브라함은 100세였다. 게다가 편안한 노후 생활을 즐기고 있는 처지도 아니었다. 하나님이 아브라함을 갑자기 자신의 익숙한 환경으로부터 불러내 황당한 요구와 약속을 지니고 돌아다니게 하신 이래로 25년간 그들은 메소포타미아에서 가나안까지, 그리고 이집트에서 다시 가나안으로 돌아오면서 중동 지역을 떠돌고 있었다. 그 명령과 약속은 이러했다. "일어나서 가라. 네 땅, 네 고향, 네 아버지의 집을 떠나서 내가 네게 보여줄 땅으로 가라. 그러면 내가 너를 큰 민족으로 만들고, 네게 복을 주어서 네 이름을 위대하게 하겠다. 그리고 네 자신이 복이 되어라!"창 12:1-2 아브라함이 두고 떠나야 했던 세 가지가 무엇인지 들어 보라. "네 땅, 네 고향, 네 아버지의 집"이었다. 하나님께서 이명령을 내리실 때 아브라함이 받은 충격을 우리는 생각해 보아야한다. 고대 사회에서 최악의 경험은 집을 떠나 죽는 것이었다. 하나님이 아브라함에게 길을 떠나라고 했을 때 그는 75세였다. 게다가 그 후로 24년간 하나님께서 약속하신 것이 실제로 이루어질 거라는 희망은 조금도 보이지 않았다. 그 와중에 사라와 아브라함은 기근과 전쟁을 겪었고, 사라는 그 지역의 유력자인 파라오창 12:10-17와 아비멜렉창 20:1-18의 음탕한 주목을 받을 만큼 여전히 아름다웠기에 두 번이나 위험에 처했다. 그러다가 마침내 스물다섯 번째 해에 이 고령의 방랑자들에게 이삭이 태어났다. 하나님이 일찌감치 "내가 너를 큰 민족으로 만들겠다"라고 약속하신 것의 확증을 드디어 그들의 팔에 안은 것이다.

아마도 그 후로 몇 년간은 이 노부부에게 가장 행복한 시간이었을 것이다. 성경의 기록에 의하면 그동안에는 큰 사건이 없었다. 하갈과 그녀의 아들 사이에 불미스러운 일이 있기는 했지만창 21:9-21 그 외에는 그 시기에 대해서 우리가 아는 게 거의 없다. 아이를 키우는 부부의 단순한 행복에 대해서는 딱히 기록할 게 없었기 때문이리라. 이러한 시간을 보낸 "그 일 있은 후에"—얼마 만인지는 정확하지 않다. 아마도 십 년이 조금 넘는 시간이 흘렀을 것이다—

또 한 차례의 불가항력적 요구가 하나님께로부터 왔다. "네 아들, 너의 유일한 아들, 네가 사랑하는 아들 이삭을 데리고 모리아 땅으로 가서 내가 너에게 지시하는 산에서 그를 번제로 드려라."^{창 22:2} 아브라함의 생애를 처음으로 뒤집어 놓은 사건과 마찬가지로 여기에서도 '가라'라는 말이 등장한다. 게다가 아브라함이 처음 두고 떠나야 했던 세 가지처럼 이 아이의 이름 앞에도 세 개의 구가 나온다.

고대의 랍비들은 이 끔찍한 구절을 하나님과 아브라함 사이의 대화로 바꾸어 놓았다. 성경과 달리 그들은 아브라함이 어떻게든 이 요구에서 빠져나가려 하는 모습을 보여준다. 아브라함은 한때 얼굴도 모르는 소돔 사람들을 위해 하나님과 협상한 것처럼,^{창 18:23-33} 이번에는 자기 아들의 목숨을 위해 하나님과 협상한다. 절박한 아버지가 어떻게 하나님의 명령을 매 구절 반박하는지 보라.

"네 아들을 데리고 가라."

"제게는 아들이 둘입니다."

"네 유일한 아들 말이다."

"이 아이는 자기 어미의 유일한 아들이고, 이 (또 다른) 아이도 자기 어미의 유일한 아들입니다."

"네가 사랑하는 아들 말이다."

"저는 둘 다를 사랑합니다."

"이삭 말이다."

랍비 전통의 이 '미드라쉬*midrash*'[2]는 우리의 읽는 속도를 늦추면서 이 명령의 충격 때문에 지나칠 수 있는 이상한 점을 부각시킨다. 아브라함은 여기에서 하나님의 명령이 명확하지 않은 점, 즉 아브라함의 '유일한 아들'이라는 구절을 이용하려 한다. 아브라함에게는 아들이 둘 있었다. 이삭은 '큰 민족'이라는 약속에 따라 아브라함이 받은 아들이지만, 그에게는 큰 아들, 이삭보다 열네 살이 많은 하갈의 아들 이스마엘이 있었다.창 16:16 따라서 "네 아들, 너의 유일한 아들을 데리고 가라"는 구절은 말이 되지 않으며, 바로 그렇기 때문에 우리가 기억해야 하는 이 사건의 배경 중 하나인 '그 일'에 주목하게 된다. 앞 장에서 아브라함은 하갈과 이스마엘을 광야로 내쫓았다. 그때에도 아브라함은 어떤 명령을 무력하게 따랐는데, 그 명령은 자기 아들의 유산을 놓고 "이 노예의 아들"이 경쟁하는 것을 원하지 않는 사라가 한 것이었다.창 21:10 여기에서 단어의 배치를 보면 아브라함이 전에 했던 행동 그대로 하고 있음을 알 수 있다. 그때에도 그는 "일찍 일어나서"창 21:14, 22:3 편도의 여정에 필요한 만큼의 물건을 하갈의 어깨 위에 "얹었다."창 21:14 이제 아브라함은 이삭을 태울 나무를 이삭에게 "얹는다."창 22:6 며칠 후면 제단에 그 나무를 깔고 그 위에 이삭을 "얹을" 것이다.창 22:9 이삭을 묶은 이 이야기에서 이스마엘을 추방한 이야기를 연상시키는 효과는 무엇인가? 아브라함이 아는 한 그에게는 이제 정말로 아들이

---

2 히브리어 '미드라쉬'는 성경적 상상력의 확장을 뜻한다. 유대교 전통에서 가장 일반적인 성경 해석 방식이다.

하나밖에 없다는 사실이 여기에서 강조된다. 그는 얼마 전에 한 여인과 그녀의 아이를 네게브 사막으로 물 한 부대만 주어서 내보냈던 것이다. 이스마엘이 생존하여 저 멀리에서 한 민족의 아버지가 될 것이라는 하나님의 약속을 아브라함이 받기는 했지만, 그가 그 후로 큰아들을 만났다는 이야기는 성경에 나오지 않는다. 그래서 이제 미래의 소망은 오직 이삭에게 달려 있다는 사실에 논란의 여지가 없게 되었다.

아브라함은 나귀에 안장을 얹고 시종 둘을 데리고 자기 아들과 함께 길을 나섰다. 하나님에 대한 아브라함의 맹목적 순종은, 키르케고르의 말대로 차마 볼 수가 없다. 심연의 가장자리를 지나가는 몽유병 환자처럼 아브라함의 발걸음은 신앙의 본능을 따를 뿐이다. 사흘 째 되는 날 그들은 하나님이 의도하신 장소를 저 멀리서 보게 되고, 이제는 행동 하나하나가 아주 힘겹게 천천히 진행된다. "아브라함은 제사에 쓸 나무를 가져다가 자기 아들 이삭에게 얹고, 자기 손에는 불과 칼을 쥐었다."창 22:6 '자기 아들'을 해칠 수 있는 위험한 도구들은 아브라함 자신이 들고 간다. "그리고 그 둘은 함께 걸었다." 둘 사이의 애틋함이 절절히 느껴지는 장면이다. 서사의 흐름이 어색할 정도로 두 사람의 관계적 호칭이 반복해서 나타난다. "이삭이 아브라함에게, 그의 아버지에게 '아버지'라고 하니, 아브라함이 '내가 여기 있다, 내 아들'이라고 했다."창 22:7 아브라함이 이 고난의 여정 서두에 하나님께 답한 것처럼—"내가 여기에 있습니다"창 22:1—자기 아들에게도 답을 한다. 이 말은 아브라함이 처음에는 하나님께, 지금은 자기 아들에게 온전히 망설임 없이 반응하고 있음을 보여준다. 이것이 아브라함의 고통이다. 그는 두 개의 반응 사이에서 극심한 갈등을 겪고 있었다.

물론 성경은 아브라함이 갈등을 겪었다고 말하지 않는다. 성경의 서사는 특이하게 말을 아끼면서 대사와 행위만을 전달한다. 성경이 누군가의 감정이나 혼자만의 생각을 기록하는 경우는 거의 없다. 마샬 맥루한의 용어를 빌리자면, 성경은 "뜨거운 매체"이다. 성경은 독자에게 너무도 많은 상상력과 감정의 여백을 남겨 놓기 때문에 우리가 거기에 참여할 수밖에 없다는 뜻이다. 독자는 담담하게 말과 행동만 보고하는 이 기사를 적절히 수용하기 위해서 애를 써야 한다. 그러나 역설적이게도, 이러한 '뜨거움' 때문에 성경이 그렇게 지루한지도 모른다. 적어도 현대의 독자들에게는 말이다. 영화와 텔레비전, 심지어 현대의 소설까지도 독자로 하여금 극적인 장면 묘사와 심리적인 탐구와 폭발적인 교감을 기대하게 만들었다. 그러나 성경은 렘브란트의 에칭처럼 이야기를 들려준다. 속도를 늦추고 자세히 들여다보아야 뭐라도 볼 수가 있고, 보이는 그것을 한참 음미해야 한다.

"아브라함이 말했다. '아들아, 하나님이 직접 제사를 위한 양을 준비하실 것이다.' 그리고 그 둘은 함께 걸었다."창 22:8 이 문장에는 참으로 많은 것이 함축되어 있다. "아들아"라는 표현에서 묻어나는 아브라함의 자상함, 그가 알고 있는 무서운 사실, 그러면서도 모든 합리적인 이해를 넘어서는 하나님을 향한 믿음, "그리고 그 둘은 함께 걸었다"에서 나타나는 아들과 아버지 사이의 어쩔 수 없는 친밀함. 노년의 렘브란트는 이 이야기를 탁월하게 해석했다. 그가 탁월한 이유는 이 친밀함을 알아보고, 에칭으로 이 장면을 그릴 때 중점적으로 그것을 표현했기 때문이다. 그는 앞서 이 장면을 그린 적이 있다. 뛰어난 재능을 타고난 젊은 예술가로서 렘브란트는 큰 화폭에 살인이 진행 중인 장면을 그렸다. 이삭이 바위 위에 가슴을 드러낸 채 누워 있고, 아브라함이 막 칼을 내리꽂으려는 순간에 멈춰 있는 장면이다. 그 옆에는 곱슬머리의 젊은 남자가 긴박한 표정으로 날개가 보일락 말락 한 채 서 있다. 극적인 요소는 다 담고 있는 그림이다.

그러나 나중에 렘브란트가 자녀들을 잃고 오직 아들 하나만 남았을 때 그린 그림에서는 그 장면에 대한 해석이 완전히 다르다. 그 그림에서는 이삭이 앉아 있는 아브라함 곁에 무릎을 꿇고 있고, 아브라함이 이삭의 머리를 감싸며 한 손으로 아이의 눈을 가리고 있다. 이 에칭을 바라보고 있던 한 나이 든 여성이 말했다. "내가 만약 내 아이를 죽여야 한다면, 나도 이렇게 하겠어요." 이 그림에서는 천사가 아브라함 뒤에 날개를 펼친 채 서 있다. 이전 그림에서는 렘브란트가 메시지를 전하러 온 소년이 천사인지 아닌지 다소 모호하게 그렸다면, 여기에서는 아브라함이 자기 아들을 감싸듯 아브라함을 감싸는 강력한 보호자의 모습으로 천사를 그리고 있다. 하나님의 명령이 취소되는 순간의 모습이다. 그러나 아브라함은 아직 안도감을 느끼지 못하고 있다. 아브라함은 천사를 보지 못한 듯하다. 그리고 이삭에게도 눈길을 주지 않는다. 그는 명한 시선으로 이제 막 끔찍한 일을 모면한 사람답게 황폐한 표정을 하고 있다. 렘브란트는 아브라함이 하나님과 아들에게 동시에 온전히 응함으로써 치러야 했던 대가를 우리에게 보여준다. T. S. 엘리엇의 표현을 빌리자면, 그는 "전부에서 하나도 모자라지 않게" 치러야 했다.[3]

이 이야기를 교묘하게 피해 가려 하지 않고 있는 그대로 받아들이려 하는 사람들은 이삭을 묶은 이 이야기를 인간의 순종과 확고한 신앙을 보여주는 성경의 특이한 사례로 보기도 한다. 아브라함은 충성도 시험을 통과했다. 그러나 렘브란트의 그림은 아브라함에게 안도의 여지가 없었음을 상기시켜 준다. 오히려 하나님에 대한 엄청난 의문을 남겨 놓는다. 창세기는 우선 하나님에 대한 책이며, 그다음에는 인간이 하나님을 만나는 것에 대한 책이다. 따라서 우리는 물어야 한다. 이 이야기는 하나님에 대해서 무엇을 말해 주는가? "이 이야기는 아브라함을 대롱대롱 매달아 놓고 신의 자아가 만족할 때까지 꿈틀거리는 그를 지켜보다가 놔주고는 감사를 기대하는 폭군 하나님에 대한 고대의 이야기"라는 말 이외에 우리가 정말로 할 수 있는 말이 있는가?

하나님에 대한 이 질문의 답을 찾는 데 성경이 우리에게 제공하는 것은 이야기에 나오는 단어들뿐이다. 그런데 그 단어들은 일종

---

3 이 문구는 「네 개의 4중주 Four Quartets」의 마지막 몇 행에 나오는 문구다. "(전부에서 하나도 모자라지 않는 값을 요구하는) 완벽한 단순함의 조건은…"('Little Gidding', V).

의 안도를 표출한다. 그러나 그것은 아브라함의 안도가 아니라 하나님의 안도다.

> 그리고 하나님이 말씀하셨다. "그 아이에게 손을 대지 마라. 그에게 아무것도 하지 마라. 이제 나는 네가 하나님을 두려워하는 사람임을 알았다. 너는 네 아들, 하나뿐인 네 아들도 아끼지 않았다."창 22:12

하나님은 이제 전에 알지 못했던 것을 알게 되었다. 창세기는 전지하신 신이라는 교리를 입증할 만한 내용을 별로 제시하지 않는다. 우리가 무엇을 행하기 전에 하나님은 그것을 다 아신다는 의미의 전지라면 말이다. 이 구절에 주석을 단 중세의 한 랍비는 이렇게 지혜롭게 말했다. "하나님은 알 수 있는 것만 아신다."[4] 인간 의지의 자유로운 반응은 미리 확실하게 알 수 있는 게 아니다. 따라서 하나님이 아브라함을 시험하신 것은 말 그대로 시험이었다. 세계의 역사에서 단 한 번뿐이었던 이 끔찍한 사건은 하나님이 아브라함이라고 하는 사람에 대해서 어떤 핵심적인 정보를 얻기 위해서 고안된 것이었다. 이 시험은 아브라함이 그 무엇보다 그리고 그 누구보다, 심지어 자신의 '유일한' 아들이자 하나님의 약속이 이루어지리라는 것을 알 수 있는 유일한 소망인 이삭보다도, 하나님을 더 생각하는지의 여부를 보여줄 시험이었다.

---

4 Gersonides(Ralbag), *Miqra'ot Gedolot*, ad loc.

그렇다면 왜 아브라함이 성경에서 전무후무한 이러한 시험을 받아야 했는가? 이 유일하게 끔찍한 사건을 이해하려면 우리는 이 같은 질문에 답해야 한다. 그리고 이번에도 마찬가지로 단어가 단서를 준다. 이 서사는 서두에서 이 극한의 시험이 세계사의 특정 시기에 일어났음을 우리에게 상기시켜 준다. "그 일이 있은 후에, 하나님이 아브라함을 시험하셨다."창 22:1 아브라함이 여러 어려운 일을 겪은 후라고 이미 살펴보았지만, 또한 하나님이 여러 어려운 일을 겪은 후이기도 했다. 이 시점까지의 인류 역사가 하나님의 관점에서 어떻게 보였을지 한번 생각해 보라. 1세대에 동산에서의 배신이 있었고, 2세대에 형제의 살인 사건이 있었으며, 폭력이 급격하게 늘어나서 온 땅이 폭력으로 난무하게 되었다.창 6:12 홍수와 함께 하나님은 다시 시작하려 하시지만, 바벨탑 사건이 보여주듯 크게 달라진 것은 없었다. 창세기의 첫 열한 장, 즉 에덴동산에서부터 바벨탑까지 '원시의 역사'는 하나님으로부터 계속해서 소외되는, 하나님을 거절한 인간의 이야기다. 그래서 12장에서 하나님은 아브라함을 부르심으로써 새로운 전략을 구사하신다. 이제 하나님은 모든 인류에 직접 복을 주시는 방식을 포기하신다. 이제는 한 사람, 한 가족, 한 민족을 통해서 모든 사람에게 다가가실 것이다. 아브라함의 소명의 지구적 범위는 처음부터 명백하다. "네게 복을 주는 사람에게 내가 복을 주고, 너를 저주하는 사람은 나도 저주하겠다. 그리고 너를 통해서 이 땅의 모든 가족들이 복을 경험할 것이다."창 12:3 아브라함과 그의 씨—앞으로는 이 프리즘을 통해서 하나님의 복이 온 세계로 퍼져 나갈 것이다.

옛 전략은 성과가 없었다. 그러나 하나님의 새로운 전략도 딱히 보장은 없다. 하나님이 이 방법을 택하면서 불안해하셨다 해도 놀랄 게 없다. 이제는 모든 것이 아브라함이라고 하는 이 한 사람의 신실함에 달려 있기 때문이다. 창세기의 앞선 장들에서 인간의 죄에 여러 번 데고도 여전히 이 세상에 복 주기를 열렬히 바라신 하나님은 이 한 사람의 신실함에 모든 것을 걸기로 하신다. 절박한 선택이고 상식에 어긋나는 문제 해결 방법이라고 할 수밖에 없다. 그리고 하나님과 아브라함의 이야기가 진행된 지 열 번째 장쯤 되었을 때 하나님은 또 한 차례 불안해하실 이유가 있었다. 하나님에 대한 아브라함의 전적인 믿음에 의심의 그림자가 드리우기 시작한 것이다. 아브라함이 사라더러 자신의 누이 행세를 하라고 한 기록이 두 번 나온다. 이집트에서,창 12:10-16 가나안에서,창 20:1-18 아브라함은 자신들의 여정에서 하나님이 사라를 지켜 주시도록 의탁하는 대신 자신의 아름다운 아내를 왕의 하렘으로 보낸다. 여성주의 해석이 우리에게 보여주듯, 하나님이 택한 적임자의 실망스러운 모습이 아닐 수 없다.

이 끔찍한 시험을 제대로 납득하려면, 그리고 인류의 복이 달려 있는 이 한 인간이 견고한지를 확인하기 위해서 하나님이 그렇게까지 해야 했던 이유를 이해하려면, 이러한 모든 상황을 고려해야 한다. 아브라함의 문제에 있어서 하나님은 완전한 약자였다. 이 시험이 끝났을 때 아브라함의 기분이 어떠했는지를 알 만한 단서가 하나도 없다는 사실에 우리는 주목해야 한다. 그는 그냥 집으로 갔다.^{창 22:19} 그러나 하나님의 안도감은 두드러지게 나타난다. 세계적 차원의 안도감이다. "이 땅의 모든 민족이 네 씨를 통해서 복을 받을 것이다. 네가 내 말을 들었기 때문이다."^{창 22:18} 우주의 운명과 이 세상에 대한 하나님의 꿈이 걸려 있는 아브라함과 이삭의 등반이었다.

이 이야기는 아마도 성경 전체에서 가장 어려운 이야기일 것이다. 그렇다면 왜 그토록 앞에 나오는가? 성경의 맨 마지막 페이지에 기록되었다 하더라도 우리는 결코 이삭을 묶은 사건을 완전히 이해하지 못할 것이다. 그렇다면 성경은 왜 이제 막 발을 담근 찰나에 초반부터 하나님을 꺼릴 수 있는 위험을 자초한단 말인가? 실제로 많은 독자들이 이 이야기 이상을 넘어가지 못한다는 것을 우리는 안다. '구약 성경의 하나님'에 대해서는 이 이상 알 것이 없다고 생각하는 것이다. 그러한 반응이 전적으로 틀린 것은 아니다. 대체로 틀렸을 수는 있지만 전적으로는 아니다. 이 이야기가 성경의 스물두 번째 장에 나오는 이유는 이스라엘의 하나님에 대해서 우리가 알아야 하는 전부는 아니지만, 근본적인 무언가를 말해 주기 때문이라고 나는 확신한다. 그리고 그것을 우리가 빨리 알면 알수록 하나님에 대한 이스라엘의 복합적인 증언을 이해하고 받아들이는 데 더 많은 진전을 이룰 수 있다. 또한 하나님과의 관계에서도 더 많은 진전을 이룰 수 있다. 따라서 위험을 감수할 수밖에 없다.

이삭을 묶은 사건은 언약 관계의 맥락에서 하나님이 얼마나 무섭도록 취약한 입장에 있는지를 보여준다. 우리는 하나님을 설명하기 위해서 '전'이라는 단어, 즉 전능이나 전지와 같은 단어를 사용하는 것을 더 편하게 여긴다. 그러나 언약 관계의 역학을 제대로 이해하고 나면 우리는 취약한 하나님과 맞닥뜨리게 된다. 왜냐하면 신약과 구약 모두가 주장하듯, 하나님과의 언약은 근본적으로 끊을 수 없는 사랑(헤세드)의 결속이기 때문이다. 그리고 일상적 경험을 통해서 우리는 사랑과 취약성이 서로 불가분의 관계라는 것을 안다. 사랑하는 사람의 안녕과 신실함이 걸려 있을 때 우리는 가장 쉽게 고통받는다. 그리고 우리가 본 것처럼 하나님의 언약 안에 놓인 최상의 파트너들마저도 그 신실함을 보장할 수가 없다. 이처럼 사랑의 관계에서 나타나는 하나님의 취약성은 언약 관계의 본질적인 요소일 수밖에 없다.

기독교 전통에는 자신이 가장 신뢰하는 사람들의 신실함과 관련해서 하나님은 매우 취약할 수밖에 없다는 개념을 확인시켜 주는 두 개의 자료가 있다. 첫째, 이 이야기와 요한복음에 나오는, 부활 후에 예수님께서 마지막으로 나타나셔서 베드로에게 "요한의 아들 시몬아, 네가 이 사람들보다 나를 더 사랑하느냐?"요 21:15라고 물으신 사건은 서로 중요한 병렬 구조를 이루고 있다. 보통 세 번 반복해서 던져진 이 질문을, 베드로가 주님을 세 번 부인한 후 스스로를 복권시킬 수 있는 기회였다고 해석한다. 베드로의 관점에서 보자면 그 해석이 일리가 있다. 하지만 예수님의 관점에서 보면 어떤가? 직설적으로 말해서, 십자가에서 죽으신 우리 주님이 그렇게 집요하게 물으심으로써 얻는 것은 무엇인가?

베드로는 교회가 세워진 바위다.마 16:18 그리스도 안에서 하나님은 전에 아브라함에게 의존했던 것만큼이나 자신의 복을 전파하기 위해서 베드로에게 의존하고 있는 상황이다. "네가 나를 사랑하느냐? … 네가 나를 사랑하느냐? … 네가 나를 사랑하느냐?" 다른 사람이 이렇게 물었다면 우리는 이 질문에 담긴 통렬함, 그리고 불안에 찬 의심을 금세 간파했을 것이다. 특히 배신 이후에 던져진 질문이기에 더욱 그렇다. 분명 그러한 의미의 질문이었을 것이다. 예수님께서 집요하게 던지신 질문은 하나님의 취약성의 또 다른 표현이다. 그리고 아브라함의 시험에서와 마찬가지로 인간이 치르는 끔찍한 대가를 우리가 받아들일 수 있게 만드는 것은 오직 사랑을 확신해야만 하는 하나님의 긴박한 필요다. 그것은 진정한 필요, 혹은 (우리가 감히 그렇게 말할 수 있다면) 용서할 수 있는 필요다. 베드로는 말로 세 번 자신의 사랑을 단정했고, 그러자 주님은 그가 어떻게 그 사랑을 보여야 하는지 알려 주신다.

내가 확고한 사실로서 이것을 네게 말할 수밖에 없다. 네가 젊었을 때는 스스로 띠를 두르고 원하는 대로 다녔다. 그러나 네가 나이 들어서는 네 손을 내밀 것이고, 낯선 사람이 네게 띠를 둘러서 네가 가고 싶지 않은 곳으로 너를 데리고 갈 것이다.요 21:18

전해지는 바에 의하면 베드로는 십자가에 거꾸로 매달려 죽었다.

이삭을 묶은 사건을 이처럼 해석하는 것을 지지하는 두 번째 자료는 교회가 처음부터 이 이야기에서 예수 수난의 전조를 보았다는 사실이다. 이 이야기는 성금요일에 종종 읽히는 이야기다. 우선은 자신의 사랑하는 아들을 기꺼이 희생한 아버지의 이타심에 대해서, 그리고 하나님에 대한 인간의 전적인 신실함에 대해서 말하는 이 이야기를 그날에 듣는 것은 참으로 적절하다. 그러나 만약 내가 믿는 것처럼 이 이야기가 인간의 불성실함 앞에서 하나님이 얼마나 취약한지를 보여주고 있다면, 이 이야기가 성금요일에 적절한 이유에 대해서 더 많은 것을 말할 수 있을 것이다. 십자가에 달리신 그리스도 안에서 우리는 역사상 유일하게 이 이야기의 양면이 한 사람 안에서 온전히 결합된 것을 본다. 예수 그리스도 안에서 우리는 아브라함의 아들이 아무것도 아끼지 않고 하나님과의 언약 관계에 전적으로 신실한 모습을 본다. 동시에 예수님 안에서 우리는 십자가에서 죽을 정도로 극히 취약한 모습으로 나타난 하나님의 전적인 신실함을 본다. 이삭을 묶는 아브라함과 십자가에 못 박힌 그리스도라는 이 두 개의 이미지는 죄와 구원의 길고도 복잡하게 뒤얽힌 이야기를 받쳐 주는 지지대다. 적어도 매년 한 번 성금요일에 그러하듯 이성으로는 이해할 수 없을 때, 우리는 마음으로 이 이야기들을 들어야 한다.

7
내 영혼이 사랑하는 이
사랑의 노래

농담이 아니라 정말로 성경에 끼지 못할 뻔한 책이 있다. 그리고
그 이유 또한 타당하다. 이 책은 한 번도 하나님을, 적어도 대놓고
는 언급하지 않는 대신 우리가 성경에서 기대하지 않는 다른 많은
것들은 언급한다. 정경으로서 아가서의 지위에 대해서는 논란이
많았는데, 탈무드는 1세기 말 로마령 하의 팔레스타인에서 랍비들
이 권위적 정경에 무엇이 들어가고 무엇이 빠져야 하는지에 대해
최종적인 결정을 내리며 일으켰던 큰 논쟁을 기록하고 있다. 초기
유대교의 위대한 스승이자 학자이며 순교자였던 랍비 아키바의
선언이 결국 이 논쟁을 평정했다.

있을 수 없는 일이다! 그 어떤 유대인도 아가서의 성스러움을 의문시한 적이 없다. 아가서가 이스라엘에 주어졌던 날은 그 어떤 날보다도 소중한 날이다. 모든 글Writings은 거룩하지만, 아가서는 그중에서도 가장 거룩한 지성소다!¹

"그 어떤 유대인도 아가서의 성스러움을 의문시한 적이 없다"라는 말은 사실이 아니다. 사실 이 책은 팔레스타인의 술집에서 술과 어울리는 노래로 인기를 얻었던 듯하다. 그리고 아마도 그렇기 때문에 아키바가 그토록 강하게 이 책의 성스러움을 주장했는지 모른다. 또 다른 곳에서도 탈무드는 아키바의 엄중한 경고를 기록하고 있다. "연회장에서 아가서를 소리 높여 부르거나 그것을 무슨 노래 취급하는 사람은 다음 세상에 참여하지 못할 것이다!"²

아가서의 독특한 거룩성에 대한 아키바의 관점은 논쟁이 있었던 그날만 평정한 게 아니라, 유대인과 그리스도교인들의 성경 해석을 천 년이 넘게 장악해 왔다. 아가서의 여덟 장은 성경의 그 어떤 책보다도 주석이 많이 되었다. 실제로 처음으로 기록된 성경 주석이 바로 3세기의 그리스도인 오리겐이 쓴 「아가서에 대하여 On the Song of Songs」이다. 아가서에 대한 오리겐의 설교는 성경을 제외하

---

1 Mishnah Yadayim 3.5. '케투빔ketubîm'이라는 단어는 주로 히브리 성경의 마지막 부분의 '글 Writings'을 일컫는데, 여기에서도 그렇게 사용했다. 어떤 사람들은 '모든 성경'이라고 번역하지만, 그것보다는 좁은 범위를 일컫는 게 더 적절해 보인다. 토라와 선지서의 내용은 이미 오래전에, 어쩌면 수세기 전에 정해졌고, 랍비들이 논쟁하던 부분은 다만 마지막 부분에 대한 것이었다.
2 Tosefta, Sanhedrin 12.10.

고 가장 오래된 초기 기독교의 설교 중 하나다. 중세 교회도 아가서 연구에 몰두했다. 수도원의 신학자들은 아가서의 모든 면을 탐구했고 수백 권의 주석을 썼으며 설교로는 분명 수천 번은 했을 것이다. 그들은 이 책을 하나님과 교회를, 혹은 하나님과 신비가의 영혼을 묶는 사랑의 궁극적 찬가로 읽었다. 13세기에 버나드는 아가서에 대해서 86개의 설교를 썼는데, 불과 3장의 1절까지밖에 진도를 나가지 못했다.

그러나 최근에는 해석의 흐름이 바뀌었다. 이번에도 역시 이 책의 적은 분량에 걸맞지 않는 수많은 주석서들이 나오고 있지만, 대부분의 현대 주석가들은 전통적인 관점이 순전히 자의적인 해석이며 완전히 틀렸다고 본다. 오늘날의 공통된 견해에 따르면 아가서는 인간의 성을 찬미하는 것이며, 고대의 랍비들이 그것을 하나님과 이스라엘의 사랑에 대한 것으로 오해했기 때문에 운 좋게도 정경에 포함되었다. 이 주석가들의 해석이 맞는다면 이 사건은 흔히들 만들어 내는, 함께 배에 탄 혹은 함께 골프를 치는 랍비와 신부에 대한 농담들을 거뜬히 제치고 제일 우스운 종교계의 농담이 될 것이다. 그런데 슬프게도 이 농담에 당하는 사람들은 우리들, 현대의 성경 독자들이다. 왜냐하면 아가서가 특별히 정경에 신학적으로 기여하는 바로 여겨졌던 것을 모두 상실하기 때문이다. 아가서가 오직 인간의 사랑에 대한 찬미라면, 사랑에 빠진 하나님과 이스라엘에 대한 (혹은 하나님과 교회에 대한) 참으로 행복한 이야기가 성경에는 없게 된다. 물론 성경에는 하나님의 사랑이 넘처 난다. 구원하는 사랑, 보답받지 못하는 사랑, 고통당하는 사랑, 십자가에서 죽는 사랑, 사라질 수 없는 사랑 등이다. 그리고 "나의 힘이신 하나님, 내가 당신을 사랑합니다"시 18:2처럼, 비록 그 경우가 그렇게 많지는 않지만 하나님에 대한 인간의 사랑도 기록되어 있다. 그러나 이러한 표현들은 전부 어떤 면에서 사랑의 일방적 표현들이다. 아가서가 결국 하나님과 이스라엘의 이야기와는 아무런 상관이 없다면, 한 사람이 "사랑합니다"라고 말할 때 상대방이 "그래요, 나도 사랑해요"라고 바로 대답하는 장면을 성경에서는 찾을 수 없게 된다. 왜냐하면 오직 아가서에만 사랑의 대화가 나오기 때문이다. 사실 그런 면에서 아가서는 우리가 아는 한 고대 근동 지역의 문학에서 유례가 없는 글이다. 그리고 하나님과 이스라엘 사이의 이 독특한 대화가 고대 랍비들의 상상에 불과하다면, 성경에는 해결할 수 없는 우주적 외로움이 자리 잡고 있다는 슬픈 사실을 받아들여야 한다.

그러나 "아가서는 그중에서도 가장 거룩한 지성소"라는 해석을 지지하는 단서들이 상당히 많다. 아가서는 성경의 주요 주제인 사랑 가운데서도 그 희열의 모습을 풍부한 상상력으로 잘 포착한다. 그러나 우리는 또한 물어야 한다. 아가서에 대해서 성적인 해석을 할 여지는 전혀 없는 것인가? 만약 아가서를 술집에서 흥얼거리는 것이 아키바의 말처럼 벼락 맞을 일이라면 (나는 그의 말이 일리가 있다고 생각한다.) 아가서에 나오는 대담한 에로티시즘은 악한 자를 혼란에 빠뜨리기 위한 일종의 속임수란 말인가?

만약 아가서가 하나님과 이스라엘의 사랑에 대한 것이고 성적인 사랑과는 아무런 상관도 없다면, 그 해석도 정경에 큰 결핍을 남긴다. 온전히 상호적이고 평등하게 즐기는 남자와 여자의 사랑에 대한 강렬한 진술이 성경에서 사라지기 때문이다. 그와는 반대 방향으로 기우는, 그러니까 이 타락한 세상에서는 상호성과 평등이 규범이 될 수 없음을 매우 분명하게 시사하는 성경의 진술만 남는다. 실제로 성적 관계에서 평등의 상실은 에덴에서의 '타락'의 직접적 결과다. "그리고 [하나님이] 여자에게 말씀하시기를, '…네 욕망은 네 남편을 향하겠지만, 너를 지배하는 것은 그다!'" 창 3:16 이것이 과거의 현실이라면, 에베소서 5장은 그리스도 시대에 와서도 별로 달라진 것이 없음을 보여준다. "교회가 그리스도에게 복속된 것처럼, 아내들도 모든 일에서 남편에게 그래야 한다." 여기에서 바울 서신의 저자는 그리스도와 교회의 '위대한 신비'를 이해하기 위해 애를 쓰지만,엡 5:32 이 가족 역학의 문제에 대한 관점만큼은 로마 제국의 사회적 현실을 넘어서지 못한다.

본문의 내적 증거와 외적 증거 모두에 근거해서 나는 아가서가 신과의 사랑과 성적인 사랑의 행복 둘 다에 대해 말한다고 본다. 그리고 (이 장의 마지막 부분에서 논의하겠지만) 그 외에도 또 다른 많은 것을 이야기한다고 생각한다. 첫째로 내적인 증거를 보도록 하자. 아가서의 언어에는 놀라운 것 두 가지가 있다. 물론 그중에서 가장 자명한 것은 에로틱한 언어다. 그러나 그와 마찬가지로 놀라운 것은 아가서의 대부분이 (에로틱한 부분을 포함해서) 성경의 다른 본문들을 인용해서 조합한 모자이크라는 점이다. 아가서에는 선지서와 토라, 그리고 시편에서 가져온 구절들이 매우 많다. 단순히 단어들의 산발적 인용이 아니라, 서로 연결된 구가 통째로 인용된 경우가 많다. 원래 맥락에서의 이미지나 용어가 너무도 생생하고 구체적이어서 성경의 언어에 익숙한 사람이라면 놓치기 힘든 구절들이다. 아가서는 마치 메아리의 방 같은데, 현대의 주석가들은 그 현상을 그다지 눈여겨보지 않았다. 에로틱한 언어와 분리될 수 없는 이 놀라운 성경의 울림을 온전히 다 설명해 주는 아가서의 해석이 우리에게는 필요하다.

하나님의 사랑과 성적인 사랑이 연결되어 있다는 주장은 성경 외적인 근거에 기반을 두어서도 할 수 있다. 인간에 대한 전인적 이해에 따르면 우리의 종교성의 역량은 자신의 성에 대한 인식과 연결되어 있다. 이 둘의 공통된 근본적 특징은 타인과의 친밀성을 위해서 자신의 한계를 초월하고자 하는 욕망이다. 성적 사랑은 많은 사람들에게 첫 희열ecstasy의 경험을 안겨다 주는데, 그 문자적 의미가 바로 '자기 자신 밖에 서다'이다. 따라서 건강한 성적 욕망은, 오늘날 세속 사회를 사는 우리에게는 아무래도 덜 친숙한 감정인 하나님을 진정으로 사랑하는 것에 대해 상상할 수 있게 도와준다. 한편, 우리에 대한 하나님의 사랑에 관해서 성경이 말하는 것에 비추어 볼 때 우리는 성적인 사랑을 영혼이 형성되는 장으로 이해할 수도 있다. 하나님의 사랑과 마찬가지로, 다른 사람에 대한 깊은 사랑은 전적인 헌신을 요구하며 회개와 용서의 꾸준한 실천을 요구하기 때문이다. 그리고 이내 고통과 희생도 요구한다. 아가서를 제대로 읽으면 현대의 지성이 너무도 깔끔하게 분리해 버리는 경험의 범주를 우리의 지성이 다 아우를 수 있도록 확장시켜 줄 것이다. 따라서 이 텍스트가 동시에 한 가지 이상을 의미하게 해 주는 해석의 양식이 필요하다.

동등한 자리에서 서서

우선 우리는 중세의 수사들처럼 우리에게 가장 친숙한 경험의 단계에서 텍스트가 우리에게 말하는 것을 들어야 한다. 다시 말해서, 지금 우리가 어느 정도 의식적으로 통찰을 얻기 위해 노력하는 영역에서 시작해야 한다. 바로 그 지점이 하나님의 말씀이 우리 마음에 들어올 수 있는 지점이고, 우리가 이루거나 바라게 되리라고 한 번도 생각해 보지 못한 경험의 차원으로 우리를 열어 줄 수 있는 지점이다. 수사들에게 익숙한 영역은 묵상이고, 우리들 대부분에게는 성적 경험이 익숙하다. 그렇다면 아가서는 우리에게 무엇을 말해 주는가?

무엇보다도 아가서는 동등한 자리에 서서 상대의 아름다움과 능력에 대해서 솔직하게 감탄하며 표현하는 남자와 여자를 묘사한다. 흥미롭게도 아가서에서 가장 기억에 남는 능력의 이미지는 남자가 여자에게 하는 칭찬이다.

나는 내 사랑 당신을

파라오 전차의 암말과 비교합니다. …

당신의 목은 충충이 쌓인 다윗의 탑과 같습니다.

그 위에는 수많은 방패들이, 전사의 방패들이 달려 있습니다.아 1:9, 4:4

첫 비교는 그냥 가벼운 칭찬이 아니라, 시인이 역사를 잘 알고 있음을 보여주는 구절이다. 파라오의 전차는 암말이 아닌 종마가 몰았다. 그러나 한번은 파라오가 카데시의 왕자와 전쟁을 할 때 그의 적이 발정 난 암말을 전차 부대 한가운데로 몰아넣었는데, 그 결과는 예상대로였다. 따라서 이 칭찬은 이렇게 '번역'할 수 있다. "당신은 강한 남자를 미치게 만듭니다!"[3]

그러나 이 여자는 그러한 칭찬이 필요할 만큼 자존감이 낮지도 않고, 그러한 칭찬을 기대하지도 않는다. 아가서는 여성의 목소리가 이끈다는 점에서 성경의 다른 책들과는 다르다. 여자가 처음과 마지막에 말하고, 남자보다 더 많이 말한다. 그러나 여자가 하는 말의 분량보다 훨씬 더 중요한 것은 그녀의 성품이다. 성경의 다른 어떤 여자도 이 여자처럼 자신 있게 말하지 않고, 자신이 원하는 것을 그렇게 대담하게 요구하지 않는다. "그의 입술이 내 입술에 입맞춤하게 하라!" 그리고 자신의 연인에게 대놓고 말한다. "당신의 사랑 행위가 포도주보다 낫습니다!"아 1:2 이 여인은 이미

---

3 Marvin Pope, *The Song of Songs*, Anchor Bible(Garden City: Doubleday, 1972), 336-341.

'건강한 자아상'을 가지고 있다. 자기 스스로를 아름다운 존재로 보는 것이다. "나는 샤론[계곡]의 장미요, 계곡에 피는 백합이다."^{아 2:1} 그리고 그녀의 연인도 거기에 동의한다. "가시 틈에 나는 장미처럼, 여자들 중의 내 친구(라야티*ra'yati*)도 그러하다."^{아 2:2} 이들은 종종 이렇게 단어와 비유를 공유하면서, 상대방의 '달콤한 말'을 메아리치고 증폭시킨다. 이처럼 서로 얽힌 대사가 아가서의 가장 매력적인 특징 중 하나이며, 또한 가장 현실적인 특징이기도 하다. 가장 사적인 순간에 연인들은 바로 그렇게 대화하기 때문이다.

'라야티', 즉 '나의 친구, 나의 동료'라고 그는 그녀를 부른다. 그 남자가 그 여자에 대해서 일상적으로 쓰는 애칭이다. 이스라엘 남자가 자기 연인을 이렇게 부르는 예가 성경의 다른 책에는 나오지 않는다. 고대 사람들이 듣기에는 놀라운 호칭이었을 수 있다. 같은 단어의 남성형은 (여기서는 여성형으로 쓰였다.) 보통 동료 이스라엘 사람, 즉 언약적 의무가 있는 '이웃'을 의미한다. "네 자신처럼 네 이웃을 사랑해야 한다."^{레 19:18} 연인을 이렇게 '친구'라고 부르는 게 로맨틱하게 들리지 않고, 심지어 실망스러울지도 모르겠다. 그러나 더 깊이 숙고해 보면, 최고의 존중을 나타내기 위해서 신중하게 이 단어를 고른 것으로 보인다. 로맨틱한 감정에서 시작하지만 그것을 넘어서게 되는 존중 말이다.

성경에서 사용된 맥락을 보면 '라야티'는 언약적 관계를 함의하는 애정의 표현이다. 다시 말해서, 흥분한 이 젊은 연인은 서로에 대한 애정뿐만 아니라 이 관계에 대한 하나님의 의도로도 서로 묶여 있다. 그녀를 '나의 이웃, 나의 동료'라고 부름으로써 남자는 (어쩌면 무의식적으로) 태초에 하나님이 의도하셨던 대로 이 관계를 이해하고 있음을 보여준다. "사람(아담*adam*)이 혼자 있는 것은 좋지 않다. 내가 그를 위해서 그에 상응하는 돕는 사람⁴을 만들어 주겠다." 인류에 대한 하나님의 꿈은 여자와 남자가 서로 동등하면서도 서로를 보완하는 것이었다. 두 사람 모두 평등하게 "하나님의 형상"으로 지어졌기 때문이다.창 1:27

남자와 여자의 오래고도 슬픈 불평등의 역사는 과거지사이고 새로운 패러다임이 성립되었음을 분명하게 말하는 부분이 아가서에 한 군데 있다. 에덴에서는 여자의 성적 욕망 자체가 그녀를 종속의 자리에 놓는 것 같았다. "네 욕망(트슈카*t'shuqah*)은 네 남편을 향하겠지만, 너를 지배하는 것은 그다!"창 3:16 그러나 아가서에서는 서로 길게 시적인 찬사를 주고받은 뒤아 5:10-7:10 여자가 크게 기뻐하며 말한다. "나는 내 연인을 위하고, 그의 욕망(트슈카)은 나를 향하고 있다!"아 7:11 '트슈카'라는 단어가 아가서와 창세기창 3:16, 4:7에만 나오는 드문 단어이기 때문에 시인이 말하고자 하는 바가 분명하게 보인다. 이것은 에덴에서 슬픈 결말로 끝난 연애시를 의도적으로 반향하면서 뒤집는 것이다. 더 이상 욕망과 권력이 남자와 여자 사이에 불평등하게 분배되지 않는다고 시인은 선언한다. 여자는 기꺼이 자신을 내주고 서로를 지지하는 진정한 파트너십을 선언한

---

4   히브리어로 '도움(에제르*ezer*)'은 영어 단어 'helper'와 달리 종속의 의미를 가지고 있지 않다. 오히려 그 반대다. 주로 '도움'이라고 불리는 대상은 하나님이다.출 18:4, 신 33:7, 시 70:6

다. "나는 당신을 위하고 당신은 나를 위합니다."[5] (아가서 2:16, 6:3
과 비교하라.)

따라서 아가서는 참으로 급진적인 시다. 역사의 가장 근본까지,
그 뿌리(라틴어로 '라디체스*radices*')까지 파고 들어가서 보수하고 회복
한다. 시의 유일한 수단인 언어를 가지고 그렇게 한다. 여기에서
시인은 성경의 언어에 깊이 빠져 있는 사람이라면 창조의 때를 떠
올릴 수밖에 없는 단어인 '트슈카(욕망)'를 택했다. 아가서의 저자
는 T. S. 엘리엇과 같은 종교 시인이다.[6] 그녀[7]는 습관적으로 종교
에서 전통적으로 쓰는 옛 단어를 새 문맥에 가져다 놓고 거기에서
신선한 의미들을 획득하게 한다. 그녀는 의식적으로 전통을 재해
석하면서 전통의 연속과 전환을 동시에 만들어 낸다. 하나님이 남
자와 여자를 통해서 만들어 내시는 새로운 가능성을 그녀는 보고
증언하고 있다.

'옛' 성경의 전통, 즉 창세기에서는 '트슈카'라는 단어가 붉은색
의 경고등이다. "주의하라. 여성들에게 위험하다! 사랑이 네 건강
과 네 샬롬, 네 몸과 마음의 평화에 해로울 수 있다." 수백 년간 아

---

5 이 행은 "나는 내 사랑하는 이의 것이고, 내 사랑하는 이는 내 것이다"로 번역될 수도 있다.
6 「황무지」, 「재의 수요일」, 「네 개의 사중주」와 같은 엘리엇의 시를 염두에 두고 썼다.
7 아가서를 쓴 시인이 여자였는지 남자였는지 우리는 알지 못한다. 내가 여성형 대명사를 쓰는
   이유는 이 시에서 여성적 목소리가 두드러짐을 강조하기 위해서다. 혹 남자 시인이 허구로 그
   러한 언어를 구사했을지라도 말이다. 여하튼, 아가서의 저자가 솔로몬이라는 것을 아 1:1 역사적
   인 사실로 받아들일 수는 없다. 언어학적인 근거로 보면 아가서는 히브리 성경의 나중 저작들
   중 하나로 주전 4세기 혹은 3세기 무렵의 것으로 추정되는데, 이는 솔로몬이 살았던 시대보다
   6세기 정도가 지난 시점이다. 게다가 많은 아내를 두었던 솔로몬은 이 시의 마지막 농담의 대
   상이다.아 8:12 그 농담을 요약하자면 다음과 같다. 솔로몬은 수천 명의 아내를 가지라고 해라.
   이 연인은 오직 이 한 여인, "하나뿐인 그녀"를 가질 것이다.아 6:9

무도 이 단어를 건드리지 않은 것을 보면 이 단어는 매우 부정적인 함의를 가지고 있었음이 분명하다. 창세기와 아가서 사이의 그 많은 페이지와 세월 가운데 그 어느 곳에도 등장하지 않는다. 그런데 드디어 사랑에 빠진 한 여성이 즐거이 말한다. "나는 내 연인을 위하고, 그의 '트슈카'는 나를 향하고 있다!" 장미가 붉은색 경고를 대체했다. 이제 이 단어는 성의 역사에 새로운 획을 그었으며, 남자와 여자 모두에게 치유가 시작되었다.

| 토라에 대한 새로운 이해

고대의 랍비들은 성경에 있는 옛 단어를 다시 사용하는 것이 이 시인의 관습이라는 것을 알아보았다. (물론 그들은 아가서의 시인을 '솔로몬'이라고 불렀다.) 그들은 아가서가 전통을 재해석한 대표적 사례라는 것을 알았고, 아가서와 전통의 관계를 다음의 비유로 표현했다.

토라는 마치 손잡이 없는 과일 바구니 같아서 들 수가 없었다. 그런데 어떤 지혜로운 사람이 와서 손잡이를 만들었고, 그래서 손잡이로 그것을 들고 다니기 시작했다. 이처럼 솔로몬이 오기 전까지는 토라의 말을 누구도 이해할 수 없었지만, 일단 솔로몬이 왔다 가자, 모두가 토라를 이해하

기 시작했다.[8]

랍비 요세Yose가 여기에서 말하는 '손잡이'는 전통적으로 솔로몬이 지었다고 보는 아가서, 잠언, 전도서 등 세 권의 책을 일컫는다. 다시 말해서, 인생의 평범한 것들에 대해서 참으로 심오하게 말하는 이 세 권의 책이 토라의 신적 신비를 이해할 수 있게 해준다는 것이다.

이어서 미드라쉬에 나오는 새로운 은유는 토라와 솔로몬의 책들 사이의 관계에 대한 이해를 넓혀 준다.

랍비 하니나가 말하기를, [토라는] 마치 물이 가득한 깊은 우물과 같고 그 물은 차고 달콤하고 몸에 좋은데, 아무도 그것을 마실 수가 없었다. 누군가가 와서 끈에 [묶인] 끈을, 매듭에 [묶인] 매듭을 마련해서 그 우물의 물을 퍼서 마셨다. 그러자 모두가 물을 길어서 마시기 시작했다. 이처럼 솔로몬은 토라의 비밀을 단어 하나하나, '마샬mashal' [비유적인 말 혹은 은유] 하나하나 해석했다. "이스라엘의 왕, 다윗의 아들, 솔로몬의 '메샬림meshalim'('마샬'의 복수―옮긴이)"잠 1:1이라고 기록된 대로다. 자신의 '메샬림'을 통해서 솔로몬은 토라의 말을 해석했다.

"솔로몬은 토라의 비밀을 단어 하나하나, 은유 하나하나 해석했

---

8 *Song of Songs Rabbah*, ed. Samson Dunsky(Tel Aviv: Devir, 1980), 5.

다." 놀라운 경륜으로 랍비들은 정확하게 아가서가 어떻게 전통을 재해석하고 있는지 설명한다. 여기에 있는 단어 하나가 저기에서 메아리를 치고, 여기에 있는 은유 하나를 보고 또 어디에서 그런 이미지가 나왔었는지 기억 속을 뒤지게 된다. 엘리엇의 시처럼, 아가서를 온전히 집중해서 읽는 데는 시간이 많이 걸린다. 마치 역사 전체가 눈앞을 스쳐 지나가는 것 같다. 그리고 그것이 바로 아가서의 시인이 의도한 바라고 나는 생각한다.

아가서는 인간의 역사를 완전히 재구성한다. 그래서 아가서는 암시적 언어를 통해서 우리를 에덴동산으로 데려간다. 성경의 관점에서 볼 때 역사의 주요 흐름은 에덴에서 인류가 지금 우리가 아는 세상으로 '타락'했을 때 이미 가닥이 잡혔다. 성경의 세 번째 장은 첫 인간의 불순종의 결과를 보여주며, 거기에 나오는 신의 대사는 사회적, 생태적으로 벌어질 일들을 놀랍도록 정확하게 보고한다. 창조 때의 조화는 깨졌다. 그 균열이 세 가지 영역에서 나타났다. 첫째, 남자와 여자가 갈라졌다. 먼저 서로를 탓함으로 갈라졌고, 그다음에는 권력의 불균형으로 갈라졌다. 둘째, 인간 세계와 비인간 세계가 적대적으로 갈라졌다. 여자의 씨와 뱀의 씨가 이제는 서로 반목하게 될 것이다.창 3:15 게다가 "너를 위해서 가시나무와 덤불이 솟아날 것이다."창 3:18 비옥한 땅이 식량을 내는 것을 지켜보던 즐거운 일이[9] 잡초를 뽑아내는 일로 전락하는 모습에는

---

9 창세기 2:15를 보라. "그리고 주 하나님은 인간을 데려다 그를 에덴동산에 놓으시고 그곳을 일하며 지키게 하셨다."

하나님의 빈정거림이 들어 있다. 그러나 가장 심각한 폐해는 세 번째 것이다. 하나님과 인류 모두에게 지속적인 복의 근원이 되어야 했던창 1:28 신뢰를 기반으로 하는 친밀성이 깨졌다.

그러나 아가서의 시인은 꿈을 꾸었고, 그 꿈에서는 에덴의 모든 불미스러운 일들이 다 회복되었다. 이 시는 그 무엇보다도 꿈 이야기와 매우 비슷하다. 여기에서 사용된 상징적 언어는 암시적이면서도 모호하다. 장면들이 논리적인 연결성 없이 전환된다. 어떠한 내용도 명확하게 규명할 수가 없다. 아가서를 해석하는 것은 마치 꿈을 이해하려고 연상법을 쓰는 것과 같다. 그럼에도 조심스럽게 상상력을 발휘하며 아가서를 따라가다 보면, 세 가지 차원 모두에서 회복된 조화로운 창조의 원래 모습에 대한 시인의, 그리고 하나님의 꿈을 공유할 수 있다. 동등한 힘을 가진 남자와 여자가 서로를 보며 감탄하느라 정신이 없다. 좀 더 정확하게 말하면, 감탄 속에서 그들은 스스로와 서로의 참모습을 발견한다. 그리고 자연 세계도 그들과 함께 즐거워한다. 안타깝게도 우리에게 익숙해져 버린 가시와 엉겅퀴 대신 꽃과 열매가 수북하게 맺힌다. 낙원이다. 이 식물들이 동시에 다 피어나는 곳은 이 세상 어디에도 없다. 그러나 여기에서는 연인의 넘치는 즐거움을 반영하듯 그것들도 넘치게 피어난다.

이 두 가지보다 덜 명확한 것은 하나님과 인류 사이의 회복인 세 번째 차원의 치유다. 그 점이 명확하지 않다는 사실은 어쩌면 성경의 일관된 현실주의의 반영인지도 모른다. 하나님에 대한 꿈

이 미묘하다면, 연인이신 하나님에 대한 꿈은 어떻겠는가? 아주 정교하고 미묘하게 아가서의 시인은 종교적 전통의 울림을 감지할 수 있는 복잡한 패턴의 단어들을 선택한다. 우리의 귀가 성경의 관용어에 익숙하다면, 그리고 우리가 하나님의 꿈을 공유할 마음이 있다면, 그 울림을 들을 수 있을지도 모른다. 물론 번역된 아가서를 읽으면서 그것을 포착하는 게 쉬운 일은 아니지만 말이다. 이러한 패턴을 만들어 내는 단어가 수십, 아니 아마도 수백 개가 있다.[10] 때로 꼼꼼한 독자는 이상한 나라의 앨리스처럼 거울을 뚫고 들어간 느낌을 받는다. 자신이 예상하지 못한 곳에, 그리고 자신의 상상력으로는 도달하지 못했을 곳에 가 있기도 한다. 혹시 성령께서 우리 귀에 달콤한 말을 속삭이시는 건 아닐까?

아래의 예에서는 여인이 말하고 있다.

> 밤이면 내 침상에서 나는
>
> 내 영혼이 사랑하는 이를 찾았습니다.
>
> 그를 찾았지만 찾지 못했습니다.
>
> 지금 일어나서 도시를,
>
> 그 거리와 광장을 돌아다녀 봐야겠다.
>
> 내 영혼이 사랑하는 이를 찾아다녀야겠다.

---

10 이러한 관계에 대한 연구를 더 보려면, 내가 쓴 신학 주석서인 *Proverbs, Ecclesiastes, and The Song of Songs*, Westminster Bible Commentary(Louisville: Westminster/John Knox Press, 2000)를 보라.

그를 찾았지만 찾지 못했습니다.

도시를 돌아다니는

보초병들이 나를 발견했습니다.

"내 영혼이 사랑하는 이, 그 사람을 보았습니까?"

그들과 막 헤어지고 난 후

나는 내 영혼이 사랑하는 이를 찾았습니다.

나는 그를 붙잡고는 놓지 않았습니다…아 3:1-4

위의 내용은 실종자를 찾는 상황으로 보이지만, "내 영혼이 사랑하는 이"라는 표현은 실종자 보고서를 작성할 때 쓸 법한 표현이 아니다. 그러나 이처럼 특이한 표현을 그냥 말실수로 볼 수는 없다. 네 번이나 반복되기 때문이다. 그 반복이 어색할 지경이다. 이 뛰어난 시인은 현 맥락에 잘 맞지 않는 문구에 주의를 집중시키기 위해서 일부러 시의 우아함을 희생시키고 있다. 그러나 바로 그것이 목적일 수도 있다. 이 문구는 어색하게 들리지만, 네 번에 걸쳐 반복되기 때문에 이러한 표현이 제대로 맞아 드는 다른 맥락을 연상시키기에 충분하다. 토라에서 '영혼이 사랑하는 이'는 당연히 하나님이다. 따라서 아가서의 이 문구는 '첫 번째 위대한 계명'의 요약으로 볼 수 있다. "너는 네 주 하나님을 네 마음과 영혼과 힘을 다해서 사랑해야 한다."신 6:5

토라의 이 묵직한 구절을 계속해서 반복함으로써 영혼이 사랑하는 이를 긴급하게 찾는 이 여인의 모습은 실체를 가진다. 또한 무엇을 찾는다는 주제도 다분히 종교적이다. '하나님을 찾는다'는 말은 지성소로 간다는, 출 33:7 혹은 하나님께 회개한다는 뜻이다. 신명기 저자는 유배를 간 사람들에게 약속한다. "그곳[유배지]에서 너희는 주 네 하나님을 찾을 것이고, 마음과 영혼을 다해 그를 찾으면 그를 만날 것이다." 신 4:29 아가서는 이 토라의 약속에 대해 '감을 잡게' 해준다. 영혼을 다해 하나님을 찾는 것이 어떤 기분인지 느끼게 해주고, 하나님은 결코 쉬운 대상이 아님을 상기시켜 준다. "나는 그를 붙잡고는 놓지 않았다"라는 이 여인의 말에는 힘겹게 얻은 승리의 의미가 담겨 있다.

솔로몬은 랍비들이 말한 대로 '은유와 은유를' 이어 놓았다. 아가서가 성경의 지배적 은유와 일단 연결되고 나면, 이스라엘과 하나님 사이의 열정적인 연애에 대한 언급들을 그 안에서 찾는 것은 결코 임의적 해석이 아니다. 선지자들은 이스라엘과 하나님의 관계를 종종 구애와 결혼의 관계로 묘사했다. 간음, 이혼, 그리고 힘겨운 화해로도 이야기했다. 구약이 하나님을 화가 난 재판관이나 사악한 투사로 제시한다는 주장은 잘못된 전형화다. 그러한 이미지들이 없는 것은 아니지만, 합리적으로 설명할 수도 없고 가당치도 않게 이스라엘에 푹 빠진 연인 혹은 남편으로 하나님을 묘사한 놀라운 장면들로 충분히 상쇄가 되고도 남는다. 하나님은 자존심도 없는 것처럼 이스라엘의 지조 없음에 대해서 격하게 슬퍼하거나 이스라엘이 집으로 돌아오면 속없이 좋아하신다. 이러한 '체통

없는' 묘사는 인간의 결혼에서처럼[11] 하나님과 이스라엘의 언약에서 법적 관계는 부차적임을 보여준다. 물론 언약은 양쪽의 사랑이 다 강해야 잘 유지된다. 성경의 역사에서 반복되는 비극은 하나님에 대한 인간의 사랑과 반응이 계속해서 약해지고 실패한다는 것이다. 그리고 아가서는, 이 행복한 사랑의 시는, 그 문제를 다룰 만큼 솔직하다.

또 다른 장면에서 여자는 침대에 누워 밤에 방문한 연인에 대해 이야기한다.[12]

나는 자고 있으나 내 마음은 깨어 있다. 사랑하는 그분이 문을 두드리는 소리!

"문을 여시오, 내 누이여, 내 친구여(라야티), 내 비둘기여, 내 완벽한 이여. 내 머리가 이슬에, 내 곱슬머리가 밤이슬에 젖었소."

그러자 여자가 대답한다.

"내가 옷을 벗었으니, 어떻게 다시 입겠습니까?
발을 씻었으니, 어찌 다시 더럽히겠습니까?"

---

11 성경은 결혼을 '언약'이라고도 부른다.말 2:14
12 아가서가 하나님과 이스라엘의 관계에 대해서 상징적으로 말한다고 볼 때, 이스라엘을 대변하는 것은 여성인 것으로 보인다. 그렇다고 이 여인이 하는 모든 말이 하나님께 하는 것이라는 뜻은 아니며, 이 여인에게 하는 모든 말이 이스라엘에 하는 말이라고 볼 수 있는 것도 아니다. 아가서는 존 버니언의 『천로역정』처럼 일관되게 풍유법을 취하지 않는다. 그것보다는 의미의 서로 다른 차원을 오가면서 때로는 여러 차원에서 동시에 작동하는 꿈의 시다.

사랑하는 그분이 문틈으로 손을 들이밀었고,

내 창자가 그분 때문에 뒤틀렸다.아 5:2-4

"내 창자가 그분 때문에 뒤틀렸다." 이 말은 무언가 어색하지만, 히브리어 표현('메아이 하무*me'aî hamû*')으로는 그렇지 않다. 번역가들은 주로 이 표현을 "내 가장 깊은 곳이 그를 갈망했다NRSV" 또는 "내 마음이 그분 때문에 요동했다NJPS "[13]와 같이 전형적인 사랑의 언어로 만들기 위해 애쓴다. 그러나 이 여자의 말은 그것보다 더 원초적이다. '메아이'는 '장기, 창자, 내장'이라는 뜻이다.

대부분의 현대 주석가들은 이것을 명백하게 성적인 함의가 담긴 표현으로 해석한다. 어떤 사람은 심지어 이 본문에서 뒤틀린다고 묘사된 여성의 장기가 '구해면체근'이라고까지 설명한다. 이러한 설명은 혹 정확하다 하더라도 별로 중요하지 않은 정보라고 나는 생각한다. 이러한 주석들이 대개 간과하는 것은 이 문구가 선지서 예레미야의 인용이라는 점이다. 예레미야의 탄생 100년 전에 망한 북 이스라엘 왕국에 대한 하나님의 갈망을 예레미야가 대변하는 것을 들어 보라.

에브라임은 내가 안고 어르던 아이, 내 아들이 아니냐?

내가 그에 대해서 이야기할 때마다 그에 대한 기억이 다 떠오른다.

---

13 The New Jewish Publication Society *Tanakh* (Philadelphia: Jewish Publication Society, 1985)의 번역이다. 향후 NJPS로 칭한다.

그래서 그 때문에 내 창자가 뒤틀린다.

내가 참으로 그를 불쌍히 여길 것이다, 하고 주께서 말씀하신다.

"처녀 이스라엘아 돌아오라….

네가 얼마나 더 오래 돌아설 것이냐, 이 불성실한 딸아!" 렘 31:19, 21

이러한 본문은 일단 한번 듣고 나면 쉽게 잊히는 본문이 아니다.[14] 흔하지 않고 기억에 남는 단어들을 여러 번 반복한다는 것은 아가서의 저자가 예레미야의 본문을 기억하고 있고 독자들도 기억하기를 바란다는 것을 암시한다.[15] 그 의도는 무엇일까? 이제 그 '여자'—이스라엘이라고 하자—가 하나님이 느꼈던 창자가 뒤틀리는 사랑을 느끼고 있다. 그러나 아직은 행복한 결말이 아니다. 그녀는 너무 늦게 문을 열러 갔다.

내가 사랑하는 그분을 위해 문을 열었지만,

사랑하는 그분은 돌아서서, 떠나 버렸다. 아 5:6

이렇게 서로 만나지 못한 장면에 이어서 또 다른 찾는 장면이 등장한다. 그녀는 그를 찾지 못한다. 그래서 예루살렘의 딸들에게 말한다.

---

14 이 본문은 유대교의 대축일 전례에서 중요하게 쓰이는 본문이다. 따라서 이스라엘의 하나님을 아는 데 핵심적인 본문으로 오래전부터 인식해 왔다고 볼 수 있다.
15 드문 동사 어근인 ḥmq는 성경 전체에서 오직 이 두 본문에만 나온다. 여기에서는 '돌아서다'로 번역했다.

너희가 내 사랑하는 그분을 찾거든, 무엇이라고 말하겠느냐?

내가 사랑 때문에 병이 났다고 말해라.아 5:8

이스라엘이 하나님께로 돌아가려고 노력하는 모습과 연결시켜 보면 이러한 상사병에는 통렬함과 깊이가 느껴진다. 이번에는 될 뻔했는데 하는 암시가 담겨 있기 때문이다.

주석가들은 아가서를 인간의 사랑 이야기로만 다룸으로써 이 시가 자세히 읽어 보면 사실은 보답받지 못한 사랑의 시가 아니라는 것을 놓치고 있다. 이 연인이 설사 '영원히 행복하게' 살았다 하더라도, 우리는 그 결말을 알지 못한다. 마지막까지 두 사람은 충족보다는 강렬한 갈망과 기대를 나타낸다. (여자가 말하는) 마지막 단어가 연인 간의 이별을 암시한다는 것은 의미심장하다. "사랑하는 이여 떠나십시오. 향료 산의 영양이나 수사슴처럼 뛰어가십시오!"아 8:14 그녀는 그에게 동료들을 떠나 자신에게 오라고 촉구하는 것일 수도 있다. 그러나 (이 히브리어 동사의 일반적인 의미대로) 그에게 도망가라고 권하는 것일 수도 있다. 아직은 그 동산이 사랑을 하기에 완벽하게 안전하지 않은지도 모른다. 어떠한 경우든, 아가서는 연인이 함께 자리 잡는 것으로 끝나지 않고, 아직은 정착하지 않은 채 계속 이동하는 상태로 끝이 난다. 마치 그리스 시대의 화병에 조각된 연인들은 영원히 젊다고 말한 키츠의 시처럼, 그들의 사랑은 '여전히 애틋하고 아직도 즐길 수 있는' 사랑이다. 이처럼 아가서는 젊은이들의 사랑을 현실적으로 묘사하고 있다. 이것

또한 우리가 이 세상에 사는 동안에는 제한적일 수밖에 없는 하나
님과의 삶을 제대로 반영한 것이라 할 수 있지 않겠는가?

| 실천적 신비주의와 아가서

아가서는 아직 충족되지 못한 친밀함에 대한 갈망을 안은 채 끝
난다. 모든 책에서 결말은 중요하지만, 성경 저자들은 그 방면에
특별한 재능이 있다. 성경은 더 이상 아무것도 바랄 것 없이 깔끔
하게 마무리 짓는 경우가 드물다. 여정의 종착지에 도착하기까지
는 아직 많은 길이 남은 어떤 상황의 한가운데서 마치는 게 성경
의 특징이다. 그래서 확실하지는 않지만 하나님과의 삶에서 어떠
한 갈망을 지향하게 되는지 정도의 방향성은 가지게 된다.

아가서가 친밀감을 갈망하는 상태에서 끝난다는 것은 매우 중
요한 종교적 의미를 지닌다. 아가서가 전하는 성경의 특별한 메시
지는 진정한 친밀감은 신성한 것과 접촉하게 해준다는 것이다. 그
래서 아가서는 종종 결혼식에서 읽힌다. 심지어 이 본문이 하나님
과 상관있다고는 전혀 생각하지 않는 사람들도 결혼식에서 이 본
문을 사용한다. 친밀함은 이 세상에서 인간의 삶이 거룩해지는 방
법이다. 지금 우리 세대보다 더 이러한 확신을 필요로 한 세대가
없었다. 지금 이 세상은 순간적인 만남과 일시적인 관계, 빈번한
이동, 가볍게 여기고 쉽게 저버리는 헌신 때문에 몸살을 앓고 있
다. 너무도 많은 영혼들이 영원한 청소년기에 멈추어 있다. 성적인

관계에서도 그렇고, 아가서가 지적하는, 종교적 경험이나 인간과 자연 세계 사이의 관계와 같은, 다른 경험의 영역에서도 마찬가지다. 이 세 가지 영역에서의 상처가 에덴에서 유래한 만큼 새로울 것은 없지만, 많은 사람들이 이제는 그 정도가 위험한 경지에 이르렀다는 데 동의할 것이다.

하나님, 다른 인간들, 기타 피조물과의 진정한 친밀성을 계발하는 것은 우리 시대의 가장 큰 사회적, 영적 도전이다. 아가서는 만족이 아닌 갈망의 언어로 말하기 때문에 우리가 그러한 도전에 응하게 해줄 수 있다. 욕심과 탐욕처럼 건강하지 않은 갈망은 우리와 심지어 이 지구까지 파멸시킬 수 있다는 것을 우리는 깨닫고 있다. 그러나 '샬롬(건강, 온전함, 평화)'에 대한 갈망에는 엄청난 치유의 힘이 존재하고, 우리는 그것을 위해 창조되었다. 아가서는 우리의 깊은 열망을 표현하고 이 모든 영역에서 치유되는 방향으로 그 갈망을 이끌려 하기 때문에 우리의 좋은 안내자가 될 수 있다.

내가 여기에서 제안하는 것은 전통적인 견해에 따라 오늘날의 그리스도인과 유대인도 아가서를 신비의 텍스트로 이해해야 한다는 점이다. 우리 문화에서는 슬프게도 신비주의를 오해하고 현실과 상관없는 것으로 비하해 버렸다. 기껏해야 현실에는 쓸모가 없는 일, 그리고 최악의 경우 위험하고 무책임한 일이 되어 버렸다. 신비주의를 동경하는 사람들마저도 종종 그것을 몇몇 영적인 은사를 받은 사람들, 특히 중세에 살았던 신비주의자 같은 이들의 특별한 능력이라고 생각한다. 그러나 그것은 오해이며, 오늘날의 상황을 생각할 때 위험한 오해다. 신비주의는 현실로부터의 도피가 아니라 오히려 그 반대다. 신비주의는 상상력과 성경의 인도로—성경도 많은 부분 상상력에 의존한다—현실을 꿰뚫는 통찰에 다다르게 한다.

상상하는 능력을 일컫는 성경의 용어는 누구나 다 가지고 있는 '마음'이다. 따라서 신비주의는 선택받은 소수만이 접하는 영역이 아니다. 하나님과 하나님이 만드신 세상에 대한 '마음의 지식'은 생각하는 사람 누구나 얻을 수 있다. 그리고 신비주의적 사고가 평소보다 더 깊이 현실을 꿰뚫게 해주기 때문에 이는 위기에 처한 사람과 교회, 혹은 사회에 매우 실제적인 기술이다. 나는 아가서가 모든 영역에서 치유가 일어날 수 있는 신비적 감수성을 계발하도록 우리를 도와줄 수 있다고 생각한다.

우선 가장 자명하게도 아가서는 성실한 성적 관계의 지극한 즐거움을 확언한다. 따라서 아가서의 메시지는 늘 새로운 것을 추구하는, 심지어 성적 파트너도 그렇게 하는 우리 사회에 대한 직접적 도전이다. 수년간 '싱글 라이프스타일'을 즐기다가 결혼한 도시의 한 세련된 여성은 이렇게 말했다. "두 사람이 서로 이 사람밖에 없다는 것을 확신할 때의 성적 관계가 이렇게 풍성할 줄은 몰랐다." 아가서의 이미지들은 성적 배타성의 풍요로움을 계속 강조한다. "내 정원에게, 내 누이이자 내 신부에게 내가 왔다. … 나의 비둘기, 나의 완벽한 그이는 단 하나뿐인 존재."^{아 5:1, 6:9} 어떤 사회에서는 헌신적인 성생활을 심각할 정도로 평가 절하한다. 예를 들어

북미의 도심 지역에서는 한 부모 가정이 규범이 되었다. 하지만 어느 아프리카계 미국인 여자 목사는 자기 회중의 남자들을 가르치는 본문으로 아가서를 사용하면서 이렇게 말한다. "우리에게 아가서는 복음의 핵심 메시지다. '네 아내를 소중히 여기는 것은 남자다운 일이다. 아내를 존경하고 즐겁게 하는 것은 멋진 일이다.'"

두 번째로 아가서는 하나님과의 친밀함을 갈망하는 것은 건강한 영혼에게 필요한 욕망이라고 확언한다. 심지어 정기적으로 교회에 다니는 사람들도 이러한 욕망을 잘 인식하지 못하며, 따라서 잘 양성하지 못한다. 하나님의 사랑은 두 가지인데, 두 가지 모두 선하다. 좀 더 흔한 종류의 사랑은 하나님의 긍휼과 자비와 복을 수도 없이 경험함으로써 나오는 감사의 사랑이다. 이러한 사랑은 우리가 감히 기대했던 것보다 일이 더 잘 풀릴 때 "하나님, 감사합니다!"라고 웅얼거리게 만드는 사랑이다.

하지만 이보다 더 소중한 또 다른 종류의 사랑이 있다. 이 사랑은 하나님이 우리를 위해 무엇을 해주셔서 나오는 사랑이 아니라, 자발적으로, 우리의 영혼이 하나님의 존재를, 그리고 하나님이 우리와 함께하심을 즐거워하도록 만들어졌기 때문에 나오는 사랑이다. 이 시대의 위대한 신비가인 랍비 아브라함 이삭 쿡Abraham Isaac Kook은 아가서의 모든 풍성한 이미지들은 물질적인 이득에서 비롯되지 않는 이 드문 사랑을 아주 사실적으로 생생하게 보여주기 위해서 존재하는 것이라고 했다.[16] 아가서는 가장 순수한 형태의 사랑을 우리에게 보여준다. 남녀 사이의 사랑을, 자녀를 가진다거나 결혼의 다른 '실용적인' 유익을 고려하지 않고 축하하는 유일한 본문이 아가서다. 물론 현실 세계에서 사랑은, 하나님에 대한 사랑을 포함해서, 실제적인 유익을 고려하지 않을 수 없다. 어쩌면 그렇기 때문에 아가서가 특별한 줄거리 없이 꿈의 형태를 취하고 있는지도 모른다. 많은 주석가들이 아가서에서 줄거리를 구성하려 했지만 실패했다. 아가서의 연인의 말은 어떠한 서사 구조도 갖지 않는다. 그것은 말하자면 '현실 세계와는 동떨어진' 말이다. 아가서는 오직 상대에 대한 순전한 욕망과 기쁨의 순간만을 따로 포착해서 보여준다.

두드러지게 나타나지 않으면서도 아가서 곳곳에서 볼 수 있는 것은 인류와 자연 세계의 관계 회복이다. 눈여겨볼 아가서의 이상한 특징 하나는 그 많은 묘사에도 불구하고 이 연인이 어떻게 생겼는지에 대해서는 분명한 그림을 그리기가 쉽지 않다는 것이다. 트로이의 헬레네나 파리스, 혹은 트리스탄과 이졸데의 이미지는 쉽게 상상할 수가 있다. 그러나 아가서의 이 연인은 그렇지가 않다. 사실 이 시는 그들이 실제로 어떻게 생겼는지에 대해서 상상하고픈 생각조차 들게 하지 않는다. 예를 들어 다음과 같은 묘사는 현실적으로 재구성하고픈 마음을 불러일으키지 않는다.

---

16 싯두르Siddur,유대교 기도서의 히브리어 주석서인 랍비 쿡의 'Olat Reach'에서 인용했다.

내 사랑하는 이는 영양 혹은 젊은 수사슴 같다.

여기 우리 벽 뒤에 그가 서 있다. …

당신의 이는 몸을 씻고 나오는 한 무리의 털 깎은 암양과 같습니다.

그들 모두가 쌍둥이를 낳고, 아무도 새끼를 잃지 않았습니다. 아 2:9, 4:2

그러나 한 가지 떠오르는 이미지가 있긴 한데, 그것은 아주 잘 생긴 여자와 남자가 아니라 봄날의 무르익은 땅이다.

내 사랑하는 이가 입을 열어 내게 말합니다.

"내 친구여, 일어나요. 내 아름다운 이여, 이리 와요.

겨울이 지나가고,

비가 그치고 사라졌어요.

땅에 싹이 나고,

노래의 시간이 왔어요.

우리 땅에 멧비둘기의 소리가 들려요." 아 2:10-12

와요, 내 사랑하는 이여, 우리 들판으로 나가요.

마을에서 밤을 함께 보내요.

아침 일찍이 포도원으로 가서

포도나무에 꽃이 피었는지,

포도꽃이 망울을 터뜨렸는지,

석류꽃이 피었는지 보아요.

거기에서 당신에게 내 사랑을 줄게요.아 7:12-13

남자 혹은 여자의 몸과 그 풍요로운 배경이 우리의 상상력 속에서 서로 합쳐진다. 그 몸과 자연 배경이 번갈아 가며 사랑의 대상이 되기도 한다.

그의 뺨은 마치 향료의 침대처럼

향기가 진동한다.아 5:13

당신의 머리카락은 마치 길르앗 산을 우르르 내려오는 염소 떼와 같습니다.아 4:2

내 친구여 당신은 디르사처럼 아름답고,

예루살렘처럼 어여쁘고,

깃발을 내단 도성처럼 위협적입니다.아 6:4

사랑하는 사람과 땅이 이렇게 교차되는 '혼란'은 서구의 관점에서 볼 때 분명 이상하다. 아가서의 현대 영어 번역 중 하나는 이러한 지형에 대한 언급을 거의 다 없애서 아가서가 좀 더 관습적인 양식을 취하는 보편적인 사랑의 시처럼 보이게 한다. 이러한 접근법의 유일한 문제는 그렇게 번역한 아가서가 아가서처럼 들리지 않는다는 것이다.

그러나 사랑하는 몸과 사랑하는 땅 사이의 이처럼 모호한 구분을 진지하게 받아들이고, 이러한 비관습적 언어가 우리를 위해 어떠한 계시적 가치를 지니는지 생각해 보자. 이 시가 만약 우리 인간성의 근본인 친밀한 관계들을 회복하려는 급진적이고 신비로운 시라면, 이 시가 지금 위기에 처한 우리의 상황에 어떠한 식으로 말하는 것인지 찾아내야 한다. 아가서는 비할 수 없이 아름다운 땅, 이스라엘이면서 이스라엘 너머에 있는 땅을 환기시킨다. 밀과 포도주가 풍성하게 날 뿐만 아니라, 이국적인 향신료와 몰약과 유향이 풍성한 땅이다.아 3:6 아가서는 사랑으로 이 땅과 관계를 가지는 모습을 상상할 수 있게 해준다. 그러한 상상이 우리의 기도와 삶에 지침이 될 수 있는 방향을 두 가지 제시하고자 한다.

첫째, 이스라엘 땅에 대한 사랑을 생각하면서 이 세상의 평화를 위한 우리의 기도가 더욱 깊어지게 할 수 있다. 시편 기자는 예루살렘의 평화를 위해서 정기적으로 기도하라고 우리에게 명한다.시 122:6 이러한 기도가 우리보다 더 절실하게 필요했던 세대가 없었고, 일일이 기도로 나열할 아픔들이 이토록 많은 세대도 없었다. 기도를 하면서 아가서는 끝까지 만족이 아닌 열망의 시로 남는다는 사실을 기억하는 게 중요하다. 그래서 이스라엘 땅에 대한, 특히 그곳에 사는 유대인과 팔레스타인 사람들에 대한 하나님의 사랑을 공유하는 사람들이 인내심을 가지고 그곳을 사랑할 수 있게, 그곳을 독점적으로 소유하지 못하는 상황에서도 흔들리지 않는 헌신으로 사랑할 수 있게 기도해야 한다. 현실적으로 이룰 수 있는 정도보다 더 절실하게 그 땅이 자신들의 것임을 아는 사람들에게 이보다 더 힘든 감정 노동은 없을 것이다. 고통받는 그 연인들에게 우리의 기도는 정말로 절실하게 필요하다.

둘째, 사랑하는 땅에 대한 관점을 지구 전체로 확장하면, 우리의 사랑이 부족해서 우리가 고통받는 행성에 살고 있음을 깨달을 것이다. 혹 우리 시대에 아가서가 가지는 가장 큰 가치는 이 아름다운 지구에 대한 하나님의 사랑에 우리가 동참하도록 이끄는 것은 아닐까? 탈무드에는 다음과 같은 놀라운 말이 있다. 아가서를 단순히 술자리에서 부르는 노래로 가볍게 대하는 사람은 "앞으로 올 세상에서 자신의 자리를 상실할 것이며, 이 세상에 악을 가져오고 온 인류의 안녕을 위태롭게 할 것이다."[17] 탈무드의 랍비들은 전 지구적인 생태학적 위기를 인식하기 수세기 전에 살았던 사람들이다. 그럼에도 그들은 오래전부터 (지금 우리가 보는 것과 같은) 위기를 가져온 타락한 자기와 세상의 이미지에 대항할 능력이 아가서에 있음을 감지했다.

아가서는 합리적인 담론이 아니라 사랑의 시이기 때문에 우리를 변화시킬 능력이 있다. 지금 우리가 느끼거나 실천하는 지구에 대한 사랑은 더 깊어질 수 있으며, 아마도 그것이 가장 기도할 가치가 있는 것인지도 모른다. 그러나 그러한 일이 일어난다면, 그것은 정치인들의 담론을 통해서 일어나지는 않을 것이다. 대부분의

---

17 Tosephta, Sanhedrin 12,10, Sanhedrin 101a와 비교해 보라. (강조는 내가 한 것이다.)

정치인들은 어차피 그 반대의 방향을 주장한다. 또한 좀 더 솔직한 결과를 내놓는다고 볼 수 있는 과학적 연구를 통해서도 일어나지 않을 것이다. 웬델 베리가 지적한 것처럼 환경 운동이 공적인 대의 이상의 것이 되지 않는다면, 그 운동은 승산이 없을 것이다.[18] 그렇다면 우리의 가장 근본적인 책임들을 개인의 삶에서 어느 정도라도 성실하고 신실하게, 그리고 헌신적으로 질 수 있기 위해 기도하라. '동산'을 돌보는 것은 그 책임 중에서 제일 우선하는 것이다.창 2:15 따라서 아가서의 영적인 가치는 바로 아가서의 매우 개인적인 표현에 있다. 우리가 그것을 향해 마음을 연다면, 그 사랑의 언어는 신약 성경에서 '메타노이아metanoia'라고 부르는 급진적인 변화를 우리 안에 일으킬 수 있을 것이다. '메타노이아'의 문자적 의미는 '마음의 변화', 즉 회개다.

---

18 Wendell Berry, *A Continuous Harmony: Essays Cultural and Agricultural* (New York: Harcourt Brace Jovanovich, 1972), 72. (풀어서 인용했다.)

하나님과의 친밀함이라는 달콤한 열매를 성경 저자들은 '지혜'라고 불렀다. 인간 경험이라는 나무가 지혜의 열매를 맺으려면 시간이 걸린다. 아무리 힘들게 얻었다 해도 한 사람의 경험으로는 부족하다. 지혜를 낳으려면 한 민족의 축적된 경험과 통찰인 전통이 있어야 한다. 이어지는 장들에서는 이스라엘이 여러 세대에 걸쳐서 얻은 이해를 기록해 놓은 소위 지혜서라고 불리는 잠언과 전도서, 욥기를 살펴볼 것이다. 이 책들은 기존의 이해에 도전해 새로운 영역으로 전통을 확장시킨 지혜도 존중한다. 예를 들어, 누구나 하나님의 적대감이라고 해석하는 것을 지혜로운 사람은 어떻게 받아들이는가? 이스라엘의 현인들은 매우 현실적이고 평범한 경험으로 쉽게 알 수 있으면서도 자명하지 않은, 종교적 지식의 영역으로 우리를 데려간다.

8

지혜로운 무지
잠언

잠언을 가장 좋아하는 영적인 책의 목록에 끼워 넣는 사람은 거의 없을 것이다. 얼핏 보면 잠언에는 영적이거나 기운을 북돋는 내용이 별로 없어 보인다. 오히려 그 반대로, 너무 실제적이고 평범해서 성경에서 돋보이는 책이다. 사실 바로 그러한 이유 때문에 잠언은 가까스로 정경에 포함되었다. 오늘날 그리스도인들이 구약성경이라고 부르는 것에 어떤 책들을 포함시켜야 하는지에 대해서 최종 결정을 내린 1세기의 랍비들 중에는 잠언에서 아무런 신적 영감의 근거를 찾지 못한 사람도 있었다. 결국 잠언서는 그냥 잠언, 즉 상식이라고 그들은 말했다.

잠언의 영적인 가치를 가르쳐 준 사람은 내 학생들이었다. 성경의 지혜문학 강의에 포함되어야 하기 때문에 나는 의무적으로 잠언을 가르쳤다. 그래서 늘 내가 가장 흥미로워하는 지혜서인 전도서와 욥기로 빨리 넘어가려고 했다. 그러나 학기 말이 되면 학생들은 늘 "잠언을 더 공부하면 좋았을걸 그랬다"라는 말을 했고, 그래서 나도 서서히 이스라엘 지혜서의 가장 기본이 되는 도서인 잠언에 더 많은 시간을 할애하게 되었다. 그러면서 나는 학생들이 내가 잠언을 사소하게 여기고 싶어 하는 바로 그 이유 때문에 잠언을 좋아한다는 것을 알게 되었다. 그 이유란 바로 잠언이 너무 평범하다는 것이다. 이 책은 바위에서 물이 나오거나 천사가 점심을 먹으러 오지 않는 날들, 그러니까 극적이지 않은 매일의 일상 속에서 지혜롭고 성실하게 살아가고자 하는 평범한 사람들을 위한 책이다. 이스라엘의 현인들은 우리와 동일한 걱정을 했다. 사람들이 흔히 목회자나 친구들을 찾아가 이야기하는 것들, 예를 들어, 어떻게 하면 배우자와 말다툼을 하지 않을 수 있는지, 자녀에게 성과 하나님에 대해서는 뭐라고 말해 주어야 하는지, 누가 돈을 빌려 달라고 하면 어떻게 해야 하는지, 자신의 돈과 직장 생활은 어떻게 다루어야 하는지, 어떻게 하면 우정이 오래갈 수 있는지 같은 것들을 고민했다.

　잠언은 조금씩 소화해야 하는 책이다. 공항에서 비행기 탑승을 기다리며 읽는 소설처럼 대충 줄거리를 따라 읽기에는 너무 무거운 내용일 뿐만 아니라, 그렇게 읽어서는 아무런 소득이 없다. 중세의 수사들은 성경을 '씹는다'는 표현을 썼다. 그들은 성경의 단어가 마치 향신료의 낱알 같다고 했다. 완연하게 맛을 다 토해 낼 때까지 입안에 물고 있어야 하는데, 잠언은 그렇게 읽어야 한다. 이 책은 짧은 시로만 구성된 책이기 때문이다. 그리고 대부분이 단 몇 단어의 길이밖에 되지 않는다. 일본의 하이쿠와 같은 정도의 길이다. 어떤 말들은 딱히 저자가 없는 대중적인 속담이기도 하다. 또 어떤 것들은 개별 시인이 지은 건 분명하지만, 그 저자들 대부분은 이름을 알 수가 없다. 그러나 어떠한 경우든 이 기록들은 우리에게 도움이 될 뿐만 아니라 기교를 지닌다. 기교가 있기 때문에 도움이 된다고 어떤 사람들은 말할 것이다. 여기에서 하이쿠와의 비유는 유용하다. 잠언은 듣고 기억하도록 고안된 시이다. 몇 분이면 하나를 암기할 수 있고, 하루 종일 음미하면서 돌아다닐 수 있다. 또한 하이쿠처럼 잠언의 단어는 단순하다. 잠언의 묘사는 친숙하며, 친숙해야만 한다. 설명할 여지가 없기 때문이다. 그러나 여기에 기록된 지혜는 결코 자명하지 않다. 이 세상에서 일이 돌아가는 방식에 대한, 그리고 무엇이 '알아 두면 좋은' 지식인지에 대한 우리의 일반적인 인식에 종종 도전한다.

성경 시대에 학교가 어떠했는지 모르지만, 잠언을 최종적으로 편집한 현인들은 오늘날 아이비리그의 정교수와 같은 연륜 있는 학자들이었을 것이다. 그리고 잠언은 평생 학습 프로그램의 교육 과정과 같았을 것이다. 어느 시대에나 좋은 스승들은 그렇게 하듯 그들은 처음부터 자기 '학생들', 즉 우리에게 이 학습의 목표를 제시한다. 물론 시의 형태로 그 목표를 제시했는데, 잠언의 다른 시들보다 조금 더 길다.

> 이스라엘의 왕, 다윗의 아들, 솔로몬의 잠언이다.
> 이 책은 지혜와 훈육을 알기 위한,
> 통찰의 말을 이해하기 위한 것이다.
> 성공하기 위한 훈련, 즉
> 의와 정의와 평등을 익히기 위한 책이다.
> 아직 서투르게 예리한 젊은이들이
> 지식과 분별력을 얻게 하기 위한 책이다.
> 지혜로운 사람은 듣고 더 배울 것이다.
> 지혜로운 자들의 말과 그들의 수수께끼인
> 잠언과 비유를 연구하기 때문이다.
> 주님을 두려워하는 것이 지식의 시작[혹은 '가장 좋은 부분']이다.
> 어리석은 사람은 지혜와 훈육을 경멸한다.잠 1:1-7

잠언의 영적인 가치를 발견하려면 우리가 씹어야 하는 몇 가지 개념들이 있다. 바로 지혜와 지식, 훈육, 주님을 두려워하는 것이다. "지혜와 훈육을 알기 위한"이라는, 제목 다음에 오는 첫 문구는 이 책의 세계관이 우리 사회의 지배적인 세계관과는 근본적으로 다르다는 것을 일찌감치 말해 준다. 성경이 제시하는 지혜는 우리 사회의 생각과 우리 모두가 어느 정도는 내면화한 지식의 관점에 도전한다. 우리에게 지식은 권력의 한 형태다. 나의 권력이 내가 아는 것과 (이것과 중요한 한 쌍인) 다른 사람은 모르는 것에 달려 있다는 생각은 전문성과 기술을 지향하는 우리 사회에서 매우 근본적인 개념이다. 군·산업 복합체는 전문화된 지식이 권력의 가장 상위 형태라는 생각을 기반으로 세워졌다. 따라서 전문화된 지식의 비법은 스카치위스키 광고(이 애주가가 가장 좋아하는 잡지는 무엇인가?)에서부터 스파이 소설, 대학 홍보물에까지 전부 영향을 미친다. 우리는 자녀들이 다른 사람보다 더 많이 알아서 가능하면 좋은 직업을 가질 수 있게 하기 위해 대학원에 가라고 권한다.

물론 이것은 아주 오래된 생각이다. 심지어 성경 시대에도 그것은 오래된 생각이었다. 이스라엘의 현인들이 등장하기 수세기 전부터 이집트와 메소포타미아의 선생들은 학생들에게 "열심히 공부하고, 글을 배워라. 뛰어난 서기관에게는 미래가 있다"라고 말했다. 그리고 그 말은 옳았다. 상형 문자나 설형 문자를 마스터하는 일은 오랜 세월이 걸리는 일이었다. 수백 혹은 수천 개의 상징 문자를 배워야 했기에 아주 소수의 사람만이 글을 읽을 수 있었다. 그 사회에서는 글을 쓸 줄 아는 능력이 가장 강력한 기술이었다. 폭넓게 의사소통을 하고자 하는 사람에게는 꼭 필요한 도구였다. 그래서 고급 서기관들은 자기 문화의 '정보 관리자' 역할을 했다. 그들 중에서도 뛰어난 사람은 정부의 혹은 성전의 높은 지위까지 승진할 수 있었다. 그래서 이집트와 메소포타미아의 서기관들은 서기관들이 누리는 좋은 인생을 칭송하는 글을 지음으로써 학생들을 (계속 학비를 받아 가며) 학교에 붙잡아 두려 했다.

나는 노동하는 사람이 얼마나 수고롭게 사는지 보았다. 그러니 너는 글 쓰는 일에 마음을 두어라. 그리고 나는 사람이 어떻게 자기 의무에서 벗어날 수 있는지를 관찰했다. 보라, 글 쓰는 것보다 더 좋은 일은 없다. … 나는 네가 네 어머니보다 글 쓰는 일을 더 좋아하게 만들 것이다.[1]

이와 같은 서기관들의 문학과 우리가 가진 잠언 사이에는 두드러지는 차이가 있다. 이스라엘 현인들이 학생들에게 제시한 학문의 매력은 개인적인 전문성의 발전과는 거의 혹은 아무런 상관이 없었다. 비록 그들이 "성공하기 위한 훈련"이라는 말을 쓰기는 하지만, 그들이 성공을 어떻게 정의하는지 보라. 의와 정의와 평등을 세우는 일이다. 그들의 생각에 따르면, 지혜로운 사람은 권력이 아닌 선을 지향한다.

이러한 동기가 이스라엘의 현인들을 고대의 학자들뿐만 아니라 나와 같은 현대의 학자들과도 구분해 준다. '의와 정의와 평등'이라는 표어를 현대의 어떠한 교육 기관의 프로그램에 대입해 보아도 다 이상하게 들린다는 사실이 놀랍기만 하다. 대학과 신학교를 채우는 학자들은 상당한 전문 지식을 가지고 있다. 그들은 전문가들이지만, 대부분의 경우 자신의 지식이 '의'를 지향한다는 표현을 이상하게 여길 것이다. 허세 부리듯 들려서가 아니다. (학계에서 허세는 큰 흠이 아니다.) 그것보다는 범주의 오류로 보이기 때문이

---

1 "The Satire on the Trades"(Egyptian, Middle Kingdom), James B. Prichard, ed., *Ancient Near Eastern Texts Relating to the Old Testament*(Princeton: Princeton University Press, 1978), 432.

다. 현대의 학자들은 의를 위해서 고용된 사람들이 아니다. 대학원 과정은 엄밀하게, 창의적으로 사고하도록 우리를 훈련시킨다. 그리고 바로 그 기준으로 우리 자신과 우리의 일을 평가한다. 이러한 관점은 신학교에서도 마찬가지다. 내가 면접을 보았든 면접관으로 참여했든, 내가 관여했던 그 어떠한 고용 면접에서도 의라는 주제가 등장한 적이 없다. 이 같은 사실 하나만으로도 우리가 이 현인들의 교육관에서 얼마나 멀리 떨어져 있는지를 알 수 있다. 왜냐하면 이 현인들은 오직 의에만 관심이 있기 때문이다. 성경은 추상적 지식, 즉 선함으로부터 추상화된 지식에는 아무런 관심이 없다. 고대 이스라엘이 이웃 제국인 이집트나 메소포타미아가 특별히 탁월했던 천문학, 건축학, 엔지니어링, 의학, 미술에는 지적 투자를 별로 하지 않은 사실은 주목할 만하다. 요약하자면, 이스라엘은 우리가 어떻게 하면 이웃과 사이좋고 신의 있게 지내고, 하나님 앞에서 겸손하고 신실하게 살 수 있을까라는 구체적인 문제로부터 추상화된 지식에는 관심이 없었다.

4세기의 신학자 히포의 아우구스티누스는 선함을 지향하는 지식이 어떤 지식인지 우리가 이해할 수 있게 도와준다. 그는 '사피엔티아*sapientia*'와 '시엔티아*scientia*'를 구분한다. 영어로는 '지혜'와 '추상적 지식' 정도로 번역되는 단어다. '사피엔티아'에 대해서 아우구스티누스는 간단하게 말한다. "참지혜는 결코 악용할 수 없다." '시엔티아'는 본질적으로 악한 것은 아니다. 다만 이 추상적 지식은 선함과 아무런 본질적 관계가 없다는 게 유일한 문제.

아마도 정설은 아니겠지만, 알베르트 아인슈타인이 히로시마와 나가사키의 원자 폭탄 투하 소식을 들었을 때 이렇게 말했다고 주장하는 사람들이 있다. "원한다고 다 할 수 있는 건 아니라는 것을 보여주는 사건이다." 나아가서 이렇게 덧붙였을 수도 있다. "할 줄 안다고 해서 다 할 수 있는 것은 아니다." '시엔티아'는 본질적으로 우리의 이기적이고 근시안적인 목적을 위해서 너무도 쉽게 오도될 수 있는 위험을 안고 있다.

그러나 "참지혜는 결코 악용할 수 없다"라는 말은 곰곰이 생각해 볼 필요가 있다. 왜냐하면 그 어떤 세대보다도 우리는 왜곡된 지식, 선과 본질적으로 연결되지 않은 지식의 악한 결과를 목격하고 있기 때문이다. 우리는 어쩌면 그 결과가 역사적으로 처음 지구적인 차원에서 나타나는 것을 보는 건지도 모른다. 다른 어떤 세대도 이렇게 성공적으로 기술적 지식을 이용해서 세상을 조작하고 자신의 욕구를 만족시키지는 못했다. 생태학적 위기는 본질적으로 고삐 풀린 지식의 위기다. 우리를 통해서 강하고 추상적인 지식(시엔티아)이 작용하면서 이 세상을 근본적으로 바꾸고 있다. 우리는 우리가 할 줄 아는 것은 무엇이든 하는 것 같은데, 역설적이게도 우리의 지식은 무지한 지식이다.

그렇다면 무엇이 우리의 지식을 지도해야 하는가? 아우구스티누스가 말한 것처럼 지혜의 본질이 해로운 목적에 사용될 수 없는 것이라면, 그 이유는 지혜란 스스로의 무지를 고려하는 것이기 때문이 아닐까? 우리에게 이름이 알려진 극소수의 이스라엘 현인 중한 사람인 아구르Agur는 이렇게 한탄했다.

나는 흉포하고, 인간 이하다.
내게는 인간의 통찰이 없다! 잠 30:2

잠언의 거의 끝에 나오는 이 외침은 의외다. 이제까지 수많은
지혜의 말들을 읽으며 소화했다면 이제는 제법 똑똑한 느낌이 들
어야 하는 것 아닌가? 하지만 한편으로는 물을 수밖에 없다. 아구
르는 자기보다 똑똑한 사람들이 많다는 것을 알고 자신의 무지가
드러날까 노심초사하는 전형적인 소심한 학자인가? 아니면 그는
지혜로운 사람이 된다는 것은 도대체 무엇인지 그 모델을 제시하
는 것인가? 어쩌면 아구르는, 혹은 잠언의 결말 부분에 자신의 말
을 집어넣은 고대의 편집자는, 참지혜는 무지의 반대가 아니라는
것을 우리가 이해하며 독서를 마치도록 했는지도 모른다. 지혜와
무지는 동전의 양면이다. 이렇게 생각해 보라. 누구도 자기 행동의
결과를 다 알지 못하며, 돌이켜 보아도 다 알 수가 없다. 따라서 지
혜는 자신의 무지를 인정하고 행동하는 (혹은 행동하지 않는) 것을
의미할 수밖에 없다. 현대의 현인이자 농부이며 식물 유전학자인
웨스 잭슨Wes Jackson은 자신의 '농경 관점'의 기초로서 다음의 원칙
을 제시했다.

(우리가 어떻게 자연계에 영향을 미치는지와 관련해서는) 우리의 무지가 우

리의 지식보다 훨씬 더 크기 때문에, 최선의 능력을 다해 무지 기반의 경제를 개발하자.[2]

그렇다면 지혜는 본질적으로 겸손한 것이다. '과학적'이기 때문에 유효하다고 여기는 추상적인 원칙들에 기초해서 세상을 조작하지 않는다. 오히려 지혜로운 사람은 이 세상과 관조의 관계를 맺는다. 이 세상에 대해 행동하기 전에 먼저 관찰한다. 그들은 종종 오랫동안 관찰한다. 하나님이 무엇을 하셨는지 보기 위해서 관찰한다. 모든 건강한 관계의 본질인 사랑과 존경이 자라길 기다리기 때문에 그들의 행동은 해를 끼칠 확률이 적다. 최근 들어 인간은 기술적 능력을 크게 향상시켰지만, 지혜는 그와 같은 정도로 자라지 못했다. 아우구스티누스의 용어로 말하자면, '시엔티아'가 '사피엔티아'를 크게 능가했다. 현재의 상황에서는 인간과 기타 다른 종의 생존이 정말로 '호모 사피엔스'에 달려 있다고 할 수 있을 것이다. 즉, 규모 없이 지식을 추구하는 난잡한 지성을 거부하는 인간에게 달려 있다.

| 세 가지 낯선 개념들: 훈육, 순종, 두려움

훈육의 개념은 현인들이 우리에게 가르치고자 하는 것의 근본

---

2 개인적 대화다. 농경주의 관점에 대해서는 Wes Jackson, *Becoming Native to This Place*(Lexington: University Press of Kentucky, 1994), 그리고 이 책의 마지막 장을 보라.

이다. 그들이 쓰는 용어에서 훈육은 종종 지혜와 쌍을 이루며, 두 단어 모두 매우 긍정적인 의미를 지니고 있다. 그러나 이것 역시 그들과 우리의 교육관의 차이를 보여준다. 우리는 훈육을 대체로 부정적으로 이해한다. 잠언의 현대어 번역 중에서는 심지어 그 단어를 아예 쓰지 않는 경우도 있다.[3] '훈육'은 고리타분하게 들리고 확실히 불쾌하게 들린다. 반성실 혹은 자를 들고 야단치는 수녀들의 이미지가 떠오른다. 그러나 다음에서 보듯 현인들은 이것을 매우 다르게 이해했다.

> 훈육을 사랑하는 사람은 지식을 사랑한다.
> 그리고 질책을 싫어하는 사람은 난폭하다.잠 12:1

잠언은 자아가 약한 사람들을 위한 책이 아니다. 잠언에서 가장 많이 나오는 인물이 어리석은 사람이다. 어리석은 사람은 자신이 틀렸을 가능성에 대해 진지하게 고려하지 못하기 때문에 교정이나 질책을 거부하는 사람이다. 반면에 지혜로운 사람은 적극적으로 훈육을 찾아 나선다. 그게 좋아서가 아니라, 고통이 없으면 얻는 것도 없기 때문이다. 다음의 놀라운 말은 훈육이 자기 존중의 가장 기본적인 형태임을 암시한다.

---

3 NRSV는 잠언 1:2와 1:3에서 이 단어를 '가르침'으로 잘못 번역했다.

훈육을 받지 않는 사람은 자기 자신을 거부하는 사람이지만,

질책을 듣는 사람은 마음을 얻는다.

주님을 두려워하는 것이 훈육이고 지혜다.

그리고 영광 앞에 온순함이 있다.잠 15:32-33

   현인이 제시하는 자아는 어떤 자아이며, 우리가 '훈육을 받지 않을 때' 저버린다고 하는 자아는 또 어떤 자아인가? 현인은 매우 역동적인 인격의 개념을 받아들이고 있다. 그가 말하는 '자기 자신'은 정적인 실체, 탄생 시에 주어지는 고정된 정체성이나 운명이 아니다. 훈육을 통해서 우리는 오즈의 마법사에 나오는 양철 인간이 원했던 "마음을 얻는다." 성경의 생리학적 은유에서 보면 마음은 감정뿐만 아니라 인지와 신앙의 기관이다. 하나님 앞에서 온전한 존재가 되어 가는 사람의 사고와 감정과 신앙의 중심이다. 따라서 현인은 '자기 자신'이란 시간이 지나면서 개발될 수밖에 없는 것이라고 본다. 영리한 목회 심리학자인 이들은 훈육을 계속하지 않으면 자기 자신이 제대로 자랄 수 없음을 알았다.

   현인들이 그 시대의 어떤 사람들과는 달리 인간에 대한 정체적 관점을 받아들이지 않았다면, 그들은 포스트모던 문화에서 인기가 있는 '초역동적' 관점 또한 거부했을 것이다. 즉, 그들은 우리가 본질적으로 자신을 (반복해서) 만들어 낸다는 생각을 받아들이지 않았을 것이다. 이스라엘의 현인들은 옷, 자동차, 집, 배우자 등과 그 외의 몇 가지 취향과 야망의 조합으로 개인의 정체성을 만들어

낼 수 있고, 이러한 자아의 모든 요소들은 무한히 조작 가능하며, 마음대로 혹은 내키는 대로 새로운 '자아'가 조합될 수 있다는 현대의 '믿음'을 슬픈 착각이라고 볼 것이다.

이 같은 개념들과 달리 이스라엘의 현인들은 어떤 면에서 우리 자신보다 우리를 더 잘 아는 사람들의 지도를 받아들이고 교정을 수용함으로써 사람은 진정한 인간의 마음을 얻는다고 보았다. 하지만 어떻게 그들은 우리를 그렇게 잘 안단 말인가? 우리가 그 형상대로 지음을 받은 하나님을 알기 때문이다. 그렇기 때문에 인간의 자기됨은 정체된 게 아니다. 하나님은 살아 계신 하나님이기 때문이다. 또한 우리가 하나님의 형상으로 지음을 받았기 때문에 그때그때 '자기 자신을 만들어 내는 것'도 아니다. 안정적 자기 자신은 단 한 가지의 수단을 통해서만 개발된다. 그 수단은 바로 하나님께로 가는 여정에서 우리보다 앞선 사람들에게 순종하는 것이고, 이것은 어려운 훈련이다.

훈육처럼 순종도 우리 문화에서 가치 절하된 교육 개념이다. 우리는 순종을 동물 훈련의 영역으로 밀쳐 버렸다. 그러나 순종은 이 현인들의 교육 과정의 출발점이다. 서두의 시 바로 다음에 나오는 첫 단어는 '쉐마*shema*'이다. "들으라, 순종하라."

> 쉐마, 내 자녀야, 네 아버지의 훈육을,
>
> 그리고 네 어머니의 가르침(토라)을 저버리지 말아라.잠 1:8

첫 단어가 시선을 끈다. 왜냐하면 오래전부터 유대인들이 성경에서 가장 중요하게 여긴 진술의 첫 단어이기 때문이다.

> 쉐마, 이스라엘아, 들으라, 이스라엘이여, 네 주 하나님은 한분이신 주님이며, 너는 네 주 하나님을 네 마음을 다해, 네 자신을 다해, 그리고 네 힘을 다해 사랑하라.신 6:4-5

현인들은 담대하게도 어머니와 아버지의 가르침을, 이스라엘이 살기 위해서 순종해야만 하는, 시내 산에서 모세가 받은 위대한 가르침을 지칭하는, 토라의 신성한 규정 밑에 두었다.신 30:15

영어에서와 마찬가지로 히브리어에서도 '순종obedience'은 잘 듣는 것을 의미한다. 영어로 순종은 라틴어 어근인 '오디오audio', 즉 '듣다'에서 유래했다. '오브-오디오ob-audio'는 문자 그대로 '무엇을 향해 듣다'라는 뜻이다. 여기에서 전치사 '오브'는 지도는 물론 교정도 받기를 갈망하며, 존경하는 화자의 말을 하나라도 놓치지 않으려고 몸을 앞으로 기울이는 사람의 이미지를 가지고 있다. 그리스도교의 전통에서 보자면 수도자들이 순종에 대한 혹독한 훈육을 제일 잘할 수 있다. 그들은 힘든 경험을 통해서 가르친다. 정직한 수도자라면 누구나 '순종'의 서약이 가장 어렵다고 말할 것이다. 가난과 순결은 익숙해지고, 심지어 편안해질 수도 있다. 그러나 순종은 대부분의 사람들에게 계속해서 어려운 일이고, 그럴 수밖에 없다. 순종이라는 모루 위에서 그리스도인의 자아가 때로는 망치

질을 당하면서 강하고 아름답게 다듬어지고 틀이 잡히기 때문이다. 그래서 위대한 수도자이자 신학자였던 아우구스티누스는 윗사람에 대한 순종은 자기 자신을 친절하게 대하는 것이라는, 선뜻 이해되지 않는 진실을 말했다.[4]

수도원 생활의 핵심은 잠언에서 현인들이 제시한 것과 같다. 역설적이게도 자신의 의지를 다른 사람의 현명한 판단에 굴복시킬 때 내적 자아는 견고해진다는 것이다. 공식적으로 순종의 서약을 하지 않은 우리도 마찬가지다. 우리는 믿음의 공동체 안에서 산 자의 말이든 죽은 자의 말이든 남의 말을 잘 듣고, 그들의 권위가 우리의 삶에 영향을 미치게 함으로써 그리스도인으로서 성장한다. 그것이 바로 전통 안에 거한다는 말의 의미다. 이러한 수용이 얼마나 많은 신뢰를 요구하는지 우리는 잘 인식하지 못하는 것 같다. 그래서 순종이 우리에게는 특별히 힘들다. 우리가 사는 사회나 교회에는 신뢰가 부족하기 때문이다. 우리는 종종 '건강한 의심'에 대해서 이야기한다. 현대 학계에서는 의심이 '해석학'과 맞먹는 지위를 가지게 되었다. 의심이 해석의 기본 원칙이 된 것이다. 의심은 건강한 것일 수 있고 제도를 바꾸는 데 종종 필요하기도 하다. 그러나 이 현인들의 통찰에 의하면 영적인 성장에는 무엇보다도 신뢰가 필요하다. 그들의 조언은 이것이다. 자신보다 더 앞서 나간 사람, 신앙의 어머니나 아버지를 찾아라. 그리고 하나님을

---

4 The Rule of St. Augustine, II:7.

향해 가는 지금 단계의 여정에서 지도를 받을 만한 사람을 찾았다면, 귀 기울여 잘 듣고, 순종하라.

"주님을 두려워하는 것이 훈육이고 지혜다."잠 15:33 여기에서 현인은 그들에게는 없어서는 안 되는, 그리고 우리에게는 어려운 세 번째 개념을 소개한다. 잠언의 현인들은 주저 없이 '주님을 두려워하는 것'과 지혜 자체를 동일시한다. 처음부터 그들은 충고한다.

> 주님을 두려워하는 것이 지식의 시작[혹은 '가장 좋은 부분']이다.
> 어리석은 사람은 지혜와 훈육을 경멸한다.잠 1:7

이 구절 혹은 그 변주가 잠언에 반복해서 나온다. 잠언은 하나님을 대할 때는 '두려움'이 필요하고, 그것은 건강한 자세라는 것을 일관되게 주장한다. 그러나 현대인들은 이것을 구약 성경에서 가장 기분 나쁜 표현 중 하나로 여긴다. 그래서 많은 현대의 성경 번역들은 이것보다 완화된 '하나님에 대한 경외'라는 표현을 쓴다. 이러한 번역이 딱히 틀린 것은 아니다. 경외심은 현인들이 우리에게 권하고자 하는 것 중 하나임이 분명하다. 그러나 '두려움'이라는 단어를 피함으로써 번역가들은 성경의 저자들이 말하고자 하는 바를 희석시킨다. 성경의 저자들은 우리가 하나님 앞에서 마땅히 보일 수밖에 없는 본능적인 반응에 대해서 말하고 있다. 두려움은 즉각적인 반응이다. 경외심은 조금 더 생각을 요한다. 두려움은 우리가 하나님의 권능과 맞닥뜨릴 때 배 속에서부터 혹은 모골에서 우리의 몸이 확실하게 감지하는 느낌이다.

성경의 관점에서 볼 때 하나님을 두려워하는 것은 전혀 신경증의 증세가 아니다. 신경증은 아예 두려워하지 않거나 엉뚱한 것을 두려워하는 것이다. 하나님이 우리에게 자신을 알리신 것은 우리가 엉뚱한 것을 두려워하지 않게 하기 위해서다. 하나님이 우리에게 온전히 계시되고 우리가 '알아들으면' 그때 두려움은 마땅한 대상을 찾아간다. 아마도 성경에 나오는 가장 좋은 예는 홍해를 건너는 이야기일 것이다. 서쪽 해변에서 이스라엘이 고개를 들어 보니 "이집트 사람들이 뒤따라오고 있었고, 그들은 정말로 무서웠다."출 14:10 그런데 건너편으로 가서 이스라엘이 다시 보니 이번에는 "해변에 이집트 사람들이 죽어 있었다. 이스라엘은 주님의 크신 손이 이집트 사람들에게 무엇을 하셨는지 보고 주님을 두려워했다."출 14:31

하늘을 스팽글로 장식된 베일처럼 펼치신 권능, 흙으로 우리를 만들어 폐에 숨결을 불어 넣으신 권능, 이스라엘이 마른땅을 걸어 홍해를 건너게 하시고 파라오의 군대 전체는 물에 빠지게 하신 권능을 개인적으로 대면하는 때가 모든 인생에는 (한 번 이상) 있다. 우리가 그 권능을 가까이에서 경험하고도 하나님과 우리 자신의 큰 격차 때문에 창자가 오그라들지 않는다면, 우리는 깊은 영적인 잠에 빠져 있는 것이다. 심각한 정신병에 걸린 것이 아니라면 말이다. '주님을 두려워하는 것'은 우리가 하나님이 아니라는 매우 건강한 인식이다.

9

소박한 선물
전도서

잠언은 이스라엘 지혜의 '주류'라고 할 만하다. 예측 가능하다거나 통찰이 부족하다는 말이 아니다. 오히려 잠언에 나오는 말은 심오하며 때로는 놀랍기까지 하다. 그러나 경건한 사람이 충격받을 말은 하지 않는다. 하지만 전도서로 들어가면 현인 중에서도 가장 특이한 현인의 가르침을 만나게 된다. 당대에 그는 코헬렛Kohelet이라는 아주 독특한 이름으로 알려져 있었다. 이것은 이름이라기보다는 직업 설명에 더 가까운데, '회중을 모으는 사람'이라는 정도의 뜻을 가지고 있다. 어쩌면 이 이름 자체가 이 책의 많은 미묘하고도 모순된 진술들의 시작인지도 모르겠다. 왜냐하면 사람들이 코헬렛의 강좌를 듣다가 도대체 무엇을 믿어야 할지 몰라 고개를 갸

우뚱하며 많이들 떠났을 거라는 생각이 들기 때문이다.

이 책은 처음부터 성경의 정상 범주를 벗어나는 책으로 간주되었다. 잠언처럼 전도서도 경전에 포함시킬지 여부를 놓고 랍비들이 논쟁을 했고, 그때에도 전도서에는 계시적 가치가 없다고 한 사람들이 있었다. 그러나 마르틴 루터는 그리스도인들이 '이 고귀한 작은 책'을 날마다 읽어야 한다고 주장했고, 베트남 전쟁 때 종군 목사로 일했던 어떤 사람은 병사들이 들으려 했던 성경의 유일한 책이 전도서였다고 증언했다. 자주 우울증에 걸렸던 내 학생 중 한 명은 전도서를 읽는 것이 "마치 따뜻한 목욕물에 들어가는 것 같다"라고 했다. 전도서를 읽으면 위로받고 지지받는 느낌이 든다는 것이다. 자신이 느끼는 현실이 성경 지면에 기록되었기 때문에 더 이상 자신이 미쳤거나 혼자라는 생각이 들지 않는 까닭이라고 했다.

그렇다면 이 코헬렛이라는 사람은 누구였으며, 그는 잘 사는 인생에 대해서 우리에게 무엇을 말해 줄 수 있는가? 이 책의 도입을 보면 그도 솔로몬, 즉 "예루살렘의 왕, 다윗의 아들"전1:1로 지칭되고 있음을 알 수 있다. 그러나 언어학적으로 볼 때 이것은 사실이 아니다. 여기에서 쓰인 히브리어는 랍비 시대의 히브리어에 가깝다. 따라서 구약 성경에서 가장 늦게 기록된 책 중 하나일 것이다. 솔로몬의 시대보다 몇 세기는 지난, 주전 3세기 전반, 예루살렘이 세련된 헬레니즘의 도시가 되었을 무렵에 기록되었을 가능성이 제일 크다. 코헬렛의 글은 원래 '앞날이 창창한' 젊은이들, 그리스 문화에 잘 동화되었고, 철학을 좀 알고,[1] 사업 계통에서 자리를 잡거나 아니면 낮은 직급의 법정 관리 혹은 판사가 될 법한 젊은이들을 위해서 쓴 것 같다. 그 많은 현인들 중에서 오직 코헬렛만이 가르치는 일을 했다는 구체적인 기록이 있다는 사실은 흥미롭다.

> 코헬렛은 지혜로운 사람이었을 뿐만 아니라
> 사람들에게 지식을 가르쳤는데,
> 많은 잠언을
> 평가하고 연구하고 편집했다.전 12:9

그는 어쩌면 오늘날로 치면 잘나가는 집안의 아들들, 차세대 '지도자들'이 다니는 사립 중등학교의 교사였는지도 모른다.

코헬렛의 전략은 자기 학생들보다 한술 더 뜨는 것이었다. 다시 말해 그는 청년들의 특징인 회의주의에 있어서 자기 학생들보다 한 수 앞섰다.

> "헛되고 헛되다"라고 코헬렛은 말했다.
> "헛되고 헛되다, 모든 것이 헛되다. …
> 모든 것이 지루하고,

---

1 코헬렛이 구현하는 사상과 당대의 그리스 철학 사이에는 분명한 관계가 있다. 이에 대한 자세한 논의는 나의 주석 *Proverbs, Ecclesiastes, and the Song of Songs*, Westminster Bible Companion(Louisville: Westminster/ John Knox Press, 2000)을 보라.

그것을 표현할 길이 없다.

봐도 만족함이 없고,

들어도 별 게 없다.

지금까지 있던 대로 앞으로도 있을 것이고,

지금까지 해왔던 대로 앞으로도 그럴 것이다.

해 아래 새것이 하나도 없다.

누군가가

'이것 봐, 이거 새 거야!'라고 말하는 현상이 있는데,

이미 그렇게 있은 지 오래고,

우리보다 앞서 있었던 것들이다.

지나간 세대를 기억하지 않으며,

다가올 세대도 기억하지 않을 것이다.

뒤에 오는 세대 중에

그들을 기억할 사람은 없다."전 1:2, 8-11

성공한, 그리고 성공을 추구하는 자기 부모의 노동에 대해서 이렇듯 심하게 말하는 청소년은 오늘날 없을 것이다. 그렇기 때문에 전도서는 '현실'에 실망한 청년들뿐만 아니라 고등학생과 대학생에게도 특별한 호소력이 있다. 코헬렛은 독창적인 체하거나, 영원한 명성이나 지속적 영향을 미치는 업적을 기대하는 우리의 어리석음을 하나씩 폭로한다. 우리의 공통된 망상에 대한 전도서의 도전이 너무 급진적이기 때문에 이 저자가 누구인지를 아는 게 중요

해진다. 어쩌면 그래서 이 책을 솔로몬이 지었다고 했는지도 모른다. 솔로몬만 못한 사람이 인간의 지혜, 업적, 그리고 부의 궁극적 가치를 이처럼 무시했다면, 그저 남부러워서 하는 소리라는 말을 들을 것이기 때문이다. 초기의 랍비들은 이 책이 솔로몬의 저서라는 것을 그대로 받아들였다. 안 그러면 "사람들이 '땡전 한 푼도 없이 살았던 사람이 세상의 좋은 것들을 다 멸시하는 태도라니!' 하며 비아냥거릴 것"이라고 그들은 말했다.[2] 이처럼 이 책이 솔로몬이 쓴 것으로 되었기 때문에 코헬렛의 가르침은 부유하고 세상적 성공을 거두었고 지혜롭기도 한 사람의 권위에서 나오는 말이 되었다. 그리고 그는 자신의 경험에 근거해서 다음과 같은 평가를 내린다.

> 하늘 아래에서 일어나는 일에 대해 지혜롭게 질문하고 탐구하려고 나는 노력했다. 하나님이 인간에게 주신 별로 달갑지 않은 일이다! 해 아래에서 일어나는 모든 일을 내가 보았는데, 보라! 다 헛되고 바람을 쫓는 것과 같다. 전 1:13-14

코헬렛의 극단적인 부정적 태도는 경건한 사람에게는 충격이다. 그러나 그는 우리의 모든 환상을 깨고 아무런 위안도 없이 내버려 두는 걸로 만족하는 단순한 냉소주의자는 아니다. 오히려 이

---

2 *Midrash Kohelet Rabba* 3:11, *Koheleth—The Man and His World, a Study of Ecclesiastes* (New York: Schocken Books, 1968), 40.

부정적인 말은 이 선생이 믿음의 삶의 본질을 우리에게 가르치는 수단이다. 주류에 속하는 잠언의 현인들로부터는 "의와 정의와 평등"^{잠 1:3}에 대해서 배울 수 있다. 그러나 코헬렛은 우리에게 겸손에 대해서 가르쳐 준다. 이것이 바로 그의 가르침의 핵심이다. 인생은 결코 완전히 터득할 수 있는 게 아니다. 우리 마음에 맞게 조율할 수 있는 게 아니다. 그러니 그저 크고 작은 즐거움들이 주어질 때 그것을 즐길 따름이다. 즐길 수 없을 때는, 버텨야 하는 것이 인생이다. 코헬렛이 자기 학생들에게 가르치고자 하는 것은 인생의 즐거움을 선물로 받아들이고 하나님을 그 선물의 유일한 수여자로 알아보는 능력이다. "그분과 함께하지 않고 무엇을 먹거나 느끼는 사람이 도대체 누가 있는가?"^{전 2:25}

전도서의 메시지는 '카르페 디엠', 즉 '현재를 즐겨라'로 요약된다고 종종 말한다. 그러나 사실은 그렇지 않다. 전도서의 핵심 동사는 '잡다^{seize}'가 아니라('carpe diem'은 영어로는 'seize the day'로 번역됨—옮긴이) '주다^{give}'이다. 열두 장 안에 그 단어가 스물여덟 번 나온다. 그리고 주로 주시는 분은 하나님이시다. 그렇다면 전도서의 핵심 메시지는 '선물을 받아라'이다. 날마다 누리는 즐거움에서 하나님의 선물을 알아봄으로써 우리는 겸손이라는 중요한 종교적 미덕을 실천한다. 사실 대부분의 즐거움들은 너무 자주 주어져서 선물로 인식하지 못한다.

빛은 달콤하고, 해를 보는 것이

눈에 좋다. 전 11:7

예루살렘 사람들에게 해가 나는 날은 예외적인 날이 아니라 늘 있는 날이었다. 이 구절은 가장 평범한 현상, 의로운 자와 불의한 자 모두에게 공평하게 내리쬐는 햇빛에 대한 짧은 시다. (히브리어로는 열일곱 개의 음절로 되어 있는데, 딱 일본의 하이쿠 길이다.) 코헬렛의 짧은 가르침이 시의 형태를 취한다는 것은 그냥 지나칠 일이 아니다. 선생의 강의나 설교자의 열변과는 거리가 먼 어조로 그는 학생들에게 그것이 '얼마나 달콤한지'를 경험하라고 청한다. 이 '달콤한'이라는 단어는 우리 언어에서는 흔하지만, 그에 해당하는 히브리어 형용사(마톡*matôk*)는 성경에서 드물게 나오는 단어다. 따라서 부정적 발언의 대가인 코헬렛이 흡족함을 나타내는 이 단순한 단어를 쓸 때 우리는 주목해야 한다. 이처럼 그는 우리로 하여금 겸손을 일상적으로, 그리고 현실적으로 실천하도록 이끈다. 예수님께서 "심령이 가난하다"마 5:3라고 표현하신 그 복된 상태를 경험하게 하는 것이다.

'겸손'이라는 단어는 '땅'을 뜻하는 라틴어 '휴머스*humus*'에서 왔다. 전도서는 '해 아래' 사는 인간의 상황에 초점을 맞추는, 철저하게 땅에 근거하는 책이다. 코헬렛은 하늘의 영역에 대해서 생각해 보려 하지 않는다.

하나님은 하늘에 계시고 너희는 땅에 있으니,

너희는 말을 많이 하지 말아라.전 5:1

코헬렛은 내세를 기대하지도 않는다. 그는 어떤 사람들은 불쾌하게 느낄 정도로 불멸의 가능성을 단호히 거부한다.

내 생각과 마음으로 가늠하건대, 인간을 신성과 분리시켜 그들이 사실은 동물이라고 보기로 했다.[3] 왜냐하면 인간에게 일어나는 일은 곧 동물에게도 일어나는 일이기 때문이다. 사람이 죽듯 동물도 죽으며, 그들은 모두 한 숨결을 가지고 있다. 그리고 동물에 비해 인간이 가지는 이점은 하나도 없다! 모든 것은 다 지나가기 때문이다[전통적으로는 '헛되다'로 번역].[4] 모든 것이 한곳으로 간다.

모든 것이 흙에서 왔으니,
모든 것이 흙으로 돌아갈 것이다.

인간의 숨은 위로 올라가고 동물의 숨은 아래로, 땅으로 내려가는지 누가 알겠는가? 실로 나는 사람이 자기가 하는 일을 즐거워하는 것보다 더 나은 게 뭔지 모르겠다. 왜냐하면 그게 그의 몫이기 때문이다. 자기가 가고 난 후에 올 일을 누가 말해 줄 수 있겠는가?전 3:18-22

---

3 전도서 3:18의 의미는 매우 불확실하며, 원문 자체가 훼손되었을 수 있다. 내 번역은 (대략) NJPS *Tanakh*를 따랐다.
4 여기에서 '헛되다'로 번역된 히브리어는 '헤벨*hevel*'이다. 이 단어에 대한 논의는 이어지는 소제목을 보라.

코헬렛의 종교적 관점이 복음의 온전한 약속에 미치지 못하는 것은 분명하다. 유대인이었던 예수님과 그의 첫 추종자들을 포함한 초기의 유대교인들은 이처럼 죽음 이후의 삶에 대해서 아무런 기대가 없는 코헬렛의 관점에서 확고하게 돌아섰다. 그래서 오늘날까지 정통 유대교인들은 그리스도인들과 마찬가지로 죽은 자의 부활을 믿는다. 그러나 코헬렛의 이러한 관점과는 결별했을지라도 두 공동체 모두 그의 책의 권위를 받아들이며, 하나님의 선물을 받아들이고 소중히 여기라는 그의 가르침을 지지한다.

"사람이 자기가 하는 일을 즐거워하는 것보다 더 나은 게 뭔지 모르겠다."전 3:22 코헬렛은 언제나 즐거움을 누릴 기회를 찾는다. 그러나 막연하게 "좋은 하루 보내세요!" 하는 정도에 그는 만족하지 않는다. 그는 우리 삶에서 세 가지 형태의 행복을 깨달으라고 특별히 촉구한다. 그것은 바로 (먹고 마시는 것, 잠, 햇빛과 같은) 감각적 즐거움, (우정과 부부의 사랑과 같은) 친밀한 관계, 그리고 일에 대한 만족이다. 그러나 즐기라고 하는 그의 주장은 쾌락주의를 옹호하는 게 결코 아니다. 인생에서 즐거움을 찾는 것은 겸손의 진정한 종교적 형태다. "모든 사람[혹은 '모든 것']을 만드시는 분"은 하나님이시기 때문에전 11:5 궁극적으로는 하나님이 모든 즐거움의 저자시다. 코헬렛의 글이 계속해서 젊은이들에게 매력이 있는 또 하나의 이유가 바로 그가 학생들에게 이 세상에 대한 두려움이나 경멸보다는 사랑을 가르치기 때문이다.

　전도서를 이해하는 데 큰 문제는 상호 배타적으로 보이는 두 가지, 즐거움에 대한 강조와 전도서 전체를 아우르는 (전통적으로 '헛되고 헛되다'로 번역되는) '하벨 하발림*havel havalim*'을 어떻게 화해시키냐는 것이다. 그러나 '헛되다'는 히브리어 '헤벨*hevel*'의 근사한 번역일 뿐이다.[5] 어떤 현대의 주석가는 그것을 '어리석음'이라고 번역하기도 했다.[6] 코헬렛은 질서 정연한 세상에서 일어나야 마땅한 일과 실제로 일어나는 일의 간극에 놀라고 실망해 마지않는다. 도덕적 무질서와 모순은 종교인이 씨름해야만 하는 영구적 현실임을 코헬렛은 이전의 현인들보다도 훨씬 더 많이 인정했다. 그러한 도덕적 어리석음의 한 사례를 그는 다음과 같이 말했다.

> 이 세상에는 '헤벨'이 일어나고 있는데, 그것은 바로
> 의로운 사람들이 있는데, 그들이 겪는 일이
> 악한 사람에게나 마땅한 일이라는 것이다.
> 그리고 악한 사람들이 있는데, 그들이 겪는 일은
> 의로운 사람에게나 마땅한 일이다.
> 나는 이것 또한 '헤벨'이라고 말했다. 전 8:14

　그러나 '어리석음'이 '헤벨'의 의미의 전부는 아니다. 이 단어의

5　히브리어 단어에서 모음은 변형이 되는데, 어근을 알아볼 수 있는 자음은 *h-v-l*이다.
6　Michael V. Fox, *Qohelet and His Contradictions* (Sheffield: Sheffield Academic Press, 1989).

문자적 의미는 '안개, 수증기, 숨결'이다. 때로 코헬렛이 '헤벨'이라고 지칭하는 것들은 약하고 찰나적이어서 흔적도 없이 사라지는 것들이다. 인간의 필멸성이라고 하는 바꿀 수 없는 사실에 대해 그는 다음과 같이 지적했다.

> 그리고 동물에 비해 인간이 가지는 이점은 하나도 없다! 모든 것이 '헤벨'이기 때문이다.

> 모든 것이 한곳으로 간다.
> 모든 것이 흙에서 왔으니,
> 모든 것이 흙으로 돌아갈 것이다.전 3:19-20

죽음 앞에서 모든 사람과 모든 것은 '헤벨', 곧 예루살렘의 뜨거운 태양 빛에 사라져 버리는 아침 안개다.

어리석음과 덧없음. '헤벨'의 이 두 가지 측면은 궁극적으로 함께 작용한다. 기독교 전통에서 그 누구보다도 전도서를 좋아한 마르틴 루터는 인생이 빨리 지나간다는 바로 그 사실이 우리의 가장 흔한 행동들의 어리석음을 폭로한다고 날카롭게 주장했다. 코헬렛이 정죄하는 것은…

> 우리에게 주어진 하나님의 피조물과 그것을 사용하는 데 만족하지 못하고, 마치 우리가 이곳에서 영원히 살 것처럼 부와 명예와 영광과 명성

을 쌓고자 늘 노심초사하고 안달하는 우리들의 타락한 애착과 욕망이다. 그러면서도 우리는 지금 있는 것들을 지루해하고 계속해서 다른 것들을 갈망하고, 또 다른 것들을 갈망한다. … 하늘과 땅을 오간다는 게 바로 이런 것 아니겠는가![7]

코헬렛은 '헤벨'이라는 단어의 세 번째 의미를 염두에 두었을 수도 있다. 성경에서 단 한 번 이 단어가 사람의 이름으로 나온다. 바로 아벨의 히브리어 철자가 '헤벨'과 같다. 아벨은 그의 이름이 곧 자신의 역사다. 찰나성과 어리석음. 그는 무의미하게 일찍 죽는 성경의 인물이다. 코헬렛은 창세기의 처음 몇 장을 오랫동안 깊이 묵상했고, 그것이 우리에게 주는 메시지인 우리의 필멸성을 강조한다. "모든 것이 흙으로 돌아간다." 코헬렛이 죽음에 집착한 것으로 볼 때 "모두가 (혹은 모든 것이) 헤벨"이라고 한 그의 선언은 우리를 최초로 죽은 인간인 아담의 아들 아벨(헤벨)과 동일시한 것으로 해석할 수 있다. 코헬렛은 각각의 죽음, 혹은 모든 죽음이 의미가 있다는 감상적이고 궁극적으로는 잔인한 관점을 우리에게 설득하려 들지 않는다. 오히려 아벨을 상기시킴으로써 죽음은 누구에게나 언제든 가능한 일임을 일깨우고, 따라서 우리가 어리석게 살거나 '갑자기 준비도 없이' 죽지 않게 해주려고 한다.[8]

죽음의 현실은 삶의 모든 순간에 영향을 미친다. 코헬렛은 '해

---

7   Martin Luther, *Works*(Saint Louis: Concordia Publishing House, 1955~1986) vol. 15, pp. 8, 11.
8   The Great Litany(BCP 149).

아래' 우리의 날들이 빠르게 지나가고 곧 끝날 것이라는 사실을
결코 잊지 않게 해준다. 그럼에도 그는 우리가 즐거워하기를 바란
다. 아니, 그로 인해서 더 즐거워하기를 바란다.

> 가서 네 빵을 즐겁게 먹고,
> 기쁜 마음으로 네 술을 마셔라.
> 하나님이 이미 네 행동들을 인정하셨기 때문이다.
> 계절마다 옷을 깨끗하게 입고,
> 기름으로 머리를 늘 다듬어라.
> 네가 사랑하는 여인과 인생을 즐기고,
> 하나님이 해 아래 네게 주신 날들, 빠르게 지나가는 그 모든 날들,
> 빠르게 지나가는 네 인생[헤벨-인생]의 모든 날들을 그녀와 즐겨라.
> 그것이 바로 네 인생의, 그리고 네가 해 아래에서 애쓰는
> 네 수고의 몫이기 때문이다. 전 9:7-9

　　모든 것이 헛되다고 폭로하면서도 코헬렛은 결코 즐거움 자체
는 '헤벨', 즉 어리석은 것이나 덧없는 것이라고 하지 않는다. 오히
려 즐거움과 '헤벨'은 상호 보완적이다. 실망스러운 모든 것들, 우
리가 성취하고 가치 있게 여기는 모든 것들이 지나가고 잊힐 것
이라는 사실 앞에서도 버틸 수 있는 까닭은 즐거움밖에 없다. 인
생이 그렇다는 것을 깨달으면 우리는 권태나 절망에 빠질 수 있
다. 그러나 코헬렛은 말한다. 그렇지 않다, 즐겨라, 심지어 죽음 앞

에서도 즐거라. 어쩌면 죽음의 그림자 때문에 우리는 이 불완전한 삶에, '해 아래 있는' 이 불완전한 사람들에게 그토록 깊이 우리 자신을 투자하는지도 모른다.

> 네 손이 할 일이 무엇이든, 네 힘을 다해 하라.
> 네가 가는 스올에는
> 행위나 생각이나 지식이 없기 때문이다.전 9:10

전도서의 여러 모순 중 하나는 코헬렛이 인간의 업적이 영원할 것이라는 생각은 완전히 배제하면서도 우리가 하는 일은 무엇이든 최선을 다해서 하라고 한다는 것이다. 게다가 그는 성경의 다른 곳에서는 볼 수 없는 놀라운 확신을 준다. "하나님이 이미 네 행동들을 인정하셨다."전 9:7 방화를 저지를지도 모르는 사람들이 모인 자리에서 이런 말을 하는 것은 위험한 일일 수 있다. 그러나 코헬렛은 스스로를 전혀 제어하지 않는 사람들을 향해서 하는 말이 아니다. 그의 청중은 우리와 같은 사람들일 가능성이 훨씬 더 크다. 바르게 살려고 애를 쓰는, 책임감이 지나치고 어느 정도 종교적인 우리와 같은 사람들 말이다. 코헬렛도 그러한 사람—큰일을 성취하려 하고, 모든 것에 의미를 부여하고, 재난에 대비해 미래를 준비하고, 불의에 맞설 수 있는 시스템을 만들려고 하는 사람—이기 때문에 그들을 이해한다. 그러나 그들은 결코 이러한 노력을 다 이룰 수 없기 때문에 큰 위험에 빠져 있다. 코헬렛 자신이 그랬다고 말하듯 "해 아래에서 이루어지는 행위들이 내게는 너무 힘들어서, 모든 것이 '헤벨'이고 바람을 쫓는 것이어서, 인생을 미워할"^{전 2:17} 수 있기 때문이다.

늘 불안해하는 사람들에게 코헬렛은, 미래를 통제하려는 헛된 시도를 버리고 대신 현재에만 집중하며 그것이 주는 즐거움과 기회들을 열린 손으로 받는 건강한 금욕주의를 제안한다. 열심히 일할 기회도 그런 것 중 하나이고, 때로는 우리가 하는 일에서 즐거움을 누리는 선물도 받을 수 있다. 바로 이 부분이 코헬렛이 현대의 서구인들에게 가장 도움이 되는 부분인지도 모른다. 성경의 다른 어떤 저자보다 일의 성격에 대해 더 자세히 성찰하기 때문이다. 따라서 건강한 노동의 신학을 개발할 필요가 시급한 우리에게 도움이 될 수 있다. 전반적으로 우리는 너무 열심히 일하지만 자신의 일에서 기쁨을 거의 누리지 못하는 사람들이기 때문이다. 코헬렛은 이러한 우리를 향해 이야기하는 것일 수도 있다.

> 내가 보기에는 이것이 좋은 일, 아름다운 일이다. 하나님이 사람에게 주신 삶의 모든 날들 동안 먹고, 마시고, 해 아래에서 하는 모든 수고를 즐거워하는 것…. 자신의 몫을 받아들이고 자신의 수고를 즐거워하는 것, 이것이 바로 하나님의 선물이다.^{전 5:17-18}

코헬렛은 노동에 대해서 이상주의적인 태도를 취하지 않는다. 일은 힘들기 마련이고, 거기에서 얻을 수 있는 기쁨의 선물은 받아들여야 하는 것이지 강제할 수 있는 게 아니다. 게다가 코헬렛은 왜 우리가 그렇게 열심히 일하는지 그 이유를 미화시키지도 않는다. 우리가 그렇게 열심히 하는 이유는 경쟁에서 이기기 위해서다. "나도 일의 수고로움과 뛰어난 기술들을 다 보았는데, 그것은 다른 사람이 또 다른 사람을 시기하는 것이다. 이것 또한 '헤벨'이고 바람을 쫓는 일이다."전 4:4 타락의 영향을 받지 않는 일이 어디 있겠느냐고 말할 수도 있을 것이다. 그래서 자부심과 질투는 탁월한 성과를 내게 하는 강력한 동기 유발제다. 그러나 이웃을 이기려고 노력하는 만큼 우리는 바람을 쫓게 된다.

"바람을 쫓는다"라는 히브리어 문구는 번역으로는 잘 나타나지 않는 의미를 담고 있을 수 있다. 잘 알다시피 히브리어 '루아흐_ruah'는 '바람'이라는 뜻이지만, '영'이라는 뜻도 된다. 따라서 여기에는 영적인 과시욕을 다소 가라앉히는 효과도 있다. 많은 사람에게 일은 '영을 쫓는' 과정이다. 이것은 고대 사회보다는 우리 사회에 더 적합한 현상일 수 있기 때문에, 코헬렛이 이러한 말놀이를 의도하지 않았을지도 모른다. 그러나 현대의 상황을 반영하는 의미의 유희를 나는 여기에서 포착한다. 이것은 우리의 독특한 '헤벨', 즉 어리석음이다. 우리는 일이 줄 수 있는 즐거움을 기대하며 과로하는 게 아니라, 그것이 줄 수 없는 것, 우리가 막연하게 '영적인 만족'이라고 부르는 것을 위해 과로한다. 전문성에 대한 집착은 (목회자들을 포함한) 미국 화이트칼라 중산층에서 두드러지게 나타나는 우상 숭배 중 하나다. 교회 일을 포함해서 어떠한 일에서든 궁극적 의미를 찾으려 하면 깊은 실망과 씁쓸함을 낳을 뿐이다. 원하는 승진이 이루어지지 않을 때, 어떤 프로그램이나 기관이나 공동체에 대한 자신의 비전이 받아들여지지 않을 때, 아니면 그냥 지나친 노력에 비해 하나님으로부터 받는 즐거움의 선물이 너무 적어서 탈진할 때, 이 모든 것이 '헤벨'이고, 바람을 쫓는 것이다.

| 자기 자신을 잃는 법 배우기

코헬렛은 종종 냉소주의자라는 오해를 받는다. 그러나 냉소주의자가 인생에 대한 한 가지 고정 관념(즉 부정적인 고정 관념)에 어느 정도 편안하게 안착한 사람이라면, 코헬렛은 평생을 배우려 하는 진정으로 지혜로운 사람이다. 그가 이러한 사람이라는 가장 확실한 증거는 전도서 끝에서 그가 서두와는 매우 다른 인생의 관점을 제시한다는 사실이다. 마지막 장에 나오는 매혹적인 시는 일반적으로 "죽음의 풍유"라고 불린다.

네 창조주를 기억하라, 네 젊은 날에,

악한 날들이 오기 전에,

그리고 "사는 게 아무 재미가 없다"라고 말하는 해들이 오기 전에. …

집을 지키는 사람들이 떨고,

강한 자가 떨고,

맷돌 가는 여인들의 수가 적어 사라지고,

창밖을 내다보는 여인들이 어두워지는 그날에.전 12:1, 3

'악한 날들'에 대한 이 몇 가지 은유는 약해지는 사지, 씹지 못하는 이, 침침해지는 눈과 같은 노년의 장애를 언급하는 것으로 보통 해석한다.

> 그리고 원래대로 흙은 땅으로 돌아가고,
> 숨(혹은 '영')[9]은 그것을 주신 하나님께로 돌아간다.
> "하벨 하발림"이라고 코헬렛은 말했다.
> "모든 것이 '헤벨'이다."전 12:7-8

같은 후렴구를 가지고 있다는 점에서 이 책의 처음과 끝에 나오는 시는 서로 쌍을 이룬다. "하벨 하발림, 어리석음 중에서도 어리석고, 헛됨 중에서도 헛되다." 그러나 내가 놀랍게 보는 것은 이 두 시의 어조 차이다. 전도서의 서두에서 코헬렛은 시들시들하고 무력한 상태로 모든 것의 무익함을 한탄한다. "해 아래 새것이 하나도 없다. … 지나간 세대를 기억하지 않으며, 다가올 세대도 기억하지 않을 것이다."전 1:9, 11 끝에 가서도 현실은 달라지지 않았다. 그러나 코헬렛의 반응은 극적으로 달라졌다. 이제 그는 대놓고 긴박하게 말한다. "기억하라!" 비록 우리는 잊힐지라도 말이다. 그

---

9 히브리어 단어로는 '루아흐'인데, 위에서 논의한 것처럼 '바람' 혹은 '영', 그리고 '숨'이라는 뜻이다.

어떤 것도 진짜로 새로운 것은 없지만, 인생의 모든 순간이 똑같은 것은 아니다. 청년의 때는 "악한 날들이 오기 전에"^{전 12:1} 네 창조주를 기억해야 할 때다. 여기에서 우리는 죽어 가는 아버지를 위해서 딜런 토머스_{Dylan Thomas}가 쓴 시와 비슷한 어조를 느낄 수 있다. "그렇게 그 밤으로 조용히 가지 말라." 그러나 차이도 있다. 토머스는 "죽어 가는 빛에 저항해 화를, 화를 내라"고 촉구한다.[10] 그러나 코헬렛은 "네 창조주를 기억하라"고 말한다. 이것은 사라져 가는 인생을 거칠게 붙잡는 것과 인생의 근원 및 그것의 덧없음을 차분하고 엄숙하게 회고하는 것의 차이다.

"네 젊은 날에 네 창조주를 기억하라." 다만 사는 데도 온 힘이 필요한 때, 기억력과 판단력을 더 이상 믿을 수 없는 때가 올 것이다. 더 이상 회개도 하지 못하는 때가 올 수도 있다. 하나님께로 돌아갈 수 있는 정신과 영혼의 유연성이 부족한 날이 올 수도 있다는 생각은 정신을 번쩍 차리게 한다. 코헬렛은 우회적으로 말하지 않는다. 노년에 찾아오는 상실을 존엄하게 감내하려면 용기만으로는 안 된다. 우리는 또한 지혜로워져야 한다. 그는 자신의 젊은 제자들에게 말한다. "네 창조주를 기억하라, 지금." 코헬렛의 심오한 통찰은 (잘 죽는 것은 말할 것도 없고) 노년을 잘 보내려면 오랜 준비가 필요하다고 말한다. 수년간의 '자기 탈피'가 필요하다는 것이다. 자신의 자아, 자신의 성취와 욕망, 심지어 자신의 가장 좋은

---

10   Dylan Thomas, *Collected Poems 1934-1952*(London: J. M. Dent & Sons, 1952), 116.

장점들에 집착하는 데서 벗어나는 일은 일찍 시작하는 게 좋다.

전도서에서 코헬렛은 자기에 대한 집착에서부터 시작해 힘들게 노력해 자신을 잊기까지의 여정을 우리로 하여금 지나가게 한다. 그의 언어에서도 그러한 여정이 포착된다. 서두에서 코헬렛은 1인칭 대명사를 반복해서 사용한다. 대부분의 히브리어 문장에서 대명사는 필요하지 않기 때문에 이러한 용법은 그의 특유한 문체이다. 히브리어에서는 모든 동사가 이미 그 자체 안에 인칭, 수, 성의 변화를 다 내포하기 때문에 대명사는 강조할 때에만 주로 쓰인다. 그러나 처음부터 코헬렛은 대명사 '아니^{ani}', 즉 '나'를 반복해서 사용한다. 그럼으로써 자신의 관점과 행동에 주목하게 만든다.

> 나, 코헬렛, 내가 예루살렘에서 이스라엘의 왕으로 있었다.전 1:12

> 내가 말했다. 내가 내 마음에, 봐라, 나, 내가 위대해지고 지혜를 많이 쌓았다고 말했다.전 1:16

> 내가 말했다. 내가 내 마음에, 즐거움에 대한 실험을 하나 해보자고 말했다.전 2:1

그러나 전도서 끝에서 '일의 결말에 대해' 말할 때, 그는 180도 달라진다.

너는 하나님을 두려워하고, 그분의 계명을 지켜라.

이것이 모든 사람이기 때문이다.전 12:13

어떤 학자들은 이것을 후대의 편집자가 경건하게 마무리하려고 집어넣은 구절이라고 본다. 하지만 다른 가능성도 있다. 볼 거 다 보고, 할 거 다 해보았지만 인생의 의미를 설명할 다른 방식을 찾지 못한 지혜로운 선생의 목소리일 수도 있지 않은가? 상투적인 경건의 언어라기보다는 철저한 겸손의 표현으로 받아들일 수도 있다. 코헬렛의 영향을 많이 받은 한 시에서 현대의 그리스도인 시인 T. S. 엘리엇은 말한다.

우리가 얻기를 바랄 수 있는 유일한 지혜는
겸손의 지혜다. 겸손은 끝이 없다.[11]

코헬렛은 대단한 인생을 살았지만 결국 어렸을 때 집에서 처음 배웠던 것보다 더 소중한 지혜를 얻지 못했다. 그것은 그의 어머니가 토라와 잠언에서 그대로 인용해서 그에게 가르쳤을 수도 있는 전통적인 지혜였다. "하나님을 두려워하고, 그분의 계명을 지켜라." 그러나 마지막 문장은 코헬렛만의 고유한 화법이다. "이것이 모든 사람이기 때문이다." 좀 더 직역하면, "이것이 모든 아담,

---

11 *Four Quartets*, "East Coker II."

모든 인간이다"라고 읽을 수도 있다. 이것은 놀라운 진술이다. 그래서 번역가들은 이 문장을 종종 순화해서 표현한다. 예를 들어, NRSV에서는 "그것이 모든 사람의 의무의 전부이기 때문이다"라고 번역한다. 그러나 코헬렛의 요약은 사실 그보다 더 급진적이다. 하나님을 두려워하고 명령을 지키는 것은 의무 이상의 것이다. 그것은 우리의 인간성을 구성하는 것이다. 그것이 우리의 인성이다. 코헬렛은 자신의 환멸과 절망을 완전히 다 인정한 사람이다. 그는 노년과 죽음을 직시했다. 그러자 침착해졌고 두려움은 사라졌다. 그러나 완전히 사라진 것은 아니었다. 한 가지 두려움은 남아 있었다. 코헬렛은 '해 아래에서' 하나님을 두려워하는 것이 어떤 것인지, 성경의 그 어떤 저자보다도 잘 보여준다. 그것은 완벽한 겸손의 자세, 즉 허세 없는 현실적 자기 인식이며, 기꺼운 수용이다.

인생을 순전한 선물로 받는 법을 배우면서 우리는 서서히 하나님도 받을 준비를 하게 된다. 중세의 그리스도인 신비가 마이스터 에크하르트Meister Eckhart는 전도서에 대한 주석으로 볼 수도 있는 가르침을 하나 주었다.

하나님은 사람들이 선물을 간직하고 그것에 흡족하게 하려고 선물을 주시지 않으며, 그런 선물을 주신 적도 없다. 하나님이 주신 모든 것, 땅에서나 하늘에서나 그분이 주신 모든 것은 한 가지를 더 우리에게 주시기 위한 것이다. 그것은 바로 하나님 자신이다. 따라서 모든 선물이나 사건에 대해 그것 자체에 만족하지 말고, 그것을 통해서 하나님 보는 법을 배워야 한다고 나는 주장한다. 이 세상에는 정류장이 없다. 사람이 얼마나 먼 길을 갔든, 그 누구에게도 정류장은 없다. 그렇다면 무엇보다도 하나님의 선물을 받기 위해 준비하고, 언제나 새롭게 받기 위해 준비하라.[12]

여기에서 우리는 제롬과 루터 같은 깊이 있는 신학자들을 포함한 그리스도인들이 왜 전도서처럼 세속적으로 보이는 책을 그리스도를 위한 길을 예비하는 것으로 보았는지 이해할 수 있다. 코헬렛이 헛된 것들을 계속 폭로함으로써 거짓 지혜에서 벗어나 하나님의 참지혜인 예수 그리스도고전 1:24를 위한 길을 준비하게 한다는 것은 제법 쉽게 알 수 있는 이유다. 그리고 그만큼 자명하지는 않지만 어쩌면 더 예리한 이유는, 코헬렛이 하나님의 선물을 우리가 받아들이게 하려 한다는 것이다. 하나님의 궁극적인 선물이 그리스도라는 것을 그리스도인들은 알 것이다. "하늘 아래에는 모든 것을 위한 때가 있다"전 3:1라고 했는데, 어쩌면 코헬렛의 책이 가장 적합한 전례의 시기는 대강절일 것이다. 전도서는 이사야서처럼 선지자적 약속과 메시아에 대한 비전으로 그리스도의 오심을 준비하게 하지 않는다. 그러나 이 책은 사뭇 다른 방식으로 늘 새로운 하나님의 선물을 그리스도 안에서 받기 위해 마음을 열고자 하는, 그 엄숙하면서도 침울하지는 않은 계절의 분위기에 잘 맞는다.

---

12 "The Talks of Instruction", *Meister Eckhart: A Modern Translation*, trans. Raymond Bernard Blakney(New York: Harper & Row, 1941), 32. (번역은 내가 약간 다르게 했다.)

10
고통받는 자의 지혜
욥기

오늘날 교회에서는 목회 사역에 욥기를 사용하는 경우가 드물다고 말해도 과히 틀리지 않을 것이다. 그러나 늘 그랬던 것은 아니다. 중세 교회는 그리스도인들이 신앙을 잃지 않으면서 고통의 문제를 대면할 수 있도록 준비시키기 위해 이 책을 아주 많이 사용했다. 그러나 현대 교회는 최근에조차 그 문제에 대해 별로 다루지 않는다. 감독교회의 경우 이러한 경향을 최근에 개정된 공동기도서1979에서 볼 수 있다. 장례 기도의 경우 "내 구원자가 살아 계심을 나는 안다"욥 19:25라는 확신의 구절은 남아 있지만, 욥이 자포자기하며 슬프게 말하는 "주께서 주셨고 주께서 가져가셨다. 주의 이름에 복이 있기를"욥 1:21이라는 구절은 사라졌다. "주께서 주셨고 주께서 가져가셨다." 이 말은 포기하는 것인가, 아니면 비난의 시작인가? 이 애매한 진술이 1928년의 공동기도서에는 있지만, 1979년의 개정본에서는 빠져 버렸다. 그렇다면 우리는 왜 그랬는지 물을 수밖에 없다. 욥이 하는 것처럼 우리가 겪는 슬픔의 책임을 하나님께로 돌리는 것을 두려워하게 되었기 때문인가?

내가 생각하기에 우리가 힘든 시간을 보낼 때 욥기를 자주 참조하지 않는 이유는 어떻게 그 책을 읽어야 우리 영혼에 도움이 되는지를 모르기 때문이다. 그리고 이에 대해 현대의 성경학자들은 별 도움을 주지 못했다. 욥기에서 중요한 문제는 전문 용어로 '신정론'이라고 불리는 신학적 문제라고 그들은 종종 말할 것이다. 일반적인 언어로 풀어서 말하자면 신정론이란 하나님은 정의로우신가를 논하는 문제다. 그러나 이러한 문제가 욥기에 등장하기는 하지만, 마치 주의를 다른 데로 돌리는 미끼 같아서 욥의 친구들은 안타깝게도 그 냄새만 쫓아가다가 요점에서 벗어나고 만다. 욥기의 요점은 하나님의 정의가 아니라, 인간의 고통이다. 욥이 어떻게 그것을 견디고, 그것 때문에 괴로워하고, 그 와중에 하나님과 맹렬히 씨름하는지, 그리고 궁극적으로는 어떻게 그 고통을 넘어서는지, 아니 어떻게 그 고통을 통해 그가 변화되는지에 대한 책이다.

욥기는 인간의 고통에 대한 책이다. 그리고 신학—하나님에 대해서 논하는 작업—에 대한 책이다. 마지막 장에서 하나님은 욥의 친구들에게 "내 종 욥이 한 것과 달리 너희들은 나에 대해서 정확하게 말하지 않았다"욥 42:7라며 그들의 문제를 지적하신다. 이것은 하나님이 이 책의 놀라운 점을 간접적으로 지적하시는 말이다. 욥기는 가장 고통스러운 일을 당하는 인간이 그 와중에도 하나님에 대해서 정확하게 말하는 것을 보여주는 책이다. 욥은 우리에게 고통의 신학보다 훨씬 더 큰 것을 준다. 그가 우리에게 주는 것은 고통당하는 사람의 신학이다. 욥기에서 우리는 고통으로 앙다문 입술에서 나오는 하나님에 대한 권위 있는 이야기를 듣는다. 성경의 다른 어떤 책보다도 욥기에서 우리는 고통당하는 사람이 고유의 권위를 가진 신학자임을 알게 된다. 하나님을 계속 찾는 고통당하는 사람은 결국 특권적 지식을 얻게 된다. 하나님께 불평하고, 하나님께 애원하고, 하나님께 분통을 터뜨리는 사람은 잠시도 하나님을 가만히 두지 않는다. 그럼으로써 결국 신비의 영역으로 들어가게 된다. 오직 고통만이 열어 주는 문을 통과해 들어가서, 우리가 흔히 운이 좋다고 말하는 사람들은 말할 수 없는 방식으로, 하나님에 대해 말할 자격을 얻는다.

이 책이 우리에게 고통받는 사람들에 대한 연민을 가르치는가? 나도 모르겠다. 그러나 고통받는 사람들 앞에서 우리가 겸손하도록 가르치는 것만은 분명하다. 욥은 우리에게 연민보다는 존중에 대해 더 많이 가르친다. 이 책을 제대로 읽는다면, 고통받는 이를 선생으로 인정하고 공동체에 신학적 견해를 제시하는 사람으로 받아들이게 해줄 것이다.

| 답이 없는 질문, 생각 가운데의 침묵: 서문1-2장

때로 좋은 가르침은 좋은 질문에서 시작된다. 예민한 부분을 건드리고 더 깊이 그 주제에 대해서 생각해 보게 하는 질문 말이다. 바로 그러한 질문들이 욥기의 시작이다. 욥기의 첫 두 장은 매우 중대한 일련의 질문들을 던진다. 결국 사태의 시작은 하나님이 이제 막 땅의 세계를 돌아보고 온 사탄에게 자랑하며 순진한 질문을 던진 것이었다. "내 종 욥을 보았느냐? 이 땅에 그만 한 사람이 없다. 성실하고 정직하고, 하나님을 두려워하고 악으로부터 돌아서는 사람이다."욥 1:8

하나님의 질문에 대한 사탄의 냉소적인 대답도 사실은 질문이다. "욥이 하나님을 두려워하는 데는 다 이유가 있는 것 아닙니까?"욥 1:9 이 질문은 흔히들 생각하는 악마적인 질문이 아니다. 여기에서 사탄은 쇠스랑을 들고 불쌍한 영혼들을 악으로 유혹하는 빨간색 악마가 아니다. 오히려 그는 하늘에서 하나님을 보필하는 존재들의 정당한 일원으로서, 다소 퉁명스럽긴 해도 하나님이 신뢰하는 복속이다. '사탄'은 이름이 아니라 직함이다. 이 히브리어를 '반대하는 자'로 번역할 수도 있을 것이다. 말하자면 하늘의 수석 검사 역할, 혹은 하늘의 연방수사국 국장 역할을 하는 존재이다. 물론 호감 가는 인물은 아니지만, 위험한 감상주의가 우주의 질서를 침식하는 것을 막는 게 그의 역할이다. 그리고 하나님이 보여주는 위험한 감상주의를 단속하는 것도 그의 역할에 포함된다. 따라서 하나님께 던지는 사탄의 질문은 우리를 사랑하시는 하나님의 마음에서 낭만적인 환상을 제거하기 위해 고안된 탁월한 질문이다. "욥이 하나님을 두려워하는 데는 다 이유가 있는 것 아닙니까? 욥 주변과 그의 집과 그가 가진 모든 것 주변에 보호막을 치신 것 아닙니까? 하지만 이제 당신의 손을 펴서 그가 가진 모든 것을 치십시오. 그러고도 그가 당신 면전에서 당신을 저주하지 않는지 보십시오!"욥 1:9-11

하나님과 그의 전문 반대자의 대결은 마치 신들이 권력과 위신을 위해 대결하고 인간은 그 가운데 볼모로 잡혀 있는 이교의 민담 같다. 그러나 성경은 하나님이 이 우주를 가지고 장난치시지 않는다고 일관되게 주장한다. 따라서 이스라엘의 하나님이 이 도전을 받아들이고, "아무런 이유 없이 [욥을] 삼키라"욥 2:3고 허락하신 것은 충격적이다. 이 허용을 액면 그대로 받아들인다면, 하나님은 반대자보다 훨씬 못한 존재처럼 보인다. 사탄은 나름대로 우주의 질서와 공정함에 관한 생각이 있는 듯 보이지만, 하나님은 최악의 조연 역할을 하는 것 같아 보인다. 그런 식의 우발적인 잔인함은 결코 두둔할 수 없는 행동이기 때문이다. 그러므로 우리는 물어야 한다. 이 이야기를 액면 그대로 읽는 것이 옳은가? 왜냐하면 그렇게 할 경우 성경의 다른 곳에서 묘사된 하나님을 다 무효로 만들기 때문이다. 욥기의 저자가 성경의 다른 곳에서 하나님에 대해 무엇이라고 말하는지 전혀 신경 쓰지 않는다는 결론에 만족하지 않는다면—나는 그러한 결론에 만족하지 않는다—하나님이 사탄의 도전을 받아들이시는 이 장면, 끔찍한 결과를 가져올 수 있는 이 장면을 제대로 이해해야 한다.

사탄의 질문이 가지는 자명한 함의는 욥이 하나님을 섬길 만한 이유가 있다는 것, 즉 거기에서 얻는 게 있기 때문이라는 것이다. 다시 말해서 하나님이 가장 아끼는 종도 사랑 때문에 하나님을 섬기는 게 아니라는 말이다. 그렇기 때문에 하나님은 이 도전을 받아들일 수밖에 없다. 사탄의 질문에 숨겨진 미끼는 언약 신앙의 핵심, 즉 하나님과 인류 사이의 사랑에 대한 것이기 때문이다. 언약이란 하나님과 인간이 도구적이지 않은 관계로 서로 묶일 수 있다는 것이다. 비록 그 관계가 인간에게는 유익이 되고 하나님께는 기쁜 일이 된다 할지라도, 기본적으로 언약 관계는 양쪽의 자기 이해를 넘어서는 사랑에 기초하고 있다. 언약은 하나님이 이러한 사랑을 베푸시고 우리로부터 이에 상응하는 반응을 얻기를 바라시는 마음, 그리고 비록 불안정하기는 하지만 그렇게 하나님을 사랑하고자 하는 인간의 열망에 기초하고 있다. 그러나 사탄은 여기에서 이기적이지 않은 사랑은 없다고 말하고 있고, 그렇다면 언약의 개념 자체가 신의 환상에 불과한 것이 된다. 따라서 이 '이야기'를 언약 신학의 맥락에서 들으면, 여기에는 이스라엘의 신앙의 핵심이 걸려 있음이 자명해진다.

그 핵심을 시험하기 위한 방법으로써 욥은 가축의 무리와 떼, 자신의 종, 그리고 아들과 딸을 잃는다. 그러자 욥은 예상대로 야훼YHWH의 이름을 찬송한다.욥 1:21 그다음에 욥은 머리에서부터 발까지 온몸에 종기가 나서 사회로부터 외면당하고 하나님의 미움을 받는 사람처럼 되지만, 아무 말도 하지 않는다. 그의 침묵은 괴기스럽고도 견디기 힘든 것이어서 욥의 아내는 반항한다. 그의 아내는 욥의 비참함을 끝내 버릴 말을 던진다. "아직도 자신의 성실함을 붙들고 있습니까? 하나님을 저주하고 죽으십시오!"욥 2:9 성경 시대 이후의 그리스도교 전통은 욥의 부인을 종종 욥의 영혼을 위험에 빠뜨리는, 무자비하게 바가지를 긁는 여자로 만들어 버렸다. (4세기의 그리스 신학자 성 요한 크리소스톰은 욥의 가장 큰 시험은 자기 아내가 죽지 않은 것이었다고 말했다.) 그러나 욥의 아내의 말을 다르게 읽는 방식이 있다. 어쩌면 그의 아내는 남편의 성품을 조롱하는 게 아니라, 하나님이 가져온 게 분명한 이 고통에 걸맞은 행동을 하라고 그의 성품에 호소하는 것인지도 모른다. "그래도 아직 남은 게 있다면 당신의 성실한 성품인데, 그것밖에 남은 게 없으니 그것을 쓰십시오. 당신의 성품을 따른다면 우리 아이를 죽게 한 하나님은 저주할 수밖에 없습니다." 그러나 욥은 그 길을 택하지 않는다. "영적인 자각이 없는 사람처럼 말하는군요. 우리가 하나님으로부터 좋은 것을 받았으면서 어떻게 나쁜 것은 받지 않으려 합니까?" 이 이야기의 화자는 욥의 침묵에는 무언가 불길한 게 있음을 암시한다. "이 모든 일에도 욥은 자기 입술로 죄를 짓지 않았다."욥 2:10 앞에서 그가 죄를 하나도 짓지 않았다고 말한 것을 생각하면,욥 1:22 이것은 조심스러운 발언이다. 고대의 랍비들은 이 첫 번째 발언에서 욥은 이미 마음으로 죄를 짓기 시작했다고 추론했다.[1] 처음으로 욥이 하나님을 악의 근원으로 명명한 것이다.

욥기의 침묵은 주의해서 보아야 한다. 이 책의 주제가 좋은 신학, 즉 "하나님에 대해서 정확하게 말하는"욥 42:8 것이라면, 침묵에 대해서도 말하고 있을 것이기 때문이다. 성경에서 가장 장황하게 이어지는 책의 주제가 침묵이라는 것은 좀 이상하긴 하다. 그러나 무엇에 대한 정확한 발언, 특히 하나님에 대한 정확한 발언은, 침묵과 발언, 곧 말하기와 듣기의 리듬이다. 그 리듬을 잘 따르면 욥기의 핵심 메시지에 다가가게 된다. 왜냐하면 그 리듬에 의해서 욥의 고통이 서서히 온전함과 평화로 바뀌기 때문이다.

욥의 침묵에서 가장 중요한 것은 그가 혼자 침묵하는 게 아니라는 것이다. 욥의 고통을 듣고 멀리서부터 그를 위로하러 온 그의 세 친구 엘리바스, 빌닷, 소발이 그와 함께 있다.

> 그들은 멀리에서 고개를 들어 그를 보았지만 그를 알아볼 수가 없었다. 그러자 그들은 목소리 높여 울었고, 각자 자기 옷을 찢고 머리에 재를 뿌렸다. 그리고 그들은 아무 말 없이 욥과 함께 칠 일 낮 칠 일 밤을 바닥에 앉아 있었다. 그의 고통이 얼마나 큰지 보았기 때문이다.욥 2:12-13

그 칠 일간의 침묵은 가장 영향력 있는 목회적 돌봄이었음이 분명하다. "쉬바shiva를 앉는다"—문자 그대로 해석하면 '일곱을 앉는

---

1 Talmud, Baba Batra 16a.

것'이라는 뜻인데, 사별한 가족과 일주일간 친구들이 함께 앉아 있는 관습이다—고 하는 유대교의 관습은 이렇게 오래 욥의 슬픔에 동참한 친구들의 지혜로운 연민을 기념한다. 욥기가 기록된 지 이천오백 년도 더 지났지만, 세계 전역에서 사별을 위로하는 사람들은 욥의 동료들이 했던 이 한 가지 행위를 따라 하고 있다. 함께 하는 침묵은 특별한 가치가 있다. 그것은 마치 얇은 베일 같아서, 서로를 구분하면서도 특이하게 서로에 대한 인식을 고양시킨다. 침묵은 사람들이 표현하지 않는 필요들, 그들 자신도 인식하지 못할 수 있는 필요들을 보게 해준다. 소음이 많은 이 세상에서 침묵의 습관을 기르는 것은 그리스도인 공동체의 특별한 책임이어야 한다. 침묵을 통해서 우리는 고통과 의심의 이 광야에서 서로 돌보며 살라고 하나님께서 주신 사람들을 서로 격려할 수 있다.

함께 침묵한 그 한 주간은 욥에게는 전환의 시간이었다. 그 침묵 속에서 그는 자신의 생각을 표현할 말을 찾을 수 있었고, 자신이 감내한 모든 고통을 인정할 수 있었다. 목회의 맥락에서 생각해 보면, '고통을 인정한다'는 것은 두 가지의 의미가 있다. 첫째, 고통이 우리 삶에서 할 일을 다한 뒤 사그라들 자리를 만드는 것을 뜻한다. 둘째, 고통에 대해서 정직하게 말하고, 자기 자신뿐만 아니라 하나님 앞에서도 그 고통을 인정하며, 우리의 고통을 신앙고백의 일부로 말하는 것을 뜻한다. 침묵은 고통이 우리의 마음을 뚫을 수 있게 해준다. "깊은 곳이 깊은 곳에 말하게"[시 42:8] 해준다. 침묵은 슬픔에 빠진 우리를 찾아오는, 우리가 두려워하는 위로자다. 우리 자신 안으로 더 깊이 들어가게 하며, 의심이 일어나고 고통이 완전히 인지되는 어둠의 자리, 더 이상 상실을 부인할 수 없는 자리로 우리를 초청하기 때문이다. 침묵은 그냥 위로만 받기를 바랄 때 치유를 받으라고 우리를 도전하는 친구다. 먼저, 우리를 더 비움으로써, 우리 마음에 자리를 만듦으로써, 우리를 치료한다. 그리고 우리를 도전한다. 무엇을 도전하는가? 하나님이 그 공간을 사용해서 새로운 생명으로 채우실 것을 믿으라는 것인가? 아니다. 욥의 이야기는 이 문제를 더 예리하게 바라보게 한다. 성경의 저자들은 종종 하나님을 신뢰하는 것에 집착하지만, 욥기는 그렇지 않다. 오히려 침묵은 욥으로 하여금 하나님을 도전하도록 밀어붙인다. 마침내 입을 열었을 때 욥은 하나님께서 이 상실의 심연으로 들어오셔서 그곳에서 자신을 계시하시기를 꾸준하게 요구한다.

| 단단히 붙잡다: 욥의 애가 3-31장

욥의 비통한 상실에서 제일 큰 타격은 친구들이 이해하지 못한다는 것이었다. 그들이 침묵에 동참함으로써 욥은 비로소 말을 할 수 있었는데, 그 덕에 욥이 하게 된 말을 그들이 견딜 수 없어 한다는 게 모순적이다. 그러나 그들을 크게 탓할 수는 없다. 욥의 침묵 속에서 곪다가 터져 나온 말들보다 더 신랄한 문학의 언어는 아마도 없을 것이기 때문이다.

왜 내가 자궁에서 죽지 않고,

배에서 나와 사라지지 않았을까?

왜 그 무릎이 날 받아 주고,

내가 그 젖을 빨게 해줬을까? …

왜 [하나님은] 이 비참한 자에게 빛을 주고,

이 통탄할 영혼에 생명을 주었을까?

헛되게 죽음을 기다리는 자는

땅에 묻힌 보물이 아니라 죽음을 파내고,

그래서 무덤을 찾았다고 즐거워하며

크게 기뻐하나니, …

내 한숨이 내 식량이고,

내 신음이 마치 물처럼 쏟아진다. …

내게는 쉼도, 고요함도, 휴식도 없다.

수고로움만이 내게 왔다.욥 3:11-12, 20-22, 24, 26

욥의 외침이 반복되는 질문으로 시작하는 것은 이스라엘 백성의 전형적인 특징이다. 그는 마치 세 살짜리 아이가 고집스럽게 '왜'를 반복하는 것처럼 비통하게 묻는다. "왜 내가 사산되지 않았는가? 왜 하나님은 이 비통한 마음의 사람에게 생명을 주셨는가?" 이러한 슬픔을 겪기 전에 욥은 경건한 사람이었지만 진정으로 지혜로운 사람은 아니었다. 자신이 얼마나 이해를 못 하는지 몰랐기 때문이다. 그의 질문에서 나타나는 근본적인 무지가 그의 지혜의 시작이었다.

불평하기로 작정한 사람이 그렇듯 욥은 책임 있는 쪽에 자신의 비난과 요구를 직접 퍼붓고 싶어 한다. 처음에 욥은 친구들에게 하나님에 대해서 불평하지만, 그는 재빨리 제3자 접근법을 그만두고 직접 하나님을 비판한다. 여기에서 그의 질문은 잘 알려진 시편 8편, 자격 없는 인간을 돌보시는 자비로운 창조주의 긍휼을 찬양하는 시를 섬뜩하게 패러디하고 있다. 아무런 긍휼도 찾지 못한 욥은 하나님이 차라리 신경 쓰시지 않기를 바란다.

> 사람이 무엇이길래 그를 그렇게 대단하게 여기시고,
>
> 그에게 마음을 두시고,
>
> 아침마다 점검하시고,
>
> 매 순간 시험하십니까? 나로부터 그 시선을 결코 거두지 않으시렵니까,
>
> 내가 침 삼킬 동안도 가만두지 않으시려는 겁니까? 욥 7:17-19

그는 이어서 말한다.

> 당신의 손이 나를 만들었는데,
>
> 이제는 등을 돌리고 나를 파괴시키셨습니다.
>
> 기억하십니까, 나를 토기처럼 빚었는데,
>
> 이제 나를 다시 흙으로 되돌리시렵니까? …
>
> 그러나 당신은 그것을 마음에 숨기셨지요.

(이것이 당신의 계획이었음을 나는 압니다.)

내가 만약 죄를 짓는다면, 나를 보고 있다가

나의 잘못을 용서해 주지 않으시겠지요! 욥 10:8-9, 13-14

신학적 입장에서 볼 때 욥과 그의 손님들은 같은 위치에 있다. 그들은 다 같은 믿음 체계를 가지고 있다. 그들은 모두 이 우주가 정의로운 인과응보의 체계에 따라 움직인다고 믿는다. 여기에서 욥과 친구들의 차이는 욥이 그 체계에 오류가 났음을 발견했다는 것이다. 그는 자신이 한 잘못에 비해 지나치게 벌을 받는다는 입장을 견지한다. 그들은 같은 신학적 원칙에서 출발했지만, 욥과 그의 상담자가 된 친구들은 서로 매우 다른 방향으로 나아간다. 엘리바스, 빌닷, 소발은 이론에 집착하는 신학자들이다. 그들은 하나님을 마치 책처럼 읽을 수 있다고 생각하고, 따라서 하나님이 정확하게 무엇을 하시는 것인지 욥에게 말해 주려 한다. 그러니까 하나님이 욥을 훈련시키거나 벌을 주신다는 것이다. 그러나 욥은 그들의 얕은 이론에 절대 넘어가지 않으려 한다. 3장에서부터 시작해서 거의 끝까지, 욥은 하나님의 면전을 향해 외치며 자신의 신학적 사고를 개진한다. 그의 비난은 거칠고 분에 차 있다. 그러나 마지막에 하나님은 욥이 "나에 대해서 정확하게 말했다" 욥 42:7-8 라고 하시고, 반면에 욥의 동료들은 쓸모없는 장광설 때문에 욥의 기도를 필요로 하는 자리에 서게 된다. 사실 욥의 동료들이 좋은 신학처럼 들리는 말을 하기도 한다. 때로 교회에서는 그들의 말을 군데군데 인용하기까지 한다. '주의 말씀'이라고 부르면서 말이다. 그러나 그들에 대한 하나님의 마지막 판단은 그들이 완전히 잘못 짚었다는 것이다. 왜냐하면 직접 하나님께 이야기하지 않고—사실 하나님께 직접 이야기하는 것은 두려운 일이기도 하고 사람을 혼란스럽게 하기도 한다—하나님에 대해서만 이야기하려 하기 때문이다. 그래서 그들의 말은 "꺾인 꽃처럼 필" 뿐이다.[2] 하나님이 회오리바람 가운데서 말씀하시면 그것은 다 날려 갈 것이다.

욥과 대화하는 친구들의 긴 논쟁은 지루할 수 있는데, 지루해야 마땅한지도 모른다. 그것은 마치 사뮈엘 베케트의 「고도를 기다리며」를 보는 것과 같다. 아무것도 달라지지 않고 아무도 앞으로 나아가지 않는다. 연극이 끝나고도 끔찍하게 지루해서 정신이 없을 정도가 아니라면 오히려 요점을 이해하지 못한 것이다. 고통받는 사람을 위로하기를 바라는 사람이 있다면, 욥기의 이 기나긴 중간 부분에서는 별로 배울 게 없다. 위로자의 역할은 고통의 문제를 해결하는 게 아니다. 게다가 하나님을 변호하는 것은 더더욱 아니다. 심각한 고통 가운데 있는 사람 앞에서 하나님을 두둔하려는 행위는 우는 아기에게 엄마는 좋은 사람이라고 설명하려는 것과 같다. 친구들의 말은 욥에게 도움이 되지 않는다. 그러나 이 지루한 논증의 와중에도 무슨 일이 일어난다. 친구들은 자기 신념 속에 빠져 있지만, 욥이 움직이기 시작한 것이다. 고통에 깊이 빠

---

2 이 문구는 칼 바르트의 욥에 대한 놀라운 해설에서 가져온 것이다. *Church Dogmatics*, vol. IV/3.1 (Edinburgh: T & T Clark, 1961), 457.

져 있기는 했지만, 그는 고착되어 있지 않았다. 이 고통을 견디며 나아가게 하는 것은 잠시도 하나님이 빠져나갈 구멍을 주지 않겠다는 그의 결의였다. 결국 하나님이 책임지게 하고 말겠다는 욥의 결의가 구원의 희망이 된다.

> 내 구원자가 살아 계심을 나는 안다. …
> 그리고 내 육신으로부터 [내 육신 없이?][3] 나는 하나님을 바라볼 것이다.
> 나 자신이 그를 바라볼 것이다.
> 그리고 내 눈이 본다, 그는 낯설지 않다. 욥 19:25-27

아무것도 달라지지 않았고, 아무도 그를 제대로 위로해 주지 않았는데, 결국 하나님을 보겠다는 욥의 희망을 불러일으키는 것은 무엇인가? 욥기는 결코 설명되지 않는, 그리고 어쩌면 설명할 수 없는 한 가지 이상한 진리를 암시한다. 그 진리는 바로 고통을 온전히 인정하면 희망의 문이 열린다는 것이다. 페루의 시인 세자르 바예호Cesar Vallejo는 그냥 단순한 고통, 너무도 진을 빼는, 그러나 원인도 설명도 없는, '전무후무한' 고통에 대해서 썼다. 그것은 아무것도 깨달을 수 없고 아무런 통찰도 얻지 못하는 고통이었다. 단절 없이 이어지는 애가의 산문시였다. 시는 이렇게 끝이 난다. "오늘 나는 고통스럽다, 무슨 일이 일어나든. 오늘 나는 그냥 고통스

---

3 (욥기의 다른 많은 행처럼) 이 행의 히브리어는 모호하고 여러 가지 해석이 가능하다. 욥이 하나님을 보고 싶어 하는 게 자신이 죽기 전인지 후인지 분명하지 않다.

럽다." 그러나 바예호는 그 슬픔 너머를 가리키는 제목을 시에 붙였다. 제목은 「나는 희망에 대해서 말하려 한다」이다.[4] 어쩌면 고통을 표현할 말을 찾는 바로 그 행위, 그리고 특별히 바예호와 욥기를 쓴 시인의 말과 같이 아름다운 말을 찾으려 하는 행위가 희망을 키우는지도 모른다. 누군가(혹시 하나님?)가 듣고 신경 써 주기를 바라는 희망 말이다.

처음에 욥은 하나님과 논쟁하는 것은 쓸데없는 일이라고 했다.

> 그와 다투려 한다면,
>
> 천 번에 한 번도 그분께 답하지 못할 것이다. …
>
> 내가 비록 죄가 없다 해도, 내 입이 나를 정죄할 것이다.
>
> 나는 성실한 사람이지만, 그는 나를 왜곡된 사람으로 만들 것이다.욥 9:3, 20

그러나 욥은 말하기를 멈추지 않았고, 서서히 자신의 입장을 제시할 수 있다는 자신감을 갖게 된다.

> 보십시오, 이제 내 입장을 정리했습니다.
>
> 내가 옳다는 것을 압니다. …
>
> 불러 보십시오, 그러면 내가 직접 대답할 것입니다.
>
> 아니면 내가 말할 테니 당신이 내게 대답하십시오.욥 13:18, 22

---

4   Robert Bly, ed., *Neruda and Vallejo: Selected Poems* (Boston: Beacon Press, 1971), 243.

그러자 이제는 자신의 입장을 지지해 줄 누군가가 정말로 있다는 희망이 커지기 시작한다.

> 지금도, 보라, 하늘에 내 증인이 있고,
>
> 나를 위해 증언하는 분이 높은 곳에 있다. 욥 16:19

서서히 그러나 불규칙적으로 하나님 앞에서 자신의 입장을 제시할 수 있다는 욥의 희망이 커진다. 종종 다시 절망에 빠지기도 하지만, 자신의 개인적인 상황 너머로 그의 시야가 확장되는 것을 보면서 그가 어떻게 고통을 헤치고 나가는지 볼 수 있다. 처음에는 태아처럼 움츠러들어 다시 존재 이전의 상태로 돌아가기를 바랐지만, 이제 그는 눈을 뜨고 자기만 그러한 고통을 당하는 게 아님을 보게 된다. 무고한 사람의 고통은 사실 흔한 일이다. 자신이 운이 좋은 축에 속했을 때는 별로 눈치채지 못했던 현실이다. 그래서 욥은 서서히 태아의 자세에서 벗어나 선지자의 자세를 취하면서 악한 자의 편안함과 번영을 비난한다. 욥 21:7-34 이제 그의 입장에서 제기하는 소송은 의로운 자들의 대의를 위한 더 큰 소송이 되고, 욥 24:1-25 욥은 그들의 대담한 대변인이 된다.

> 오늘도 나의 발언은 저항이다.
>
> 내 신음에도 불구하고 [하나님의] 손이 무겁다.
>
> 그를 어디에서 찾을 수 있는지 내가 알았더라면

그의 법정에 내가 갔을 것이다.

그 앞에 내 입장을 제시하고 논거들로 내 입을 채웠을 것이다. …

그가 큰 힘을 써서 나와 대결할까?

아니다, 그는 분명 내 말을 들을 것이다.

그곳에서는 의로운 사람이 그와 논쟁할 수 있을 것이고,

마침내 나는 무죄를 선고받을 것이다.욥 23:2-4, 6-7

욥이 무죄 선고를 기대하는 하늘의 판사는 당연히 그가 불공정
하다고 비난한 바로 그 하나님이다. 하나님이 그에게 주신 정의
에 대한 열정으로, 욥은 의로운 사람들의 누명을 벗기라고 하나님
을 향해 선지자처럼 요구한다. 여기에 바로 욥기의 중요한 역설이
있다. 그리고 그것은 교회가 욥기를 두려워하는 이유이기도 하다.
욥은 회의주의자로서, 하나님의 정의를 모르는 사람으로서 하나
님을 향해 분을 터뜨리는 게 아니라, 신자로서 분을 터뜨린다.[5] 그
가 그토록 격렬하게 분노하는 이유, 그리고 궁극적으로 하나님으
로부터 답을 얻어 내는 이유는 그가 하나님의 도덕적 비전에 깊이
헌신되어 있기 때문이다.

괴테는 오늘날의 그리스도인은 대부분 잘 모르는, 하나님을 절
박하게 그러나 또한 힘 있게 붙잡는 모습을 이렇게 표현했다.

---

5 이것은 칼 바르트의 통찰이다. *Church Dogmatics*, IV/3.1, 404.

그리고 마침내 그 선원은

자신이 내동댕이쳐진 그 바위를 꽉 붙잡는다.[6]

   우리는 하나님을 탓하는 데 익숙하지 않고, 따라서 그렇게 하고 있는 자신을 발견할 때 죄책감을 느끼고 종교적인 혼란을 느낀다. 어떤 사람들은 하나님에 대한 혼란을 거짓 경건으로 가려서 '해결'하려 한다. 또 어떤 사람들은, 그보다 좀 더 대담하게, 아예 하나님을 포기해 버린다. 그러나 욥기는 신앙의 삶에는 하나님을 향한 분노와 심지어 비난도 있을 수 있다고 증언한다. 나아가서 욥의 외침이 그토록 여러 장에 걸쳐 나타난다는 것은 그러한 '순간'에 우리가 오래 머물러 있어도 된다는 뜻이다.

   하나님을 붙들면서도 자신의 고통에 대해 하나님을 탓하는 역설 가운데서 살았던 소수의 신자들이 어느 세대에나 있다. 이러한 역설을 붙들고 가장 용감하고 신실하게 씨름한 현대의 신자들은 아마도 바위이신 하나님시 19:15 위로 던져진 홀로코스트의[7] 유대인들일 것이다. 『요슬 라코버가 하나님께 말하다_Yosl Rakover Talks to God_』는 신실한 자의 위험한 분노를 표현한 글인데, 바르샤바의 게토 항쟁에서 죽어 간 가상의 유대인의 마지막 증언이다.

6 Goethe, *Tasso*, 칼 바르트의 책 *Church Dogmatics*, IV/3.1 의 424쪽에 인용되었다.
7 나치의 홀로코스트를 일컫는 현대 히브리어 용어는 '쇼아_sho'ah_'이다. 성경에서 이 단어는 거대한 폭풍을 일컫는다.

나는 평화롭게 죽지만 분노가 잠재워진 것은 아니며, 정복당하고 압제 당했지만 노예가 되지 않았으며, 비통하지만 실망하지 않으며, 신자이지 만 간청하지 않으며, 하나님을 사랑하지만 맹목적으로 아멘 하는 사람은 아니다.

나는 그가 나를 밀쳐 낼 때에도 그를 따랐다. 그가 나를 칠 때에도 그의 명령을 따랐다. 그가 나를 먼지보다 못하게 만들고, 죽기까지 고문하고, 수치와 조롱에 나를 내버려 두었을 때에도 나는 그를 사랑했다. …

그래서 내 분노의 하나님이신 당신께 나는 이 마지막 말을 합니다.

이 어떠한 일도 당신에게 조금도 도움이 되지 않을 것입니다! 당신은 내가 당신에 대한 신앙을 잃게 하려고, 당신을 더 이상 믿지 않게 하려고 별일을 다 했습니다. 그러나 나는 내가 살아온 그대로, 당신에 대한 흔들리지 않는 믿음을 가진 자로 죽습니다.[8]

욥은 길게 마지막 변호를 한 후 깊은 침묵으로 돌아가 자신의 애가를 마친다.욥 29-31장 엘리바스, 빌닷, 소발이 욥더러 은밀하게 악하다고 한 비난을 다 반격한 욥은 "돌팔이 같은" 신학자가 무슨 말을 해도 더 이상 부추김을 당하지 않을 태세다.욥 13:4 그러자 엘리후라는 사람이 나타나 다른 사람들이 욥을 이기지 못한 사실을 매

8 Zvi Kolitz, *Yosl Rakover Talks to God*, trans. Carol Brown Janeway(New York: Pantheon Books, 1999), 23-24.

우 못마땅하게 여기며 고통에 대한 자신의 신학을 여섯 장에 걸쳐 제시한다. 그중 더러는 제법 괜찮은 내용도 있다. 그래도 욥은 아무 말도 하지 않는다. 신학이 근원적으로 갱신되기 전에는 다시 입을 열지 않는다.

하나님의 말과 욥의 변화 38-42장

하나님은 욥의 항변과 똑같은 형식으로 일련의 질문을 던지시는 것으로 하나님의 방법에 대해 말씀하기 시작하신다.

> 지식 없는 말로
>
> 의도를 어둡게 하는 그는 누구인가?
>
> 영웅처럼 단단히 준비해라,
>
> 내가 물을 테니, 이제 네가 말해 봐라!
>
> 내가 땅의 기초를 놓을 때 너는 어디에 있었느냐?
>
> 네가 이해한다면 말해 봐라.
>
> 그 규모를 누가 정했느냐, 너는 알지 않느냐!
>
> 누가 그것을 자로 재었느냐? 욥 38:2-5

많은 독자들이 회오리바람 속에서 들린 이 하나님의 답변을 전혀 답이 아닌 꿍음으로만 듣는다. 정말로 중요한 것과는 아무런 상관이 없는, 논리에도 맞지 않는 창조에 대한 질문으로 하나님은 욥을 그냥 깔아뭉개신다. 욥이 아예 말을 하지 않는다면, 그것은 하나님이 하신 말에 설득당해서가 아니라, 깡패랑은 논쟁해도 아무런 소용이 없기 때문이리라.

악한 사람이 잘되고 무죄한 사람이 고통받는다는 욥의 긴급한 안건에 대해서 하나님은 직접적인 답변을 하시지 않는다. 도덕적 사안을 제대로 관리하지 못한다는 욥의 은근한 비난에 대해서도 하나님은 반박하려 하시지 않는다. 오히려 하나님은 악한 사람이 잘되는 것은 풀기 어려운 문제라는 데 동의하신다. 만약 욥이 그것을 해결할 방법을 찾을 수 있다면, 그가 대단한 사람이다.

> 그렇다면 나라도 너를 칭찬하겠다.
> 네 오른손이 네게 승리를 가져왔다고!
> 봐라, 여기에 내가 너와 함께 만든 베헤못이 있다. 욥 40:14-15

하나님은 욥이 제기한 도덕적 문제를 그냥 두시고 다른 문제로 그의 주의를 돌리신다. 지금 하나님이 더 관심을 가지시는 것, 그러니까 이 우주의 인간 외적 존재들에 눈을 돌리게 하신다. 하나님의 발언을 구성하는 두 개의 위대한 시는 욥에게 실재에 대해 완전히 다른 관점을 제시한다. 욥의 개인적인 상황과는 직접적인 연관이 없는 하나님의 관점에서 보는 세상이다. 그러나 결국 욥은 자신이 하나님을 보았고, 나아가서 자신의 안건에 대한 하나님의 대답에 만족한다고 인정한다. 비통한 애가의 끝까지 욥이 양보하지 않았던 한 가지 주장은^{욥 27:5} 자신이 정말로, 하나님이 처음 말씀하신대로, "성실한 사람"이라는 것이다.^{욥 1:1} 그리고 하나님도 마지막에는 (비록 시의 전형적인 방식대로 간접적인 형태로이긴 하지만) 그 주장을 지지하신다. 그러나 또 한편으로 하나님은 무엇이 성실한 것인지에 대한 욥의 이해를 완전히 변화시킨다.

랍비들이 하는 말이 있다. "지혜로운 사람의 질문에는 이미 절반의 답이 있다." 그렇다면 질문을 하는 사람이 유일하신 그분, 욥기가 말하는 대로 지혜가 어디에 있는지 정말로 아시는 그분이라면^{욥 28:20-28} 얼마나 더 그렇겠는가?

> 누가 폭우를 위해 길을 뚫고
> 천둥을 위해 통로를 만들었을까?
> 사람 하나 없는 땅에 비가 내리게 하고,
> 아무도 없는 사막에
> 광야의 쓸모없는 것을 만족시켜
> 풀 한 포기를 자라게 했을까?^{욥 38:25-27}

"사람 하나 없는 땅에 비가 내리게 하다." 이 문장 하나가 하나님이 일하시는 방식에 대해 많은 것을 말해 준다. 그리고 그 방식은 평범한 인간의 기대치에 대한 계산된 모욕이다. 고대 이스라엘에서는 변덕스럽고 결코 많이 내리지 않는 비에 생명이 달려 있었다는 사실을 기억하는가? 중동의 건조한 기후에서 물을 낭비하는 사람은 아무도 없었다. 하나님 빼고는 말이다. 하나님은 시라노 드 베르주라크Cyrano de Bergerac처럼 과도한 행동을 하시는데, 거기에 한 술 더 뜨신다. 시라노는 군중을 향해 금화가 든 지갑을 던졌다. 그러나 하나님은 아무도 환호하지 않는 사막에다 비를 뿌리신다. 둘 다 그저 재미를 위해서 그런다.

황무지에 물을 주는 것만큼이나 황당한 것은 야생 동물에 열광하는 하나님이다. 인적이 드나들지 않는 곳에서 출산을 하는 산양, 목동의 외침이 들리지 않는 곳으로 혼자 가 버리는 사막의 나귀, 밭을 가는 건 아랑곳 않는 야생의 소, 그리고 그저 행복하다는 타조를 하나님은 자랑스럽게 나열하신다. 하나님의 사진첩에 있는 이 모든 생물에는 한 가지 공통점이 있다. 결코 길들일 수 없다는 것이다. 하나님이 자랑하는 이 모든 동물은 군마를 제외하고는 모두 쓸모가 하나도 없는 것들이다. 그리고 그 군마가 바로 하나님이 제시하는 동물들의 규범이다. 그것을 사용할 수는 있겠지만, 다스릴 수 있다고는 꿈에도 생각 말라고, 하나님은 전쟁에 나가고 싶어 콧김을 뿜으며 안달 내는 군마를 보며 말씀하신다.

이러한 하나님 관점의 세상은 합리적이고, 인간의 목적에 잘 부합하며, 무엇보다도 예측 가능해야 한다는 욥의 당위적 생각을 완전히 뒤흔들어 놓는다. 처음부터 욥이 종교적 규칙을 매우 꼼꼼하게 지키는 사람이라는 것을 보았다. 그는 극도로 '하나님을 두려워하는 사람'이었다. 자녀들이 혹시나 죄를 지었을까 봐 해마다 미리 욥이 드렸던 제사를 기억하는가?욥 1:5 그리고 그가 마지막으로 하는 변론에서도 욥은 의식적으로 모범적인 남편이자 아버지로서, 가난한 사람에게 친절하고, 하나님께 진실하고, 종들을 책임 있게 보살피는 사람으로서 살고자 했음을 알 수 있다. 거기에 대해서는 하나님도 할 말이 없었을 거라고 우리는 추론할 수 있다.

욥은 자신이 도덕적으로 무결하기 때문에 재난을 당해서는 안 된다고 확신했다. 왜냐하면 이 세상은 의로운 사람에게 좋은 것을 주셔야 마땅한, 요구 사항은 많으나 그래도 예측 가능한 하나님이 운영하시는, 우리가 감당할 수 있는 곳이라고 그는 믿었기 때문이다. 그러나 하나님이 드디어 입을 여시고 하나님의 관점에서 이 창조계의 무엇이 그토록 놀라운지를 욥에게 보여주셨을 때, 그것은 인간의 도덕적 기준과는 아무런 상관이 없는 것들이라는 게 드러났다. 예를 들어, 자기 알을 어디에다 묻었는지도 모르고 그 위를 밟고 지나가는 타조가 있다. 하지만 그 타조가 날 때는 얼마나 아름다운가! 이것은 욥이 애써 지키고자 하는 좋은 부모 역할과는 완전히 반대되는 희화적 이미지다.

장엄하다라고밖에 말할 수 없는 것이 창조계의 특징이고, 하나님은 그 창조계를 거리낌 없이 마음껏 즐거워하시는 것으로 세상에 관여하신다. 그 장엄함은 압도적이고 무시무시한 힘과 자유이다. 그 장엄함의 위대한 상징은 물론 리워야단과 베헤못이다. 인간의 관점에서 볼 때 그것들은 괴물이고 정상의 범주에 있는 것들이 아니다. 잔뜩 부풀어 오른 악어와 맞춤 규격의 하마라니. 현대의 주석가들은 이 생물들을 고대 근동에 살았던 혼동의 괴물, 우리와 같은 온순한 생물들이 살 수 있는 세상으로 만들기 위해서는 없애 버려야만 하는 우주의 말썽꾼에 비유한다. 그러나 하나님은 그 괴물들을 그렇게 보시지 않는다. 하나님은 그것들이 마치 창조계에서도 가장 고급의 피조물인 양 보시고, 대단한 자부심을 가지고 그것들에 대해 말씀하신다. 하나님은 욥에게 베헤못은 "내가 한 일 중 제일 잘한 일"이며,욥 40:19 리워야단의 비늘 하나하나는 모태에서 욥을 조직한 것처럼 세심하게 주의를 기울여서 만들었다고 말씀하신다.욥 41:15-17

왜 하나님은 그런 세상을 사랑하시는가? 애니 딜라드Annie Dillard가 탁월하게 대답했다. "창조주는 생동감을 좋아하시기" 때문이다. 딜라드는 리워야단과 베헤못이 아니라, 우리와 이 세상을 공유하는 그것들의 온갖 특이한 친족들에 대해서 말했다.

이 세상은 어떤 이유에서인지는 모르지만 유난히 특이하게 생긴 생물들로 가득하다. 그리고 도서관에는 그것들을 설명하는 책들이 많다. 먹장어, 오리너구리, 도마뱀 같이 생기고 마치 오두막에 덮는 우산 나무의 잎처럼 밝은 초록색의 비늘이 켜켜이 덮인 4피트 길이의 천산갑, 개미 언덕에서 나오는 나비들, 견사의 미세한 방울을 붙들고 공중을 떠다니는 거미들, 투구게들…. 창조주는 창조하신다. 그가 내려다보시고, 말씀하시고, 구원하시고, 승리하시는가? 그러실 수도 있다. 그러나 무엇보다도 그는 창조하신다. 어떤 것이든 무엇이든, 창조주가 저럴 수 있나 싶은 열정으로, 어디에서부터 나오는지도 모르는 넘치는 에너지로, 예측 불허의 일들을 연달아 혹은 동시에 저지르신다. 도대체 무슨 일인가? 잠자리의 무시무시한 입술과 거대한 물벌레와 새의 노래와 햇빛에 아름답게 번쩍이는 유럽산 잉어의 목적은 모든 것이 시계처럼 맞아 돌아가는 게 아니다. 심지어 금붕어의 어항에도 그런 질서는 없다. 그것의 목적은 계곡물처럼 자유롭게 마구 흘러가는 것이다. 그렇게 자유롭게 서로 얽히며 한데 뭉쳤다 흘렀다 하는 것이다. 자유는 이 세상의 물이고 날씨이고, 이 세상에 풍성하게 주어진 자양분이며, 그 흙과 수액이다. 그리고 창조주는 생동감을 좋아하신다.[9]

이렇게 길게 인용한 이유는 우리가 잘 이해하지 못하는 내용이기 때문이다. 우리는 엄숙한 하나님을 생각하는 데 너무 익숙해져 있다. 하나님의 건전하고 도덕적인 성품에 대해서 이야기하는 게 우리는 편하다. "자비롭고 은혜로우시며, 화를 잘 내지 않으시고, 한결같은 사랑과 신실하심이 넘치는" 분.출 34:6 그러나 하나님께도 미적인 취향이 있다는 생각은 우리에게 생소하다. 그것은 왠지 장난스럽고, 하나님의 품격에 미치지 못하는 것 같다. 그러나 그 회오리바람 속에서 들은 말씀에 의하면 하나님도 특정한 기호가 있으시고, 창조계 안에서 그것을 흠모하시는 것 같다. 게다가 하나님의 도덕적 기호와 심미적 기호는 서로 별개의 것이 아니다. 생동감에 대한 사랑은 우리에게 익숙한 하나님의 도덕적 성품, 즉 자

---

9 Annie Dillard, *Pilgrim at Tinker Creek* (New York: Harper & Row, 1974), 136-137.

신을 주시는 관대함과 일맥상통한다. 하나님이 욥에게 보여주시는 것은 이 우주에서 일어나는 가장 고급한 형태의 인과성, 즉 자유로운 존재를 존재케 하는 너그러움이다. 그러나 부모라면 누구나 알듯 사랑하는 대상의 자유를 진정으로 즐거워하려면 대가가 따른다. 성경은, 예측 불가능하기 때문에 아름다우면서도 위험한 피조물의 세계를 창조하고 보존하기 위해서 하나님이 치르신 대가가 무엇이었는지 잘 보여준다.

욥의 경우 이것은 무엇을 의미하는가? 욥은 자기 자신의 "성실성",욥 27:5 즉 자신의 사회적 영역 안에서 책임 있게 사는 것에 오랫동안 매달렸다. 그런데 이제 하나님이 그에게 창조계를 한번 여행시켜 주고 나니, 인간의 성실성이라는 문제가 다르게 보인다. 성실성이란 욥이 생각했던 것보다도 훨씬 더 크고 복잡한 세상 안에서 살아가는 것이다. 하나님의 말씀은 말하자면 이런 것이다. "욥아, 네 자신만 바라보지 말고, 네 주변을 봐라. 잠시라도 이 세상을 내가 보는 것처럼 보고 그 복잡 정교함과 야생적인 아름다움을 느껴라. 욥아, 아름다움은 야생성에 있다. 너를 두렵게 하는 것을 다 길들이면 그 아름다움을 잃게 된다." 하나님은 이 성실한 사람더러 자기 예상대로 되는 것을 포기한 사람만이 평화롭게 살 수 있는, 매혹적이지만 위험한 세상에 살라고 하신다. 평화의 대가는 우리의 예상을 포기하는 것이다. 그 예상은 언제나 창조계 안에 내재하는 거대한 자유에 비해 너무 작다.

회오리바람 속에서 들린 하나님의 말씀이 욥과 그 밖의 모든 성실한 사람들에게 던지는 위대한 질문은 이것이다. "너는 네가 통제할 수 없는 것을 사랑할 수 있는가?" 이 질문은 사탄이 처음에 하나님께 던졌던 질문의 또 다른 형식에 불과하다. "욥이 하나님을 섬기는 것은 다 이유가 있는 것 아닙니까?" 회오리바람 속에서 주어진 충격적인 계시는 하나님은 아무런 이유 없이 하는 일들에서 재미를 느끼신다는 것이다. 예를 들어, 아무도 없는 사막에 비를 내리시는 것처럼 말이다. 욥이 결코 생각지 못했던 진실은 무익함도 창조계의 숨은 가치 중 하나라는 것이다.

이 계시에 대해 욥은 깊어지는 침묵으로 응답한다. 하나님이 먼저 던지신 질문들욥 38:2-3을 인용하면서 (이 책의 191쪽을 보라.) 그는 자신의 말이 부족했음을 인정한다.

"지식 없이 의도를 흐리는 사람이 누구냐?"

그렇습니다, 제가 말은 했지만 이해하지는 못했습니다.

내게는 너무 놀라운 일들을, 그것을 나는 몰랐습니다.

"이제 들어라. 내가 말하겠다. 내가 물을 테니 네가 답해 봐라!"[10]

내가 당신에 대해서 소문으로는 들었지만,

이제 내 눈이 당신을 보았습니다.

따라서 이제 나는 돌이켜서 바꿉니다,

먼지와 재에 관한 내 생각을.욥 42:3-6

---

10 이것은 욥이 13:22에서 대담하게 하나님을 부른 것을 다시 인용한 것일 수도 있다.

여기에서 마지막 두 행은 욥에게 일어난 일을 이해하는 데 매우 중요하다. 이 구절은 주로 다음과 같이 번역된다.

> 따라서 나는 나를 경멸하며,
>
> 먼지와 재 가운데서 회개합니다.NRSV

그러나 여기에서 '회개하다'로 번역된 히브리어 동사는 긍정적이든 부정적이든 모든 형태의 정신적, 감정적 방향 전환을 뜻한다. '회개'는 그러한 여러 가능성 중 하나일 뿐이다. 또한 '먼지와 재'는 성경에서 늘 은유로 등장하지, 말 그대로 잿더미를 의미하지는 않는다. 이 은유는 하나님의 위엄 앞에서 인간은 겸허할 수밖에 없음을 일관되게 가리킨다.창 18:27 따라서 전통적인 번역이 제시하듯 욥이 하나님 앞에서 자신을 비하하는 것일 가능성은 별로 없다. 욥이 이제 할 말이 없다면, 그 침묵은 자기 경멸에서 오는 것이 아니라 만족할 답을 얻었기 때문이다. 욥은 자신이 가장 원하던 것을 얻었다. 하나님을 본 것이다. 그 결과 그는 인간 조건과 이 세상에서의 자신의 위치에 대해 새로운 관점을 취한다. 욥기의 마지막에 나오는 욥의 침묵은 그의 영적인 변화를 보여주는 것이다. 갱신된 것은 다만 그의 신학이 아니라 그의 생각 전체다.

욥의 생각이 갱신되었음을 가장 분명하게 보여주는 것은 사실 그의 말이 아니라, 그가 자녀를 더 나으려 했다는 사실이다. 현대의 이스라엘에서 유대인의 가장 용감한 신앙의 행위는 홀로코스트 이후에도 자녀를 낳고, 힘없는 아이들을 하나님께 의탁한 것이라는 말을 들은 적이 있다. 욥기의 마지막에 욥이 일곱 아들과 세 딸을 낳았다고 하는 첨언은 종종 천박한 결말로 해석된다. 마치 욥에게 이전에 그가 잃은 자녀들을 대신할 다른 자녀들을 준 것으로 하나님이 모든 것을 다 만회하셨다는 듯 말이다. 그러나 이것은 이 마지막 장면을 잘못된 관점에서 해석한 것이다. 욥기는 하나님의 행동을 정당화하는 책이 아니라, 욥의 변화에 대한 책이다. 자녀를 더 주시는 게 하나님에게 어떤 대가를 치르게 하는 일이냐 하는 건 쓸데없는 말이다. 여기에서 진짜 문제는 욥이 다시 아버지가 되는 게 얼마나 힘들었겠는가이다. 고통과 때 이른 죽음으로부터 보호할 수 없는 이 사랑하는 자녀들의 끔찍한 연약함을 그가 어떻게 또 감당할 수 있겠는가?

물론 이 질문에 대한 답을 우리는 얻지 못한다. 그러나 욥이 이 모든 슬픔 후에 어떤 아버지가 되었는지에 대한 단서가 하나 있다. 그가 다소 특이하게 딸들의 이름을 지은 것에 그 단서가 있다. "그는 첫째 딸의 이름은 예미마*Yemima* (비둘기)라고 지었고, 둘째 딸의 이름은 켓시아*Ketsia* (계피)라고 지었고, 셋째 딸의 이름은 케렌-하푹*Keren-haPuch* (아이섀도의 꼭지)라고 지었다." 욥 42:14 성경에서는 감각적인 이름을 짓지 않는 것이 관례이며, 딸의 이름을 화장품 이름으로 짓는 것은 말이 되지 않는다. 그런데 이상한 사실이 이어진다. "이 땅 전체에서 욥의 딸들처럼 아름다운 여자가 없었으며, 그들의 아버지는 그들에게 남자 형제들과 같이 유산을 주었다."

욥 42:15 남성이 지배하던 고대 사회에서는 아들을 많이 둔 아버지가 딸에게까지 유산을 남긴다는 것은 자신에게 모욕이 되는 행위였다. 그런데 한때 매우 신중했던 욥이 이제 그 규칙을 바꾸고 있는 것이다. 그리고 그 이유는, 글쎄, 비둘기, 계피, 그리고 아이섀도의 꼭지가 아주 예뻤다는 것 외에 우리가 아는 바가 없다. 말하자면, 욥이 아무런 이유 없이 그런 일을 했다는 것이다. 그냥 재미로 말이다.

욥기의 시작과 끝에 나오는 아버지 욥의 초상은 그의 변화를 제대로 보여준다. 한때 매우 신중하고, 하나님을 두려워하고, 자녀들이 지을 수도 있는 죄를 두려워했던 이 성실한 남자 욥이 마지막에는 규칙을 아랑곳하지 않고, 아들과 함께 딸도 귀하게 여겨 관습을 깨고 그들에게 유산을 주고 특이한 이름도 지어 준다. 이러한 대책 없는 부모 역할의 모델과 영감은 물론 창조주 하나님으로부터 얻은 것이다. 하나님이 회오리바람 속에서 말씀하실 때 욥은 배웠다. 그리고 이제 욥은 이렇게 자유분방한 하나님의 사랑으로 사랑한다. 혁명적으로 자유를 추구하며, 각 자녀의 길들여지지 않은 아름다움을 만끽하면서 말이다.

4부

마음의 습관

성경의 신학은 추상적이기보다는 구체적이다. 성경의 저자들은 우리가 하나님과 친밀하게, 잘 살기 위해서 날마다 무엇을 해야 하는가에 관해 매우 실제적인 질문을 가지고 지면마다 논한다. 이 책의 4부는 하나님과 함께하는 삶의 일상적 훈련을 구약 성경이 어떻게 다루는지 보여준다. 이 훈련은 우리가 흔히 일주일에 한 번이나 사순절 동안 금식하는 것과 같은 종교적인 훈련이 아니다. 비록 그것이 유용할 수는 있지만 말이다. 우리가 일단 영적으로 참여하며 읽기 시작하면 구약 성경은 하나님과의 관계에 '실제적으로' 적용되는 마음과 생각의 습관을 기르도록 촉구한다는 것이 분명하게 보인다. 고독을 추구하거나, 죄를 회개하거나, 하나님을 찬양하는 것과 같은 반문화적인 습관들, 그리고 하나님과 함께하는 것 자체를 즐거워하거나, 말하는 만큼 들으려고 하나님을 향해 귀를 기울이는 것과 같은 새로운 성향들을 키우도록 구약 성경은 격려한다. 이러한 습관들이 하나님께 참여하는 것을 쉽게 만든다고는 말하지 않겠다. (성경의 저자들도 결코 그렇게 말하지 않는다.) 그러나 우리로 하여금 더 깊이 참여하게 하고, 우리의 영혼에 더 큰 유익을 주는 것은 사실이다.

11

바람직한 훈련
잠언 8장

고대 이스라엘의 현인들은 지혜를 당시 사회의 기준으로 볼 때 매우 공격적인 공적 태도를 가진 여성으로 보았다. 잠언 8장에 보면 그녀는 길거리 상인들이 물건을 팔고, 순회 전도자들이 사과 상자를 강단으로 세우고, 어느 선생이 쪼들리는 교습소에 어떻게든 학생들을 모아 보려고 간판을 내거는 성문에 자리를 차지하고 선다. 때로 지혜 자신이 상인 혹은 사과 상자 위에 선 전도자처럼 들리지만, 대개는 학생들을 모으려는 선생인 것 같다. 그러니까 장차 학생이 될 사람들에게 아래와 같이 직설적으로 말하는 다소 고리타분한 선생 말이다.

내가 너희들을 부른다,

내 목소리는 인간들을 위한 것이다.

너희 멍청한 것들아, 지혜로운 행동이 무엇인지 통찰을 좀 얻어라.

멍청한 것들아, 너희 마음과 생각을 준비시켜라! 잠 8:4-5

사실 그녀는 고등학교 시절 나의 라틴어 선생님인 듯하다. 그분도 멍청한 학생에게 가차 없는 고리타분한 선생이었다. 하지만 고등학교 라틴어 선생님이 우리에게 관심이 없었다고는 생각하지 않는다. 심지어 우리에게 연민도 있으셨을 것이다. 인간에 대한 연민은 그 열매로 아는 것인데, 그 라틴어 선생님은 내 삶에 지대한 영향을 미쳤다. 그로부터 나는 지성의 훈련을 배웠다. 그가 엄했기 때문에 (무척 엄하기는 했다.) 그로부터 배울 수밖에 없었던 게 아니라, 그는 내 안에 어떤 욕망을 불러일으켰다. 그가 가르치는 언어를 배우고 싶게 만든 것이다. 라틴어를 통해서 나는 거대해 보이는 세상, 내가 사는 소도시의 고등학교 주변에서 보는 것보다 더 많은 것들이 있는 세상으로 들어갈 기회를 얻었다.

내가 말하고자 하는 요점은 그 라틴어 선생님이 내가 전에는 원하지 않았던 것을 원하도록 가르쳤기 때문에 나의 지적인 훈련에 도움이 되었다는 것이다. 그것이 바로 위대한 선생의 역할이라고 나는 생각하고, 잠언에 나오는 이 지혜도 그러한 선생이라고 생각한다. 이스라엘의 현인들이 지혜를 여성으로 제시한 것은 주목할 만하다. 그리고 때로 이 지혜는 매혹적인 인물로 그려진다. 그러나 나긋나긋하지는 않다. 어쨌거나 그녀는 젊은 남자 학생들, 그러니까 이스라엘의 현인들로부터 배우는 학생들의 욕망을 일깨우기 위해 고안된 인물이다. 그녀의 말을 들으면, 우리가 지금은 욕망하지 않는, 혹은 충분히 욕망하지 않는 지혜의 훈련을 욕망하도록 청년들을 일깨울 수 있다. 그러니 그녀의 말을 들어 보자.

> 은이 아닌 나의 훈련을 받아라.
> 훌륭한 금보다 지식이 더 나은 선택이다.잠 8:10

지혜의 훈련은 드물고 소중하지만, 어렵다. 라틴어 구조를 배우는 것보다 더 어렵다. 따라서 지혜의 훈련을 받고픈 욕망을 일깨우기 위해서 지혜는 사랑과 갈망의 언어로 우리에게 말한다.

> 나를 사랑하는 사람을 나도 사랑한다. …
> 내 연인에게 나는 진짜 열매를 허용한다.잠 8:17, 21

현인들을 '그녀'를 궁극적 욕망의 대상으로 상정한다.

> 지혜가 루비보다도 낫고,
> 다른 어떤 욕망도 그녀와 비교할 수 없다.잠 8:11

지혜를 부추기는 성애적 언어는 청년들이 공부하게 만드는 효과적인 계략일 수 있지만, 사실은 그 이상이다. 그것은 진정한 종교적 통찰이다. 사랑과 욕망의 언어를 사용함으로써, 현인들은 우리가 원하는 것과 우리가 알게 되는 것 사이의 본질적인, 그러나 숨겨진 관계를 보게 해준다. 그 둘은 좋게든 나쁘게든 언제나 서로 연결되어 있다. 거룩한 욕망을 통해서 우리는 이스라엘이 지혜라고 부른 것을 정말로 얻을 수 있다. 그 지혜란 바로 하나님과 우리 자신과 이 세상에 대한 참되고 현실적인 지식이다. 그러나 우리는 또한 관심 가질 가치가 없는 것들로 관심을 돌림으로써 우리의 욕망을 낭비할 수도 있다. 혹은 그것 자체로는 좋지만, 하나님이 지금 우리에게 주기를 원하시는 것은 아닌 것들을 욕망할 수도 있다. 따라서 원래는 욕망이 우리를 하나님께로 더 가까이 이끌어야 하지만 하나님과 우리 사이의 걸림돌이 될 수도 있다. 왜냐하면 욕망은 결코 영적으로 중립적이지 않기 때문이다. 욕망은 우리의 지각을 날카롭게 해서 하나님이 우리에게서 그리고 이 세상에서 보시는 것을 볼 수 있게 해주거나, 우리의 시야를 왜곡하거나 둘 중 하나다. 수도 없이 미묘하게 잘못된 욕망은 하나님이 이 세상에서 우리에게 주신 상황을 제대로 보지 못하게 한다. 다시 말해서 잘못된 욕망은 우리로부터 지혜를 빼앗아 가고 따라서 우리를, 대개는 서서히, 비참하게 만든다.

욕망과 지혜의 이러한 관계는 우리의 본성에서 너무도 근본적이어서 성경의 서막인 창세기 3장에서 강조되었다. 우리가 '타락'이라고 부르는 것의 핵심이 바로 그 관계다. 사실 타락은 (우리가 생각하는 것과 달리) 성과 상관이 있는 게 아니라, 욕망과 상관이 있다. 에덴동산은 첫 인간들이 지혜를 얻을 수 있는 장소였다. 에덴은 하나님과 전적으로 친밀할 수 있는 장소였고, 그러한 친밀함이 바로 지혜의 유일한 조건이다. 날마다 그들은 하나님과 "서늘한 바람이 부는 시간에"^{창 3:8} 거닐면서 지혜와 명성을 쌓을 수 있었다. 그러나 그들은 빨리 똑똑해지고 싶었고, 그래서 뱀이 권하는 빠르고 비겁한 방법을 택했다. 그리고 성경의 화자는 그 선택의 순간을 이브의 눈을 통해서 보여준다. 성경이 우리에게 누군가의 생각을 보여주는 경우는 매우 드물다. 대개는 그들이 하는 말이나 행동을 묘사할 뿐이다. 그러나 그 순간만큼은 이브와 함께 서서 그녀가 그 운명적인 순간에 본 것 그대로를 우리에게 보여준다.

> 그리고 그 여인은 그 나무가 먹기에도 좋고 보기에도 매혹적임을 보았다. 그래서 똑똑해지기 위해 그 나무를 탐내게 되었다. 그래서 그녀는 그 열매를 가져다가 먹었다.^{창 3:6}

"너는 탐내지 말라." 거룩하지 않은 욕망은 자기와 세상과 하나님에 대한 왜곡된 인식을 낳는다. 이브와 아담은 먹었고, 그들의 눈이 실제로 열렸지만^{창 3:7} 하나님이 그들을 두신 상황의 선함은 더 이상 보지 못했다. 그들이 본 것은 대신 자신의 헐벗음, 그 상황의 빈곤함이었다. 그들은 이제 자신을 숨겨야 할 상대로서 하나님을 보게 되었다. 그리고 각자 누군가 탓할 대상을 찾았다.

아담과 이브의 이야기는 오래전에 한 번 일어난 사건이 아니다. 모든 참신화가 그렇듯, 이 이야기는 오늘날에도 남자와 여자에게 반복해서 일어나는 일이다. 잘못된 욕망은 우리를 하나님으로부터 분리시킨다. 하나님이 우리를 두신 상황의 선함을 보지 못하게 한다. 그리고 서로로부터 분리시킨다. 잘못된 욕망을 따름으로써 배우는 게 있을 수도 있지만, 그렇게 해서 알게 되는 이 세상과 우리 자신에 대한 것들은 우리를 쓸쓸하게 하는 경우가 많다. 잘못된 욕망과 쓸쓸한 지식의 이 하강 나선으로부터 지혜는 우리를 해방시키고자 한다. 모든 위대하고 기대가 큰 선생들이 그러하듯, 지혜는 세상을 새롭게 바라보고 새로운 욕망을 품을 수 있도록 우리의 눈을 훈련시키라고 말한다. 거룩한 지혜는, 하나님에 대한 지식이 실제로 금보다 아름답고, 지혜가 루비나 우리의 방황하는 시선을 고정시킬 다른 어떤 눈요깃거리보다도 낫다는 것을 분명하게 보도록 열심히 상상력을 재구성하라고 요구한다.

우리는 언제쯤 지혜로워질 수 있을까? 지혜를 측정하는 진짜 기준은 우리가 탐내는 학점이나, 학위나, 지위나, 좋은 일자리나, 신망 있는 언론이 칭찬하는 책이 결코 아닐 것이다. 우리가 지혜로워지는 때는 마음과 영혼과 지성과 힘으로 하나님이 우리를 위해서 욕망하시는 것 한 가지를 욕망하고, 다른 어떤 것도 우리를 설득하거나 우리의 떠도는 시선을 잡지 못하는 순간이다. 그 모습을 한번 상상해 보자.

내 욕심이 사라지면 나는 지혜로울 것이다. 이 세상의 물질을 필요 이상으로 소비하는 현재의 습관을 버렸을 때, 환경이 열악하고 경제 상황이 절박한 나라에서 노동을 착취하며 생산한 물건에 내 눈이 머물지 않을 때, 그때 나는 지혜로울 것이다.

내 연민이 순수하면 나는 지혜로울 것이다. 내 마음에서 수다가 싫어지고 어떠한 비판의 말도 내 입술로 올라오지 않을 때, 나를 박해하는 사람의 수치가 아닌 치유를 진정으로 바랄 때, 다른 사람이 누리는 복을 나도 순수하게 기뻐할 때, 그때 나는 지혜로울 것이다.

내 사랑이 변함없을 때 나는 지혜로울 것이다. 그래서 내 사랑에 의존하는 사람을 결코 얕보지 않고, 다른 사람을 잘못된 욕망으로 바라보지도 않을 때 나는 지혜로울 것이다.

내가 의를 위해 목마르고 굶주릴 때 나는 지혜로울 것이다. 내 재능과 힘과 자원을 진정 하나님이 보시는 대로 볼 때, 내 위치를 견고하게 하기 위한 수단이 아니라 약한 사람에게 힘을 주고, 낙심하는 사람을 위로하고, 내가 만나는 사람들에게 힘을 주는 수단으로 볼 때 나는 지혜로울 것이다.

내가 욕망하는 것이 무엇보다도
하나님과 함께하는 것이고,

그리스도가 오는 것이고,

성령의 위로라면,

나는 지혜로울 것이다.

갈 길이 멀다. 그래서 예배는 그 길을 가는 우리를 도울 수 있다. 교회는 예배를 통해서 꾸준히 지혜의 훈련을 갱신하기 때문이다. 예배는 모든 창조물이 잘되기를 바라는 하나님의 뜨거운 욕망의 관점에서 우리의 욕망을 정리하는 행위다. 찬송과 기도 속에서 우리는 거룩한 욕망을 표현한다. 비록 그것을 아직 뼛속 깊이 느끼지는 못할지라도 말이다. 우리는 여전히 우리를 갉아먹고 다른 사람도 갉아먹는 우리의 거룩하지 못한 욕망을 회개한다. 우리는 아직 지혜롭지 않지만, 신음하고 있으나 그래도 은혜가 가득한 이 세상에 대하여 하나님이 무엇을 욕망하시는지 성경을 통해 연구하기 위해서, 그리고 기도를 통해 우리도 그와 같은 욕망으로 불탈 때까지 자라고 변화하기 위해서 예배에 참여한다.

12
사랑에 눈먼 자
출애굽기 33장

그리고 모세가 주께 말했다. "보십시오, 나더러 '이 백성을 데리고 와라'
해놓고는 나와 함께 갈 사람을 알려 주지 않으셨습니다. 그리고 '내가 네
이름을 알고, 네게서 호의를 보았다'라고 말씀하셨습니다. 그런데 내게서
정말로 호의를 보셨으면, 당신의 길을 내게 알려 주셔서, 내가 당신을 알
아, 당신의 호의를 받게 해주십시오. 그리고 보십시오, 이 민족은 정말로
당신의 백성입니다!"^{출 33:12-13}

내가 아는 한 출애굽기의 이 본문은 가장 오래전에 기록된 목
회적 탈진 사례다. 이것은 모세가 이스라엘 백성을 이집트의 노예
생활에서 데리고 나와 하나님을 섬기게 하려 했지만 그의 에너지

가 고갈되었던 때의 이야기다. 하나님을 섬긴다는 것은 완벽한 자유의 상태로서 노예 생활보다 훨씬 더 많은 감정적, 영적 성숙을 요구했다. 그런데 이제 불과 몇 달이 지났을 뿐인데, 앞으로 40년을 떠돌아야 하는 그 광야에서 모세는 이미 이 노예 출신의 '잡종 무리' 때문에 진이 빠졌다. 모세가 이 가망 없는 배은망덕한 무리에게 환멸을 느끼고 지칠 만도 했다. 지난 4개월 동안 사막에서 그들은 하나님의 직접적 임재에 대한 경이로 가득 차 있었다. 하나님은 낮에는 구름 기둥으로 밤에는 불기둥으로 그들과 동행하시면서 홍해를 마른땅으로 걸어 건너게 하셨고, 시내의 황량한 광야에서 만나로 먹이셨으며, 바위에서 물이 나오게 해서 그들의 목을 축여 주셨다. 불과 6주 전만 해도 하나님은 시내에서 생명의 말씀을 그들에게 전하셨다. 모세가 그 말을 받아 적고, 피의 제사로 언약을 맺고, 그 피를 제단과 이스라엘 백성에게 뿌려 그들이 영원히 하나님의 것임을 표시했다.

그들을 위해서 모세는 시내 산에서 40일 낮과 밤을 보내며 금식하고 귀를 기울였고, 하나님의 가르침을 분명하게 전달하는 통로가 되기 위해서 자신의 귀와 마음을 정결케 했다. 그러나 기다림에 지친 이스라엘 백성은 하나님의 말씀을 기다리는 그 6주가 너무 길게 느껴졌고, 그래서 금귀고리를 녹여서 자그마한 송아지를 만들었다. 그리고 모세의 형 아론이 이 모든 난장판을 대제사장으로서 감독했다. 그렇게 이 백성은 스스로를 가증스럽게 했고, 그러자 하나님은 모세를 시켜 그들이 떠나도록 하신 것이다.

가라. 너와 네가 이집트에서 데리고 나온 백성들아. … 젖과 꿀이 흐르는 땅으로 가라. 내가 너희들 사이로 가면 안 된다. 너희는 목이 곧은 백성이라 내가 도중에 너희를 잡아먹을 수도 있기 때문이다. 내가 잠시라도 너희들 가운데 있으면, 너희를 쓸어버릴 것이다. 출 33:1, 3

모세가 절망하는 것도 당연하다. 자기 형도 자신을 배신했고, 이제는 이스라엘 백성이 역겹다. 그런데 하나님마저 꽁무니를 빼시고, 애초부터 그가 원하지도 않았던 일을 혼자 하게 내버려 두신 것이다. 모세가 회막에서 하나님과 솔직하게 이야기하면서 상기시켰듯 백성을 이집트에서 데리고 나온 것은 모세의 생각이 아니었다. "보십시오, 이 민족은 결국 당신의 백성입니다!" 하나님이 모세를 그토록 사랑하신 이유는 이러한 그의 솔직함 때문이 아닐까? 이 회막에서의 대화는 우리에게 공개된 둘 사이의 가장 친밀한 대화다. 솔직히 그것은 부부 싸움과 더 비슷하다. 모세와 하나님은 특별히 힘든 성장의 시기를 지나는 자녀들을 둔, 결혼한 지 오래된 부부와 같다. 자녀들의 문제가 두 사람의 관계를 크게 압박하는 것이다. 그래서 이스라엘의 위대한 목자는 신에게 불평을 한다.

그리고 모세가 주께 말했다. "보십시오, 나더러 '이 백성을 데리고 와라' 해놓고는 나와 함께 갈 사람을 알려 주지 않으셨습니다. 그리고 '내가 네 이름을 알고, 네게서 호의를 보았다'라고 말씀하셨습니다. 그런데 내게서 정말로 호의를 보셨으면, 당신의 길을 내게 알려 주셔서, 내가 당신을 알아, 당신의 호의를 받게 해주십시오. 그리고 보십시오, 이 민족은 정말로 당신의 백성입니다!"출 33:12-13

모세는 하나님의 호의를 받겠다고 네 번이나 안달한다. 세 번은 하나님더러 그들을 직접 데리고 가나안으로 가라고 부추긴다. 천사도 필요 없다고 한다. 그들로는 안 된다는 것이다. 하나님이 승복해 "알았다, 알았다, 내가 가겠다"라고 하신 뒤에도 계속 안달한다. "그리고 오시지 않을 거면, 그냥 우리를 여기 내버려 두십시오." 이 비논리적인 전개와 반복을 놓고 어떤 사람들은 이것이 잠시 성경 필사 작업을 맡은 질 낮은 편집자의 개입이라고 보지만, 그것은 요점을 놓친 해석이다. 모세는 너무 당황한 데다 정신이 없어서 하나님이 하시는 말씀을 제대로 받아들이지 못하고 있는 것이다. 그래서 했던 말을 또 하고 계속 같은 요구를 해대는 것이다.

이와 같은 정신 상태는 하나님과의 관계를 경험한 사람이라면 누구에게나 낯설지 않을 것이다. 그리스도인으로서 우리는 모두 하나님의 부름을 분별하고 거기에 순종하려고 하지만, 이내 그 일은 우리를 자기 능력 밖의 영역으로 내몬다. 하나님이 요구하시는 일이 두렵고, 자기 힘으로는 결코 할 수 없는 일을 맡은 채 내동댕이쳐진 느낌, 우주적 미아가 된 느낌에 사로잡힌다. 끈질긴 신앙의 사람이라면 누구나 이러한 두려움과 하나님으로부터 버림받은 느낌을 대면해야 한다. 하나님의 부름을 받아들여 맨정신으로는 무언가 어렵고 신비로운 일—예를 들어, 목회를 하거나, 학교에서 가르치거나, 학업을 재개하거나, 외국어를 배우거나, 예술 작품을 만들거나 하는 일—로 뛰어든 사람이라면 언젠가는 패닉을 경험하게 되어 있다. 그 패닉은 자신의 마음을 요구하고 영혼을 뒤흔드는 일—예를 들어, 슬플 때나 즐거울 때나 결혼 생활을 잘 해내는 것, 아이를 키워 성인으로 만드는 것, 힘든 질병을 견디는 것, 성장하는 것, 나이 드는 것 등—을 하라는 하나님의 부름을 받은 사람은 누구나 경험하는 것이다.

자신이 감당할 수 있는 것 이상의 일을 하도록 부름을 받는 것은 사실 하나님과의 일상적 경험이다. 따라서 우리는 모세의 패닉 경험이 어떻게 진정되는지에 특별한 관심을 가질 수밖에 없다. 돌파구는 모세가 그 뻔뻔한 요구를 했을 때 생겼다. "당신의 영광을 보여주십시오."출 33:18 모세는 분명 이 충동적인, 심지어 천박한 요구에 자기 자신도 놀랐을 것이다. 그것은 정말로 천박한, 종교적인 세련됨이라고는 하나도 없는 요구이기 때문이다. 모세는 하나님이 자기 앞에서 신 행세를 해 보이기를 원했다. 자기만을 위한 신의 쇼를 요구한 것이다. 그런데 그 요구보다 더 충격적인 것은, 하나님이 그 요구를 받아들이셨다는 것이다. 그래서 이어지는 장면에 보면 모세가 바위 뒤로 숨고 하나님은 인간의 몸과 매우 비슷한 어떤 것을 입고 찬가를 부르며 지나가는 동안 모세가 그 신의 뒷모습을 보는, 그리스 신화의 이야기 같은 장면이 펼쳐진다. 그러나 뒷모습만으로도 모세는 그 아름다움에 아찔해져 경외하며 납

작 엎드린다.

정말로 이상한 장면이다. 따라서 우리는 왜 하나님이, 어떠한 물리적 형태로 고정되는 것을 질색하시는 이스라엘의 하나님이, 이러한 요구에 응하셨는지 물을 수밖에 없다. 불타는 덤불, 구름 기둥 혹은 불기둥, 산꼭대기에서 들리는 천둥 같은 목소리, 이러한 것들이 하나님이 보여주시는 물리적 현현의 한계였다. 그런데 왜 그 하나님께서 이렇듯 채신없는 행진에 동의하시고 천박함에 가까운 물질성을 나타내셨는가? 나는 이에 대해서 한 가지 답밖에는 추측할 수가 없다. 새겨진 형상이 거짓인 이유는 우리가 하나님을 알고 그분으로부터 무엇을 기대할지 안다는 착각에 빠지게 하기 때문이다. 하나님의 고정된 형상은 하나님의 가장 큰 특징인 자유로움을 침해한다. 그것이 바로 하나님이 불타는 덤불에서 모세에게 계시하신 첫 진실이다. 그때 하나님은 당신의 급진적인 자유를 표방하는 이름을 그에게 알려 주셨다. '에흐예 아셰르 에흐예*ehyeh 'asher 'ehyeh*', 곧 "나는 내가 되고자 하는 나다"이다.출 3:14

하나님은 당연시되는 것을 싫어하시는데, 왜 그런지를 이해할 만한 단서가 있다. 하나님은 무엇보다도 사랑에 빠진 연인이고, 모든 진정한 연인은 당연시되는 것을 싫어하면서도 상대가 자신을 원하기를 바란다. "당신의 영광을 보여주십시오." 하나님이 이 요구를 받아들이는 이유는, 솔직히, 하나님의 기분이 좋기 때문이다. 지금 이 말을 하는 사람은 이스라엘의 정치, 종교 지도자 모세가 아니라, 하나님을 열렬히 사랑하는 신비가 모세다. 공적인 필요는 이미 채워졌다. 하나님이 이미 백성과 함께 약속의 땅으로 가겠다고 두 번이나 약속하셨다. 그 정도면 모세가 만족할 만도 하건만 그는 한 가지를 더 요구한다. 오직 자기 자신만을 위한 특혜, 하나님의 절묘한 아름다움을 잠시 보게 해달라는 것이다. 하나님이 기분 좋을 만도 하지 않겠는가? 여러 해를 함께하고 수많은 가정의 위기를 함께 보낸 연인이 아직도 나를 매력 있게 본다면, 아이들도 다 컸고 다른 무엇이 아쉬워서가 아니라 그저 나와의 친밀함이 좋아서 나 자체를 갈망한다면, 그것을 좋아하지 않을 사람이 누가 있겠는가? 이러한 개인적 관계의 요구 앞에서 하나님은 모세의 사랑이 순수함을 느끼신 것이다. 그러니 하나님이 천박한 지경까지 기쁘게 그 요구에 순응하신 것도 당연하다. 성경이 분명하게 말하듯, 하나님은 사랑에 눈먼 분이기 때문이다. 인간이 되어 우리처럼 살고 사랑하고, 사랑 때문에 울 정도의 바보, 고통받고 십자가에서 죽을 정도의 바보이기 때문이다.

'좋은 그리스도인'이 되려 하는 그 모든 힘겨움은 바로 이 사실을 잊어버린 데서 비롯된다. 사랑에 빠진 하나님의 완벽한 어리석음을 잊었기 때문에 우리의 기도가 혼란스러워지는 것이다. 우리 중에 존경할 만한 사람들도 모세처럼 하나님이 주신 수많은 일들을 해내려 애쓰면서 조바심을 내고, 그러한 노력이 소용없음을 보고 절박해한다. 그래서 모세처럼 그러한 노력을 지지해 달라고 요구하고, 우리의 일을 지지하는 게 하나님께도 유익한 것이라고 설명한다. 교회가 반듯해 보이면 하나님도 반듯해 보이고, 하나님의 백성도 잘될 것이라고 하면서 말이다. 하나님이 그러한 기도에 응답하시고 우리의 선한 일을 지지해 주시는 경우들이 실제로 많다. 그러나 회막에서의 이 만남은, 하나님이 거룩한 욕망에 더 감동받으신다는 사실을 보여준다. "당신의 영광을 보여주십시오." 하나님은 사랑에 불타는 사람─모든 성인들이 보았고, 그래서 더 많이 보기를 헐떡이며 갈망하게 만든 하나님의 비할 데 없는 아름다움에 그저 맘껏 취하기를 갈망하는 이 사람─의 이 비합리적인 요구에 이상하게 감동하신다.

하나님의 아름다움은 위대한 성인들과 인정받은 신비가들, 시로 말하는 종교의 천재들만을 위한 것이 아니다. 정말 말재주 없고 평범한 일에 종사하는 신자도 하나님과 이러한 즐거움을 경험할 수 있고, 그럴 필요가 있다. 그 이유는 간단하다. 바로 그러한 즐거움을 누리기 위해서 우리가 창조되었기 때문이다. 인간의 목적을 제시한 웨스트민스터 신앙 고백은 기독교 인간론을 다음의 말로 잘 요약했다. "하나님을 영광스럽게 하고 그분을 영원히 즐거워하는 것." 하나님을 즐거워하는 것은 직립 보행이 인간의 특징인 것처럼 우리 인간의 특징으로서, 햇살을 즐기거나 등나무를 즐기는 것과 다를 게 없다. 그러나 찬찬히 보아야 등나무와 햇살이 눈에 들어오듯, 우리는 하나님을 알아보기 위해 속도를 늦춰야 한다. 그래서 조용하면서도 짜릿한 '하나님의 신명'이 우리의 차가워진 마음 깊이 스며들고, 그 한결같은 따뜻함과 아름다움으로 희미해진 눈빛을 회생하게 해야 한다. 시편 기자는 하나님을 계속 잘 섬기기 위해서 정립할 필요가 있는 간구의 우선순위를 우리에게 가르쳐 주었다.

> 우리 주 하나님의 즐거움이 우리와 함께하시기를,
>
> 우리 손으로 하는 일이 우리를 위해 번창하게 해주시기를,
>
> 오, 그 일이 번창하게 해주시기를.시 90:17

먼저는 즐거움이고 그다음이 일이다. 하나님과 함께하는 즐거움, 하나님의 아름다움에 대한 즐거움이 먼저이고, 그다음에 하나님을 섬기는 우리의 일을 지지해 주시기를 구해야 한다.

13

풀처럼 내가 말랐도다

시편 102편

내 날이 연기처럼 사라졌고,

내 뼈가 용광로처럼 탄다.

내 심장이 시달려 풀처럼 말라 버렸다.

너무 힘들어서 빵도 먹을 수 없다.

내 신음 소리가 너무 커서

내 뼈가 내 살에 붙었다. 시 102:4-6

이와 같은 고통의 외침이 성경에 있다는 사실은 기독교 신앙이 가장 잘 지켜 온 비밀 중 하나다. 이러한 내용은 주일 아침에 잘 듣지 못하는 내용이다. 많은 교인들이 이러한 애가가 있는지조차 모르고, 그래서 그리스도인의 삶이 바닥을 칠 때 딱히 드릴 기도가 없다.

　한 젊은 사역자가 간호 시설에 사는 교구민을 방문한 적이 있다. 그는 그녀에게 말을 하지도, 그녀를 보지도 않았다. 그냥 정면만 뚫어지게 바라보았다. 목회자의 본능으로 그녀는 이 사람의 상태를 감지했고, 그래서 그와 이야기하는 대신 곧바로 시편을 읽었다. 그리고 먼저 위로의 시편을 읽었다. "주는 나의 목자시니." "내 도움이 하늘과 땅을 만드신 주로부터 온다." "어머니 품에 안긴 아이처럼 나의 영혼이 내 안에서 잠잠해졌다." 그러나 이 말에도 그는 아무런 반응이 없었다. 그저 똑같이 응시만 하고 있었다. 그래서 마지막으로 그녀는 애가의 시를 읽기 시작했다.

> 내가 마치 광야의 맹금처럼 되었다.
> 폐허 가운데의 부엉이 같이 되었다. …
> 빵을 먹듯 재를 먹고 눈물이 내 음료에 섞인다.
> 당신의 분노와 화 때문에,
> 당신[하나님]이 나를 집어 올려
> 한쪽으로 던져 놓으신 까닭이다. 시 102:7, 10-11

　그 말에 그의 돌 같던 얼굴이 누그러졌다. 처음으로 그 남자는 자기를 찾아온 이 방문자를 쳐다보며 말했다. "마침내 내 기분을 아는 사람이 왔군!"

내 기분을 아는 사람, 그리고 그것을 체면 차리지 않고 하나님의 면전에 대고 말할 수 있는 사람. 이것이 바로 애가 시편의 가치다. 간호 시설의 그 남자처럼 시편 102편을 쓴 시인은 인생에서 소중한 것, 자신의 것이라 여겼던 모든 것을 잃어버린 사람의 기분을 잘 알았다. 예루살렘이, 인생의 다른 어떤 기쁨보다 더 소중한 예루살렘이 망했기 때문이다. 그 예루살렘이 너무도 소중해서 이 시편 기자는 고통스럽게 외친다. "당신의 종들이 잡석들을 소중하게 붙들고, 먼지도 귀하게 움켜쥡니다!"시 102:15 예루살렘은 돌무더기가 되었고, 그러자 이 시편 기자의 삶도 끝난 것이나 다름없었다.

> 내 날이 마치 스러지는 그림자와 같고,
> 나는 풀처럼 말라 버렸다.
> 그러나 주님 당신은 영원히 보좌에 앉으시고,
> 세대를 이어 사람들이 당신을 기억할 것입니다.시 102:12-13

내 메마른 인생과 하나님의 영원성의 대조. 시인은 이 두드러지는, 그리고 끔찍한 대조에 집착한다. 하나님은 영원히 보좌에 계시고, 거룩한 성 예루살렘은 돌무더기가 되었다. 이 둘은 근본적으로 병립할 수 없고, 이스라엘의 생각에는 불가능한 공존이다. 그러나 이것을 공존시켜야만 한다. 이것은 이론적인 문제가 아니라, 가장 실존적인 문제다. 단지 이 고대의 이스라엘 시인에게만

이 아니라 우리에게도 그렇다. 우리는 영원하신 하나님을 예배한다. 죽음 가운데 사는 우리 모두에게 그것은 무슨 뜻인가? 시편 기자의 말을 빌려 표현하자면 "영원에서부터 영원까지"시 103:17 계신 하나님이 정말로 나의 하나님일 수 있는가? (시편 기자들이 가장 흔하게 쓰는 비유인) 바위이신 하나님이 나의 구원자가 될 수 있는가? 구원을 위해 그렇게 오랜 시간을 기다릴 수는 없다. 하나님의 '영원히 불변하심'은 내게 희망이 되는가, 아니면 나의 긴급한 필요와 절박한 기도를 조롱거리로 만드는가?[1] 하나님의 영원성과 나의 연약성이 흔히들 하는 말로 '실시간으로' 만날 가능성은 있는가? 시편 기자는 이 문제에 대한 답을 얻어야만 했고, 그래서 하나님 앞에 그 요구를 들이밀었다. "자비를 베풀 시간이 이제 왔습니다!" 세계 역사에서 이스라엘처럼 다그치는 기도를 잘하는 경우가 없다. "일어나야 합니다! 당신이 시온을 귀하게 여길 시간이 지났습니다!"시 102:14

　하나님더러 행동하라고 다그치는 이 긴박한 기도의 결과는 무엇인가? 한편으로 보자면 너무 미미하다. 예루살렘 성벽이 갑자기 돌무더기에서 세워지지 않는다. 적들, 파괴자들이 '자기 당할 몫'을 당하는 동안 시인이 만족스럽게 바라보는 일도 일어나지 않는다. 그렇다고 이 시인의 개인적 고통이 극적으로 해소되는 것도

1　시편 102편의 분위기와 맞는 기도는 다음과 같다. "오 자비로우신 하나님, 현존하시어 이 밤 우리를 지켜 주시옵소서. 그래서 이 생의 변화와 우연에 지친 우리가 당신의 영원하신 불변성 안에서 쉴 수 있게 하소서. 우리 주 예수 그리스도를 통하여."공동기도서 133

아니다. 마지막 행이 나오기 불과 얼마 전에도 시인은 하나님을 향해 울부짖는다. "내 날이 다 차지도 않았는데 나를 데려가지 마십시오. 영원에서 영원을 사는 당신이여!"시 102:25 이 애가의 목회적 가치는 그 간호 시설에 사는 남자와 같은 사람들이 드리는 기도라는 데 있다. 그것은 복구할 수 없는 상실을 경험한 사람들, 그리고 그것을 감당하며 사는 법을 배운 사람들에게서 나온 시다. 기적을 기대했지만 보지 못한 사람, 지금도 하나님의 결정적 구원의 행위와 해결을 기다리는 사람들, 때로 왜 기도하는지도 모르겠는 심정으로 계속 기도하는 사람들, 우리와 같은 사람들.

그렇다면 어떤 의미에서 이 시편은 실망이 큰 시편이다. 우리가 아는 한 시인은 하나님의 음성을 듣지 못한다. 풍성한 복, 장수, 행복의 약속을 받지 못한다. 그러한 약속들이 성경에는 나오지만 애가의 시편에는 거의 나오지 않는다. 애가는 기도의 삶의 특정 시기를 대변한다. 근본적으로 불확실하고 매우 취약한 시기에 나오는 기도다. 어떤 사람들은 평생을 그렇게 산다. 전쟁 없는 나라를 경험하지 못한 수단의 그리스도인들, 난민촌 밖을 경험하지 못한 팔레스타인 사람들, 암에 걸린 소녀 혹은 에이즈에 걸린 청년. 이 시편은 그들을 대변하는 시편이다. "[하나님이] 인생 도중에 내 힘을 막으셨고, 내 날을 짧게 하셨다."시 102:24 이 시편은 장수와 풍요의 약속은 주지 못하는 것을 그들에게 준다. 자신들이 경험한 하나님을 성경의 언어로 표현할 수 있게 해준다. 그리고 신앙의 지도상에서 자신들이 경험하는 현실이 어디에 위치하는지 볼 수 있게 해준다.

시편 기자가 기도할 때 어떤 일이 일어나기는 한다. 무엇인가 가 변한다. 그러나 기도할 때 일어나는 일이 반드시 우리가 바라는 일은 아니다. 우리는 상황이 나아지기를 바란다. 그러나 애가의 시편은 외적 상황이 개선되었다고 결코 말하지 않는다. 기도를 통해서 그러한 개선이 일어날 수 있다는 것을 우리는 알고, 성경도 그것을 증언하지만, 이 시편에서는 그런 일이 일어나지 않는다. 이 시편은 또 다른 실재를 증언한다. 그것은 바로 기도하면서 시편 기자 안에서 일어나는 변화다. 다시 말해서, 여기에서 일어나는 변화는 우리의 시인이 안정성을 얻는다는 것이다. 하나님으로부터 외면당해 거의 소멸할 위기에 처했던 이 사람, 연기처럼, 그림자처럼, 말라 버린 풀처럼 존재 자체가 희미해지는 것 같았던 그가 이제 자기 목소리를 찾는다. 영원히 사시는 하나님 앞에서 자기가 설 자리를 찾는다. 시인은 계속해서 기도할 수 있게 되었다. 그리고 이 경우 거의 서른 절을 계속해서 기도한다. 기도는 하나님의 영원성과 그의 끔찍한 연약성이 만날 수 있는 자리를 만들어 준다.

이 기도의 많은 말들이 실제 상황과는 극적으로 어긋나는 말들이다. 들어 보라.

　　민족들이 주님의 이름을 두려워할 것이고,
　　이 땅의 모든 왕들이 당신의 영광을 두려워할 것입니다.

주께서 시온을 지으시고,

[하나님이] 영광 가운데 나타나시기 때문입니다.시 102:16-17

시편 기자는 선조들의 신조, 그들의 신앙 고백을 암송하고 있다. 그러나 이 말은 지금의 상황과는 다른, 더 좋은 시절에 했던 말이다. 선조들은 하나님이 시온을 지으시는 것을 보았지만, 우리의 시편 기자는 돌무더기 위에 서 있다. 때가 지나도 속절없이 지나 버린 이 말이 그에게 무슨 의미가 있겠는가? 그러나 신조와 현 상황 사이의 이러한 부조화가 바로 이 암송을 중요하게 만든다. 우리가 왜 신조를 암송하는지를 보여주기 때문이다. 옛 신앙은 지금 경험하는 힘겨운 상황에 대항하는 힘을 준다. 지금 우리의 상황이 아주 힘겨울지라도—마이어스-브릭스Myers-Briggs의 유형화에 따라 분류하자면, 이 애가의 시인들은 '감정'의 영역에서는 측정이 불가능할 정도다—우리가 신앙을 지키려면 오직 자신의 경험에만 의존해서 하나님은 누구시고, 무엇을 하시며, 심지어 우리를 위해서 무엇을 하시는지를 정할 수 없다. 이스라엘이 야훼의 백성으로서 견딜 수 있는 이유는 자기 경험으로는 신앙을 지탱할 수 없을 때 선조들의 신앙에 기댈 수 있기 때문이다.

이것이 바로 성경적 신앙과 이교의 차이이다. 이교는 즉각적인 경험에 의지한다. 마르두크 신을 섬기는 사람들은 마르두크의 도시인 바벨론이 견고하게 서 있는 동안에만 그 섬김이 유효했다. 그러다가 흔적도 없이 사라졌다. 이 시편 기자와 같은 시대에 드렸던 그들의 기도는 바벨론처럼 오직 고고학적 유물로만 남아 있을 뿐이다. 이스라엘도 그처럼 즉각적인 경험에만 의존했다면, 그들의 신앙과 정체성은 이미 오래전에 여러 파멸의 사건들—처음에는 바벨론, 나중에는 로마에 의한 예루살렘의 몰락, 아시리아로부터 시작해 로마, 십자군, 차르, 그리고 나치에 의한 대학살의 사건들—과 함께 사라졌을 것이다.

마찬가지로 교회도 신앙 고백에 의지해 생존한다. 심지어 그 고백이 우리 삶의 경험과 대치되는 것 같을 때에도 세대에서 세대로 이어지는 그 신앙 고백에 의지한다. 디트리히 본회퍼는 그리스도인들이란 경험—하나님에 대한 경험도 포함해서—이 아닌 신앙으로 규정되는 사람이라는 것을 교회에 상기시켰다. 나치 시대의 악몽 같은 세월의 경험에 의존할 수 있는 사람이 어디에 있겠는가? 신실한 유대인들과 그리스도인들이 하나님께서 자신을 버렸다고밖에 생각할 수 없었던 그 시절에 말이다. 그러나 남은 자들, 고백하는 교회는 다시 성경의 신앙으로 돌아갔다. 역사의 홍수를 견디려면 우리가 신뢰할 수밖에 없는 신실하고 자비롭고 능력 있는 그 하나님을 증언하는 신앙으로 말이다.

후대를 위해 이것을 기록하라.

아직 태어나지 않은 백성이 주님을 찬양할 수 있도록.

주께서 거룩하신 높은 곳에서 내려다보시고…

죽을 수밖에 없는 사람들을 위해 길을 열어 주신다는 것을. 시 102:19-21

"후대를 위해 이것을 기록하라." 아직 태어나지 않은 세대를 위해 선조들의 신앙을 고백함으로써 우리는 영원하신 하나님의 세월과 우리의 짧은 인생을 연결시킬 수 있을지도 모른다. 우리는 고대에서 비롯되었지만 미래를 구속하는 신앙을 고백하고, 그럼으로써 습관적으로 자신에게 집착하는 데서—현재의 불안을 크게 확대하고 우리의 상실도 더 크게 부각시키는 그 집착에서—조금은 벗어날 수 있다.

신앙을 고백함으로써 시편 기자의 관점은 근본적으로 달라진다. 기도의 마지막에도 하나님의 영원성과 우리가 소중하게 여기는 다른 모든 것의 찰나성 사이의 대조는 여전히 예리하게 느껴진다. 그러나 이제 더 이상 그 대조는 끔찍하지 않다. 오히려 확신을 준다.

> [하늘과 땅은] 사라질 것이지만, 당신은 설 것입니다.
> 옷처럼 당신은 그것을 바꿀 것이고, 그것은 바뀔 것입니다.
> 그러나 당신[하나님]은 한결같으며, 당신의 해는 끝이 없습니다.
> 당신의 종들의 자녀들은 계속될 것이고,
> 그들의 씨가 당신의 현존에서 지속될 것입니다. 시 102:27-29

"당신의 종들의 자녀들은… 당신의 현존에서 지속될 것입니다." 바로 여기에서 시편 기자의 외침이 그치고, 하나님의 현존 가운데 개인적 소멸의 공포는 사라진다. 교회에서 하나님의 거룩한 이름을 세대에 세대를 이어 고백하는 것은 우리에게 안정성을 준다. 개인을 해로부터 보호해 주어서가 아니라, 우리를 영원으로 가차 없이 밀어붙이기 때문이다. 영원이란 이 세상에서나 다음 세상에서나 하나님의 현존 가운데 온전하게 사는 것이다. 우리의 필멸성은 이 생에서 결코 극복될 수 없다. 우리가 극복할 수 없는 것은 물론이고, 하나님도 극복하실 수 없다. 오직 그것을 하나님을 섬기는 데 바칠 따름이다.

아우슈비츠에서 죽은 젊은 네덜란드계 유대인 에티 힐레숨^{Etty Hillesum}은 우리에게 이것에 대해 가르쳐 주는 바가 있다. "굴복이란 포기하거나 체념하는 게 아니라, 하나님이 어디든 나를 두시는 곳에서 내가 할 수 있는 대로 작게라도 돕는 것이다"[2]라고 그는 말했다. 에티가 이 말을 일기에 쓸 때 네덜란드계 유대인의 운명에 대해 무슨 낙관적인 기대가 있었던 게 아니다. 그러나 하나님을 섬기는 마음으로 그녀는 포로수용소로 이송되는 첫 그룹과 함께 가기로 자원했고, 고통과 두려움이 극에 달한 곳에 머물렀을 것이다. "하나님이 어디든 나를 두시는 곳에서 내가 할 수 있는 대로 작게라도 돕는 것." 이렇게 연약한 가운데서도 하나님의 손에 우리 자신을 굴복함으로써 우리는 영원으로 들어간다. 그리고 거기에서 우리는 연약함 때문에 불안해하거나 슬퍼할 필요가 없음을 깨닫는다. 오히려 하나님은 그것이 확신의 근원이 되기를 바라시고, 심

---

2 *An Interrupted Life: The Diaries of Etty Hillesum, 1941-1943*(New York: Pantheon Books, 1983), 142.

지어 에티의 경우가 그랬던 것처럼 기쁨의 근원이 되기를 바라신다. 왜냐하면 바로 그 연약성—우리 힘의 분명한 한계, 실패할 수밖에 없음, 죽음의 확실성—이 일터에서, 우리 안에서, 세대에 세대를 이어 교회에서, 그리고 영원히 그리스도 예수 안에서 하나님의 능력이 행사되는 것을 보아야 할 필요와 욕망을 낳기 때문이다. 그리스도 안에서 연약한 인간과 영원한 하나님은 온전히 만나 연결되었고, 심지어 십자가의 죽음도 그것을 떼어 놓지 못한다.

14
자발적인 상심
시편 51편

시편 51편은 사순절에 읽기에 가장 좋은 시편이다. 그 절기에 특별히 집중하는 통회의 행위를 자세하게 안내해 주는 유일한 시편이자, 어쩌면 성경에서 유일한 본문이기 때문이다. '통회'라는 말이 좀 낯설게 들릴 것이다. 확실히 오늘날에는 잘 쓰지 않는 개념이다. 통회란 죄 때문에 애통해하는 용기다. 자발적으로 마음이 찢어지게 해서 그것을 하나님께 바치는 이 행위는 우리 사회의 인식과는 근본적으로 다른 반문화적인 개념이다. 왜냐하면 우리 시대의 이상은 자기 자신과 편안하게 지내는 것이기 때문이다. 우리는 자기 용서를 끝도 없이 잘하는 것 같다. 아니, 애초에 죄책감이 올라오는 것을 무시한다는 말이 더 맞을지도 모르겠다. 우리는 인간

일 뿐이고, 누구나 다 역기능 가정에서 살아온 이력이 있다고 하니, 이러한 상황에서는 죄로부터의 자유가 아닌 심리적 안정이 목표가 될 수밖에.

이러한 태도 때문에 종종 목회도 비슷한 양상을 띤다. 몇 년 전 신학교에 있을 때 나는 영적인 지도를 받고 고해를 할 수 있는 사람을 찾았다. 그래서 어느 신부와 만나 이 시편 기자가 '범죄'라고 분명하게 말한 일들을 그에게 털어놓기 시작했다. 그러나 곧 그 젊은 신부는 친절하면서도 단호한 표정으로 나를 쳐다보며 말했다. "그러니까 그런 일들 때문에 설마 죄책감을 느낀다는 말을 하려는 건 아니지요?" 당연히 나는 그렇다고 말하려 했다. 내가 애초에 고해 대상을 찾은 이유도 죄책감의 무게를 견디기 어려워서였기 때문이다. 그때 그 신부의 반응은 의도는 좋았지만 방향을 영 잘못 잡았다고 생각한다. 다른 많은 현대의 그리스도인들처럼, 그는 하나님 앞에서 자신의 죄를 고하는 것이 그리스도인의 생활에 필수적인 요소임을 이해하지 못했다. 신부에게 사적으로 고해를 하는 것이 어떤 그리스도인에게는 도움이 되고 어떤 그리스도인에게는 도움이 되지 않지만, 모든 그리스도인은 하나님 앞에서 자신의 죄를 구체적으로 고하는 시간을 정기적으로 가져야 한다. 죄로 인해 우리 앞에 놓인 죽음의 함정을 벗어나는 길은 그것밖에 없기 때문이다.

그렇다면 우리가 '통회'라고 부르는 이 자발적인 상심의 작업은 어떻게 우리를 죄로부터 자유롭게 해주는가? 프레더릭 윌리엄

파버Frederick William Faber가 쓴 친숙한 찬송가 가사에서 그 단서를 얻을 수 있다. "하나님의 자비는 넓도다. 바다처럼 넓도다." 하나님의 자비는 상상을 초월할 정도로 넓다. 너무 넓어서 우리가 감당할 수 없을 정도다. 하나님의 자비는 넓지만, 우리의 마음은 좁다. 죄로 인해 좁아졌다. 왜냐하면 죄의 본질이 바로 하나님과 이웃을 향해 우리를 여는 대신 우리 자신에게만 집중하는 것이기 때문이다. 하나님의 자비는 넓지만, 죄 많은 우리의 마음은 좁다. 시편 기자는 오직 찢어진 마음만이 진정 하나님을 향해 열린다는 것을 알았다.

> 신성한 제사는 깨어진 영혼입니다.
> 찢어지고 짓밟힌 마음을 하나님 당신은 경멸하지 않으십니다.시 51:19

그래서 하나님은 우리가 착하게 굴고 죄로 인해 황폐해질 때까지 기다렸다가 자비를 베푸신다고 생각할 수도 있지만, 이 찬송시는 그와는 다른 그림을 제시한다. 하나님의 자비는 바다처럼 끊임없이 흐르지만, 우리의 마음이 대부분 굳어 있어서 그것을 경험하지 못한다는 것이다. 통회는 우리를 향한 하나님의 자비를 느낄 수 있게 해준다. 하나님의 자비가 우리에게 작용할 수 있게 해주는 것이다. 하나님 앞에서 우리의 마음을 찢으면 그 조각들이 가라앉아 버리는 게 아니다. 들어 올려져서 하나님의 자비의 조류를 타고 둥둥 떠다닌다. 시편 기자는 그것을 알고, 잠시도 주저하지 않고 하나님의 온전한 자비를 요구한다. "당신의 친절한 사랑에 따라 내게 자비를 베푸소서, 하나님. 당신의 풍성한 자비를 따라 내 범죄를 씻어 버리소서."시 51:3 시인의 범죄는 실로 끔찍했다. 이 시편이, 다윗이 밧세바와 간음하고 그녀의 남편 우리야를 살해한 후에 지은 시로 알려져 있다는 것을 기억할 것이다. 다윗이 요구하는 자비는 그것을 받을 그의 자격이 아니라, 그것이 필요한 그의 상황으로 가늠해야 한다. 제약이 없는 하나님의 사랑으로 가늠해야 한다.

다윗은 우리와 달리 모든 것을 고백한다. 우리는 자신의 죄를 최소화하는 경향이 있다. "내가 한 게 잘못일 수는 있지만, 내게도 그럴 만한 이유가 있었다. 적어도 정당한 변명이 있다"라고 말이다. 그러나 다윗은 자신의 죄를 극대화해서 일반적으로 사람들이 하는 것보다 훨씬 더 많이 고백한다. "보십시오, 나는 날 때부터 죄가 있었고, 내 어머니도 죄 중에 나를 잉태했습니다."시 51:7 "나는 날 때부터 죄가 있었다." 이 선언이 얼마나 급진적인지 감이 오는가? 우리가 새 생명에 흔히 부여하는 감상주의에 정면으로 도전한다. "내 어머니도 죄 중에 나를 잉태했습니다." 이것을 심리적인 상처가 곪은 것을 나타내는 표현으로 이해하면 요점을 놓치는 것이다. 시편 기자는 우리가 잘 인정하지 않는, 인간의 삶에 대한 진실을 우리 앞에 제시하고 있다. 모든 새로운 생명은 이미 깊이 상한 인간관계의 망 안에서 태어난다. 우리는 도덕적 결함을 가지고 태어난다. 그 누구도 백지 상태로 태어나지 않는다. 인종, 성, 사회적 위치, 부모, 심지어 개인의 생물학적 구성 때문에 우리는 다른 사람에게 상처를 주고 그들로부터 상처를 받을 수밖에 없다. 이것이 바로 원죄의 의미다. 요즘에는 인기 없는 신학적 주제가 되었지만, 우리의 죄책감과 고통을 이해하려면 이 원죄에 대한 이해가 반드시 필요하다.

"내 어머니도 죄 중에 나를 잉태했습니다." 우리는 이러한 개념에 저항한다. 다른 사람의 죄에 연루되고 싶지 않아 하는 것, 백지 상태에서 스스로 의를 향해 나아가고 싶은 것은 자연스러운 욕망이다. 자연스러운 욕망이기는 하지만, 인간적인 욕망은 아니다. 다른 사람의 죄에 연루되지 않는 것이 가능했다면, 아무런 역사 없이 이 땅에 산다는 말이 될 것이기 때문이다. 그래서 그리스도교 신앙은 바로 이렇게 우리의 역사를 말해 준다. 내가 부모로부터 신체적 기질적 특징 외에, 죄를 짓는 경향과 하나님의 길이 드러나기를 기다리는 대신 내 길을 찾으려 하는 경향도 함께 물려받았다고 말이다. 이러한 인내심 없는 자기 추구는, 물론 이브와 아담이 에덴동산에서 지은 죄이고, 그 이후로 단 한 사람을 제외한 모든 사람이 그 죄를 지었다. 좀 더 개인적인 차원에서 보더라도 나는 부모의 죄에 연루되어 있다. 나의 많은 특정한 죄들은 내가 부모로부터, 그리고 내 부모는 그들의 부모로부터, 보고 배운 두려움과 분노에 뿌리를 두고 있다. 나는 내 부모가 생각 없이 행하는 모습을 여러 면에서 그대로 닮았다. "나는 태어날 때부터 죄가 있었다."

우리가 물려받은 죄는 가족에 국한되지 않고 사회적인 영역까지 아우른다. 현 시점의 세계 역사에서 북미인으로 산다는 것은 우리 모두가 거대한 쓰레기를 만들어 내는 문화적 죄에 어느 정도 적극적으로 참여하고 있다는 뜻이다. 해마다 우리는 미국과 캐나다 국경을 따라 200피트 높이와 75피트 두께의 벽을 세울 만큼의 쓰레기를 버리고 있다. 이 상상의 벽은 우리의 욕심과 우리 뒤에 올 세대들에 대한 무관심을 증명하는 기념비다.

우리는 죄를 안고 태어났다. 이것이 바로 시편 기자의 첫 번째 급진적인 통찰이다. 그와 마찬가지로 급진적인 또 하나의 통찰은 우리의 모든 죄가 하나님에 대한 죄라는 것이다.

> 당신께, 오직 당신께만 나는 죄를 지었고,
> 당신이 보기에 악한 일을 했습니다. 시 51:6

우리의 죄가 무엇보다도 하나님을 아프게 한다고 생각하는 사람은 거의 없다. 우리는 무엇보다도 인간적 결과에 대해서 생각한다. 우리야의 경우 다윗의 죄 때문에 돌이킬 수 없는 피해를 당했다. 그러나 다윗은 "당신[하나님]께, 오직 당신께만 나는 죄를 지었다"라고 말한다. 통회하는 가운데 다윗은 더 깊은 현실을 보게 된다. 그는 성경적 신앙의 가장 깊은 진실, 에덴동산에서부터 골고다에까지 이르는 이야기 전체의 기저에 놓인 진실을 보았다. 그 진실은 바로 하나님이 인간의 죄에 매우 취약하다는 것이다. 우리의 죄는 하나님의 정의에 대한 모욕 이상의 것이다. 하나님의 마음과 창자를 찢어질 듯 아프게 하는 일이다.

우리가 직면해야 하는 사실은 죄에 대한 하나님의 취약성은 전면적이어서 십자가에 달려 죽기까지 하게 만든다는 것이다. 하나님이 사랑이시라는 말은 바로 그러한 뜻이다. 사랑을 하는 모든 사람이 알듯, 사랑의 단점은 고통에 취약하다는 것이다. 따라서 완벽한 사랑은 동시에 완벽한 취약성이기도 하다. 십자가의 메시지는 하나님의 사랑이 죄를 극복할 정도로 강하기는 하지만, 사랑은 오직 죄에 대한 모든 방어를 해제함으로써만 정복한다는 것이다. 그리스도는 죄가 가하는 모든 상처를 받음으로써만 정복하신다.

다윗은 우리 죄에 대한 하나님의 끔찍한 취약성을 알았다. 그래서 그도 전적인 취약성으로 그에 응한다. 아무런 변명 없이, 상황을 탓하지 않고 자신의 죄를 고백한다.

내가 나의 범죄를 알고,

내 죄가 영원히 내 앞에 있음을 알기 때문입니다.시 51:5

이제 우리는 왜 다윗이 "하나님의 마음에 드는 사람"삼상 13:14이라고 불렸는지 알 수 있다. 다윗은 정말로 하나님의 마음에 드는 사람이었고, 하나님의 마음에 있는 것을 자기 마음에도 느낄 때까지 멈추지 않았다. 사람이 느낄 수 있는, 그러나 오직 소수의 성인들만이 온전히 느낄 수 있는 그러한 고통을 느낄 때에도 그는 멈추지 않았다. 그 고통이란 바로 하나님이 보시는 그대로 우리의 죄를 바라보는 것이다. 이 신성한 고통은 인간은 감당할 수 없는 것이다. 그래서 다윗의 마음이 찢긴다.

> 하나님께 마땅한 제사는 깨어진 영혼입니다.
> 찢어지고 짓밟힌 마음을 하나님 당신은 경멸하지 않으십니다.시 51:19

우리는 이것을 원하지 않고, 지금도 다윗이 틀렸다고 생각할 수 있다. 심하게 깨어진 영혼은 하나님을 섬기기에는 약한 도구이므로, 뒤를 돌아보는 게 아니라 차라리 유연성을 발휘해서 앞을 바라보며 최악의 죄도 딛고 일어서는 게 더 낫다고 변명할 것이다. 그러나 다윗의 경우 그러한 논리를 펼치는 단계는 이미 지났다. 절박함 때문에, 그리고 신앙 때문에 그 단계는 지나갔다. 우리의 마음이 정말로 죄로 인해 찢기면, 오뚝이처럼 다시 일어나지 못한다. 다만 "나의 마음을 깨끗하게 만들어 주십시오, 하나님"이라고 외치게 된다. 이 시편에 보면 다윗은 세 번이나 연이어 새로운 영혼을 달라고, 하나님의 영께 자신의 영이 찢긴 그곳으로 들어와 달라고 간청한다. "내 안에 올바른 영혼을 회복시켜 주십시오. … 당신의 성령을 내게서 가져가지 마십시오. … 당신의 풍성한 영으로 나를 붙잡아 주십시오."시 51:12-14

절박함 속에서 하나님의 방식을 이해하는 다윗의 본능이 정확하게 발휘된다. 그는 용서를 구한다. "나의 모든 죄를 씻어 주십시오."시 51:11 그리고 하나님의 성령에 대한 지속적인 간구는 다윗이 용서가 정확히 무엇인지 알고 있음을 보여준다. 그것은 우리가 흔히 생각하는 대로 하나님이 우리에게 혹은 우리를 위해서 하시는 무엇이 아니다. 일종의 형이상학적 드라이클리닝처럼 얼룩을 지우는 행위가 아니다. 용서는 죄 가운데 있는 우리와 하나님이 함께하는 것이다. 하나님의 성령이 우리의 영혼이 깨질 때 열리는 그 공간으로 서둘러 들어오는 것이다. 용서는 하나님의 자비로운 영이 에스겔의 환상에 나오는 마른 뼈겔 37:1-14 위로 쏟아져서 그것을 적시고 온전하게 회복시키고 힘을 주어 다시 섬길 수 있게 하는 것이다. 용서는 우리와 함께하는 하나님의 직접적 현존이며, 우리는 많은 경우 다윗이 지금 기도하는 것과 같은 상황에, 다시 말해 죄를 피하거나 변명하려는 모든 전략을 다 쓰고 이제는 우리가 하나님처럼 그 죄로 인해 심각하게 상했음을 인정할 수밖에 없는 상황으로 내몰리는 통회의 순간에, 그 현존을 처음으로 깊이 경험하게 된다. 그리고 믿기 힘든 이 시편의 복음은 바로 통회의 순간이 용서의 순간이라는 것이다. 온통 자비로우시고 넘치는 사랑이신 하나님의 영혼이 갈증에 허덕이는 우리의 영혼을 만날 때가 곧 용서의 순간이다.

하지만 어떻게 우리는 스스로를 속이지 않을 수 있을까? 어떻게 우리가 용서받았다는 것을 정말로 알 수 있을까? 하나님의 풍성한 영이 우리의 깨어진 영혼을 만나고 치유하셨다고 어떻게 확신할 수 있을까? 그 대답은 놀랍도록 간단하다. 우리의 기도가 바뀔 때 알게 된다. 찢긴 마음의 다윗은 이렇게 기도했다.

오 주님, 내 입술을 여십시오.
그러면 내 입이 당신을 찬송할 것입니다.시 51:17

우리가 (기대와는 달리) 하나님을 찬양하는 것을 볼 때, 우리는 용
서가 일어났음을 알게 된다. 왜냐하면 하나님을 찬양한다는 것은
죄로부터 자유로워졌다는 뜻이기 때문이다.

죄를 슬퍼하다 보면 어느새 하나님을 찬양하고 있는 자신을 발
견한다는 것, 이것이 바로 하늘나라의 본질적인 역동이다. 우리 모
두가 그렇게 하나님께 다가가야 한다. 어쩌면 단테만큼 이러한 역
동을 더 생생하게 표현한 그리스도인은 없을 것이다. 그는 그리스
도인들이 하나님을 향해 연옥의 산을 오르는 모습을 묘사했는데,
단테의 연옥은 죽음 이후에 일어나는 일을 설명하는 중세의 환상
에 불과한 게 아니다. 그는 교회의 현재 모습, 혹은 우리가 죄로부
터 자유롭기 위해서 현재 마땅히 보여야 하는 모습을 통찰력 있게
제시했다. 연옥의 산을 오르는 일은 힘들다. 하나님의 모든 긍휼에
도 불구하고 자신의 죄를 인정하고 그것을 뒤로하는 일은 여전히
느리고 힘든 작업이다. 우리가 죄에 너무 애착을 느끼기 때문이다.
연옥의 산을 오르는 일은 힘들지만, 그러나 단테의 연옥은 침울한
곳이 아니다. 오히려 그 반대다. 그 산을 힘겹게 오르는 중에도 그
들은 서로를 격려하기 위해 찬송을 부르고, 자신들이 향해 가는

하나님을 큰 소리로 찬양하기 때문이다. 그리고 그 하나님은 사실상 이미 그들과 함께 연옥에 계신다. 그들이 그 길을 계속 가도록 지탱해 주는 것이 바로 하나님의 풍성한 영이기 때문이다.

15

그늘에서 섬기기

이사야 49장

주께서 내 입을 날카로운 칼처럼 만드시고,

그의 손의 그늘에 나를 숨기셨다.

그리고 나를 벼린 화살처럼 만드시고,

자신의 화살통에 나를 숨기셨다. 사 49:2

이 본문은 성경학자들이 이사야의 두 번째 종의 노래라고 부르는 짧은 시를 통해 우리가 보통 기억하는 이미지와는 매우 다르다. 우리가 아는 유명한 이미지는 몇 구절 뒤에 나온다.

내가 너를 민족의 빛으로 주어서

내 구원이 땅끝까지 이르게 하겠다. 사 49:6

구원을 전파하는 멈출 수 없는 빛. 물론 그리스도인들은 이 강력한 은유가 세상의 빛이신 예수 그리스도 안에서 성취된 약속을 가리킨다고 보았다. 그리고 그 약속은 교회의 사명과 사역을 통해서 계속 성취되었다. 그리스도인들은 '성령의 능력으로', '주님을 사랑하고 섬기기 위해서' 세상으로 나간다. 이러한 이미지는 사순절 동안의 자기 성찰을 마치고 밝은 부활절의 희망을 맞아 그것을 전파하려는 교회를 격려할 수 있다. 그리스도인으로 살기를 택한 사람은, 즉 우리 문화가 제시하는 좀 더 매력적인 다른 길들 대신 그 길을 택한 사람은, 이 빛의 이미지에서 자신을 처음 교회로 이끈 것이 무엇이었는지 돌아보게 될 것이다. 그것은 신학자들이 '사명 의식'이라고 부르는, 이 세상에서 의미 있는 일을 하려는 욕망, 심지어는 세상을 위해서 무언가 선한 일을 하려는 욕망이었다.

그러나 이 시가 빛의 전파로 시작하는 게 아니라, 그와는 정반대로 숨김의 이미지로 시작한다는 사실을 인식하지 못하면 그리스도교의 사명과 사역의 성질을 오해할 수 있다. 여기에서 모범이 되는 종은 하나님의 손의 그늘에 숨긴 날카로운 칼이고, 하나님의 화살통에 쟁여 둔 잘 닦인 화살이다. 이 시는 사역의 힘이 바로 거기, 곧 숨겨진 자리에서 나온다고 암시한다. 하나님이 우리를 통해 빛을 전파하려는 목표를 언젠가 이루시려면, 먼저 이 숨김의 이미지를 받아들여야 한다. 이 예언의 시는 무명으로 사는 훈련을 할 필요가 있다고 주장한다. 이것은 정말로 반문화적인 실천이며, 따라서 십자가의 길을 걷는 우리가 생각해 보기에 더할 나위 없이 적절하다.

하나님의 손의 그늘 가운데 사는 것, 하나님의 등에 매달린 화살통에 숨는 것. 우리가 두 번째 이사야라고 부르는 위대한 시인은 효과적인 공적 사역을 위한 종의 준비는 이렇게 외진 곳에서 일어난다는 것을 상기시켜 준다. 우리가 하는 일을 별로 알아채지도 못하고, 인정하지도 않고, 감사하지도 않는 그런 곳에서 말이다. 우리가 하나님의 보호와 돌봄을 가장 잘 받는 곳은 바로 숨겨진 장소다. 이것은 많은 사람들이 소수의 잘나가는 자리에 도달하기 위해 애를 쓰고 그러면서 일상적으로 실망을 경험하는, 우리에게 익숙한 이 환경에서는 쉽게 잊어버리는 진실이다. 그러나 이사야서 후반부의 존재 자체가[1] 다른 삶의 길에서도 그러하듯 그리스도인의 삶에서도 공적 인정이 성공의 기준이라는 가정에 도전한다. 이 열여섯 장의 뛰어난 시 자체가 무명으로 사는 힘겨운 훈련 끝에 맺은 열매다. 이 선지자의 진짜 이름은 아마 한 번도 알려진 적이 없거나 수천 년 전에 잊혔을 것이다. 게다가 소위 두 번째 이사야라는 이 사람은 가장 외진 곳이라 할 수 있는 유배 간 백성을 향해서, 그들을 위해서 말하고 있다. 여러 민족이 쓰레기 더미처럼

---

1   40-55장은 예루살렘의 이사야—(주전) 8세기 시인이었던 그의 메시지와 역사는 이사야서의 첫 서른아홉 장에 보존되어 있다—가 아니라, (주전) 6세기 익명의 시인이 기록한 것으로 보통 간주한다. 이 시인을 학자들은 '두 번째 이사야'라고 부른다.

모여 있는 바벨론은 그 어떠한 빛도 비치기에 적합하지 않은 장소로 보였다.

우리가 무명성을 매우 필요로 하기 때문에, 그리고 그것이 얼마나 가치 있는지 모를 때가 많기 때문에, 성경은 반복해서 우리에게 그 필요를 일깨워 준다. 시편 기자의 말을 들어 보라.

오 주님, 우리를 당신의 눈동자처럼 보호하시고,

당신의 날개 그림자 아래 숨기소서.시 17:8

당신이 나의 도움이 되셨기 때문입니다.

당신의 날개 그림자에서 내가 기쁘게 노래할 것입니다.시 63:7

내가 늘 들어갈 수 있는 바위 같은 피난처가 되시어

나를 구해 주소서.

당신은 나의 바위요 요새이시기 때문입니다.시 71:3

마찬가지로 예수님도 외진 곳이 하나님의 임재를 가장 잘 느낄 수 있는 곳임을 아셨다. 그렇기 때문에 새로운 힘이 필요할 때 종종 캇이디안*kat'idian*, 즉 혼자서 가셨던 것이다. 예수님은 사촌 요한의 목이 베어졌다는 소식을 듣고 그 충격을 감당하기 위해 "혼자서 외진 곳으로" 가셨다.마 14:13, 23 캇이디안, 혼자서, 예수님은 자신을 가장 잘 이해했던 사람을 잃은 현실을 받아들이셨다. 물러가

기도하시면서 다가오는 자신의 난폭한 죽음을 직면할 힘을 모으셨다.[2] 그리고 예수님은 제자들에게도 무명의 훈련을 가르치셨다. 보이지 않는 곳에서 힘을 얻고, 하나님을 찾으라고 하셨다. 제자들이 가르치고 치유하는 큰 임무를 처음으로 마치고 돌아왔을 때 예수님은 "잘나가고 있군!" 하시며 다음번 전도 운동의 전략을 짜지 않으셨다. 오히려 "너희들끼리 [캇이디안] 외진 곳으로 물러가 잠시 쉬어라" 하고 말씀하셨다. (마가복음 6:31, 누가복음 9:10과 비교하라.)

보이지 않는 곳으로 피해 쉬는 것은 그리스도인의 삶의 본질적인 훈련이어야 한다. 그 이유는 지금 여기에는 전쟁이 일어나고 있고, 우리가 그것과 관련 있기 때문이다. 성경은 창세기 3장부터 계시록까지 악에 대항하는 하나님의 투쟁을 기록한 긴 전쟁의 역사다. 그런데 유배 시대의 이 시인은 우리가 하나님의 전쟁의 무기라고 말한다. 하나님의 종들이 바로 악에 대항해 사용할 벼린 칼과 잘 닦은 화살이라는 것이다. 현대의 그리스도인들에게 이것은 생소한 개념일지 모른다. 우리는 악에 대해 별로 이야기하지 않고, 스스로를 믿음의 전사로 보지도 않는다. 그러나 성경의 시인은 매주 우리가 예배를 드리러 올 때마다 지금 정말로 무슨 일이 일어나고 있는지 직면하라고 촉구한다. 혹은 날마다 자기 방에서 성경을 읽고 기도할 때, 그리고 다른 그리스도인들과 만나서 우리가

---

2 마태복음 16:21을 보라.

무엇을 믿고 무엇을 실현하려고 하는지—때로 그 가능성이 희박할지라도—에 대해 이야기할 때, 현실을 직면하라고 촉구한다. 그러한 일들 모두가 크든 작든 우리 삶에서 한 자리를 차지하고 있으며, 또한 그러한 일들을 통해서 우리가 악을 악이라 명명하게 되고, 날마다 함께 살아가는 악의 모든 형태에 대항해 싸우는 하나님의 유용한 도구가 되어 가는 것은 사실이다.

하지만 문제는 우리가 악에 대한 싸움을 악의 밖에서 하는 게 아니라는 것이다. 그 누구도 악에 면역된 사람은 없다. 따라서 하나님을 섬기는 일에 유용하게 쓰이려면 종종 행동에서 물러나 자신의 위치를 분명하게 해야 할 필요가 있다. 악을 제대로 바라보고 우리가 언제든 거기에 공모할 수 있다는 것을 깨닫기 위해서, 우리는 유배 간 이스라엘처럼 억지로, 고통스럽게라도 외진 곳으로 물러가야 한다.

초기의 그리스도인들은 의도가 아무리 좋고 희망에 차 있어도, 인생을 망치는 세력에 의해 우리가 쉽게 포로가 된다는 것을 알았다. 그래서 그들은 '비밀 훈련*disciplina arcana*'이라는 것을 실천했다. 우리가 사는 신비에 대해 의도적으로 성찰을 한 것이다. 하나님이 창조하신 세계 곳곳에 미치는 죄의 신비, 마찬가지의 세력을 가진 구원의 신비, 한때 우주적 위엄이었던 존재가 갈릴리 목수의 삶을 입을 정도로 낮아진 거룩한 겸손의 신비, 인간의 연약함 속에 자신을 깊이 숨기고 심지어 십자가의 죽음에 이르기까지 자신을 내맡긴 거룩한 권능의 신비를 성찰했다. 첫 세대의 그리스도인들이 알았던 것처럼 교회가 지배 문화와 너무도 닮은 모습으로 살고 말하는 것을 볼 때, 그때가 바로 다시 엄격하게 '비밀 훈련'을 할 때다. 다시 말해서 교회가 너무 편안해지면, 문화적으로 수용되는 화려한 언변을 버리고 한참을 더듬대야만 이해되고 표현할 수 있는 신비에 머물 때가 온 것이다.

유배를 간 이스라엘처럼, 누구나 자신이 머물며 살게 되는 여러 제국들의 방법과 지혜에 동화될 위험을 늘 안고 산다. 그 방법과 지혜는 그것 자체로는 큰 가치가 있을 수 있다. 내가 속한 바벨론은 아주 큰 대학이고, 나는 그곳에서 일하는 게 기쁘다. 그러나 그 대학의 전문적인 의제에 따라 내가 가르치는 사역을 맞추고 그것이 제시하는 보상을 기대한다면 내 일은 위험해진다. 동화의 위험은 누구에게나 있고, 우리가 소위 '성공적인 사역'이라고 부르는 것을 누리는 교구와 개인에게 그 위험은 가장 클 것이다. 따라서 우리의 성과를 정기적으로 중단시키고 그 신비들과 가깝게 있을 수 있는 비밀의 장소로 가야 한다. 개인 기도를 위해 치열하게 지키는 몇 분, 영적인 독서와 연구를 위해 매주 혹은 매달 따로 빼놓은 몇 시간, 그리고 피정을 위한 며칠의 시간을 가져야 한다.

우리가 계속해서 비밀의 장소를 추구해야 하는 이유는 단지 동화의 위험 때문만은 아니다. 어쩌면 그것보다 악에 대한 싸움이 치열하고 매우 슬프기 때문이기도 하다. 그래서 용기 있게 그 싸움에 뛰어든 사람은 대부분 지고 있다는 느낌이 들 것이기 때문이다. 무엇보다도 하나님을 섬기기 원하는 많은 사람들을 힘들게 하

는 절망과 탈진이라는 한 쌍의 현상은 현대의 심리학이 발견한 게
아니다. 바벨론에 유배 간 시인이 그 문제를 보았고, 그 해결책도
찾았다. 그것은 바로 하나님께로 피하는 것이다.

> 그리고 내가 말했다. "내가 헛되게 수고했다.
> 쓰레기 같은 것과 어리석은 일에 내 힘을 쏟았다."
> 아, 그러나 내 목적은 야훼께 있다.
> 그리고 내 보상도 하나님께 있다.시 49:4

"내 목적은 야훼께 있다." 이것은 거의 눈먼 신뢰의 표현이다.
우리가 하나님을 조금이라도 섬긴다면 우리는 눈먼 채로 섬기는
데 만족해야 한다. 화살통 바닥에는 빛이 거의 없기 때문이다. 하
나님을 섬긴다는 것은 정말로 오직 신뢰와 믿음의 본능—어둠 속
에서도 하나님과 가까이 있게 하는 잘 훈련된 그 본능, 우리를 붙
잡아 주고 자신의 수고로부터 얻을 수 있는 만족스러운 결과를 계
산하는 것으로 전락하지 않게 해주는 그 본능—에 의지해 나아가
는 것을 의미한다. 전적으로 자유롭게 섬긴다는 것은 우리의 목적
을 하나님께 두고, 낙관적인 결과를 내다볼 수 없을 때에도 우리
에게 주신 힘으로 일하고, 사랑하고, 기다리고, 기도하는 데 만족
하는 것이다.
    그렇게 할 자유는 우리의 "삶이 하나님 안에서 그리스도와 함
께 숨긴"골 3:3 하나님의 화살통으로 깊이 뛰어들었던 세례반에서의

일을 묵상할 때 얻을 수 있다. 이제 우리의 삶이 하나님 안에 안전하게 숨겨져 있기 때문에, 우리는 하나님을 섬기면서도 쉴 수 있다. 우리가 가진 기술이 무엇이든 그것으로 우리는 자유롭게 하나님을 섬길 수 있다. 그리고 그 기술이 다하면, 이 세상을 향한 하나님의 슬픔과 끝없는 사랑을 기꺼이 나눔으로써 계속해서 섬길 수 있다. 세례를 통해서 우리의 삶은 하나님 안에서 그리스도와 함께 숨겨졌고, 따라서 우리가 이 세상에 있는 동안에는 하나님의 보호를 가장 잘 느낄 수 있는 그 무명성으로 자주 깊이 뛰어드는 게 좋다. 우리는 자주 고독을 택해야 한다. 그렇게 하면 우리가 택하지 않은 무명성을, 우리의 선지자처럼 유배의 상황에 있게 되는 시간을 받아들일 힘을 얻을 것이다. 누구든 언젠가는 그러한 자리에 반드시 있게 된다. 따라서 우리는 외로움의 자리, 아무런 비전이 없는 자리, 이 세상은 멸시하지만 우리 주 예수 그리스도 안에서 하나님이 보여주신 놀라운 겸손에 의해 우리가 거주할 수 있게 된 가려진 장소에서 신앙과 사역을 이어 가야 한다. 오직 예수 그리스도 안에만 우리의 쉼이 있다. 우리의 모든 찬양은 그분을 통해서만 상달된다.

5부

이 땅의 토라

5부에서는 현대의 큰 문제인 생태학적 위기를 집중해서 다룰 것이다. 이것은 교회가 직면한 가장 파급력 있는 신학적 위기이기도 하다. 구약 성경이 이 문제에 대한 우리의 대응을 구현하는 아주 귀한 자료라는 사실은, 지금 이 위기의 깊이와 넓이를 인식하는 그리스도인들도 생각지 못한 놀라운 사실이다. 우리의 이와 같은 재난에 대해서 성경의 저자들은 아무것도 몰랐을 텐데, 어떻게 그럴 수 있을까? 대답은 그들이 하나님께서 존재하는 모든 것의 창조주임을 깊이 인식하고 있었다는 데 있다. 성경의 창조 이야기가 창세기 1장에서 끝난다고 생각할 수 있지만, 사실은 토라, 선지서, 잠언, 시편에 이르기까지 그 이야기가 이어진다. 성경의 저자들은, 신학과 생태학에 대한 우리의 인식이 깊어질수록 더 감탄하게 되는 섬세한 이해력으로, 우리가 뿌리박고 사는 이 땅과 비인간 피조물과의 무한히 복합적인 관계망을 탐구한다. 나아가서 그들은 하나님과 우리의 관계가 하나님이 만드신 다른 피조물과 우리의 관계와 얼마나 많이 연결되어 있는지 보도록 도와준다. 성경은 한 영역의 무질서나 무관심이 다른 영역에 반드시 영향을 미친다고 일관되게 증언한다. 땅에 대한 경외와 하나님에 대한 경외는 분리될 수 없다. 비옥한 땅은 인류에 대한 하나님의 자비를 가장 확실하게 보여주는 증거다. 동시에 이 땅의 풍요로운, 그러나 연약한 아름다움은 지속적인 책임을 요구하며, 회개와 삶의 변화를 촉구한다.

16
정직함은 땅에서 나온다
성경에서 배우는 생태학

'성경적 생태학'이라는 말을 얼핏 들으면 반어법처럼 들린다. '점보 새우'처럼 말이다. 전문 분과, 즉 '과학'으로서 '생태학'의 역사는 불과 이십여 년밖에 되지 않았고, 지금 우리가 직면하는 생태적 위기는 대개 지난 이백 년 동안 일어난 기술 변화의 산물이다. 성경은 농경 사회가 지배적이었던 시대의 산물로, 그 시대에는 지금처럼 전문 분과로 이 문제를 따로 다루는 게 이상했을 것이다. 그럼에도 나는 성경이 우리가 생태학의 기본을 이해하게 도와줄 수 있다고 생각한다. 성경이 생태적 위기의 심각성을 이해하게 도와줄 수 있는 이유는 생태적 위기는 본질적으로 기술의 위기가 아니라 신학의 위기이기 때문이다. 그것은 하늘과 땅의 창조주이신 하나님과 우리의 관계가 크게 어긋났기 때문에 생긴 위기다.

따라서 생태학은 분명한 신학적 주제이며, 특히 구약 성경의 주제다. 생태학ecology이라는 말의 문자적 의미는 '관계학'(혹은 관계에 대한 연구—옮긴이)인데, 구약 성경이 인류와 비인간 피조물, 특히 비옥한 땅과 우리 사이의 관계에 많은 관심이 있다는 것은 놀라운 사실이다. 앞으로 보겠지만, 그 관계의 건강(혹은 불편)은 인간과 하나님 사이의 관계의 건강을 측정하는 제일 지표다. 따라서 현대의 성경 독자들을 놀라게 하는 것 중 하나는 구약 성경이 일관되게 제시하는 우리의 현재 상황에 대한 통찰의 깊이다.

나는 생태적 위기의 깊이 영역, 그러니까 신학적 영역에 해당하는 것을 이해하고 그 위기를 극복할 방향을 찾기 위해서 구약 성경을 읽었다. 구약 성경이 초기 형태의 생태 조약이라는 말이 아니다. 자신들의 필요 때문에 고대 이스라엘은 오늘날의 표현대로 '생태학적으로 민감할' 수밖에 없었다. 이스라엘의 고원 지대와 사막은 지구상에서 인간이 가장 살기 힘든 지역 중 하나였고, 본질적인 자원인 흙과 물이 늘 고갈될 위험에 처한 지역이었다. 그렇다고 고대 이스라엘의 상황과 근대 기술의 진보와 인구 증가로 인해 지금 우리가 경험하는 지구의 피폐함 사이의 역사적 간극을 무시할 생각은 없다. 성경 저자들은 지금 우리의 지구가 겪고 있는 문제를 알지 못했고, 신비로운 예지력으로 그것을 내다본 것도 아니다.

그러나 성경이 현대의 상황에 대해 그런 식의 '예언'은 하지 않았다 하더라도, 심각한 위기에 처한 우리에게 어떤 지침을 줄 수는 있다. 진정한 선지자들이 하는 일이 결국 현재의 우리 상황을 있는 그대로 보도록 도와주는 것이기 때문이다. 그들은 하나님이 보시는 대로 우리의 마음과 행동을 보게 해주는데, 만약 지혜롭다면 우리도 그에 대해 바른 판단을 내릴 수 있을 것이다. 다양한 방식으로 성경의 모든 선지자들은 우리가 하나님과 이웃과의 관계에서 '의로울'(히브리어로는 '체데크tsedek', '체다카tsedaqah') 것을 요구한다. 의로움이란 주어진 몇 가지 처방을 따름으로써 얻을 수 있는 고정된 목표가 아니다. 그것은 우리의 모든 관계가 가지는 온전함의 질을 의미한다. 물론 그러한 온전함은 결코 단번에 얻을 수 없다. 기껏해야 신명기의 설교자가 말했듯 언제나 의로움을 "추구할" 따름이다.신 16:20

우리의 현재 상황에 대해 성경이 전하는 예언은 아마도 이웃과의 관계 중에 가장 중요한 관계는 비옥한 땅과의 관계라는 것이다. (하지만 우리는 이 관계에 대해서는 거의 생각하지 않는다.) 성경이 제시하는 메시지를 간단하게 요약하면 다음과 같다. 의로움이란 우리 모두의 삶이 전적으로 의지하는 땅과 겸손하고, 신중하고, 거룩한 관계를 맺으며 사는 것이다. 의로움에 대한 이러한 관점은 (대부분이 도시 혹은 교외에 사는) 현대의 교인들이 생각하는 것과 상당히 다르다. 이 말을 듣고 받아들이려면 새로운 관점에서 성경을 찬찬히 보아야 한다. 그리고 신약 성경의 저자들이 '메타노이아metanoia'라고 부른 것을 해야 한다. 이 말의 문자적 의미는 '생각의 변화'인데, 근본적인 생각의 변화를 우리는 '회개'라고 부른다.

생태적 회개를 향한 첫걸음은 성경이 의로움의 대상을 우리가 흔히 생각하듯 인간의 영역에만 국한시키지 않는다는 것을 아는 것이다. 온전히 발현된 의로움을 보기 위해 상상력을 발휘한 시인들은 다음과 같은 비전을 기록했다.

> 아, [하나님의] 구원하시는 은혜는 그를 두려워하는 사람들 가까이에 있다.
> 영광이 우리 땅에 머물 수 있게 하기 위해서다.
> 언약의 충성과 성실함이 서로 만나고,
> 의로움과 잘됨[샬롬]이 입 맞춘다.
> 성실함이 이 땅에서 솟아나며,
> 의로움이 하늘에서 고개를 내민다.
> 그렇다, 야훼는 좋은 것을 주시고,
> 이 땅은 그 열매를 다 낼 것이다.
> 의로움이 그 앞에 가고,
> 그의 발걸음을 위해 길을 낼 것이다.시 85:10-14

여기에서 시편 기자는 어떻게 이 생각들을 다 같이 엮는지 이해하기 힘들 정도로 그물을 넓게 친다. 인간이 하나님을 두려워하는 것과 이 땅이 좋은 열매를 내는 것 사이에 도대체 무슨 관계가 있단 말인가? "성실함이 이 땅에서 솟아난다"라는 은유도 시상으로 어느 순간 한번 떠오른 것이 어쩌다 성경에 영원히 남게 된 것은 아닌가? 이 질문에 답하기 위해서는 먼저 '의로움의 원모습'이라고 할 수 있는 비전으로 돌아가야 한다. 하나님이 인간을 처음 만드시고 생명의 그물망 가운데 그들을 위한 특별한 자리를 주셨던 그 장면으로 돌아가야 한다.

건강한 물질성

잘 알듯이 현대의 성경신학 연구는 창세기의 첫 두 장에 원래 서로 다른 두 개의 창조 기사가 혼합되어 있음을 밝혀냈다. 그 두 기록은 서로 다른 저자의 것으로, 아마도 몇 세기 정도의 간격을 두고, 서로 매우 다른 관심사를 가지고, 다른 문학 형태를 이용하여 기록된 것으로 보인다. 우리가 이 두 기록에서 특별히 관심을 갖는 것은 그들이 어떻게 새롭게 창조된 인간을 묘사했는가 하는 것이다. '제사장 문서'로 알려진 첫 장을 쓴 저자는 남자와 여자 모두 인간으로서 "하나님의 형상"으로 창조되었다[창 1:26-27]는 사실을 세 번이나 반복하면서 강조한다. 그리고 그들의 고귀한 소명은 피조물을 "다스리며" 심지어 "지구(혹은 땅, 히브리어로는 '에레츠*eretz*')를 정복하는 것"이다. 이것은 약속의 땅 앞에 서 있던 이스라엘 백성에게 주어졌던 명령과 동일하다. 두 경우 모두 인간은 이 세상에서 하나님의 자비로운 통치를 대변하는, 즉 모든 위협에 맞서 하나님의 이익을 대변하는 무거운 명예와 책임을 부여받는다. 그들은 근시안적 자기 이익 앞에서도 하나님 편에 서야 했다. (성경의 긴 이야기는 하나님이 이 특별한 책임을 위해 선택하신 사람들의 무지한 이기심이 하나님의 주권에 가장 큰 도전임을 보여준다.)

'야훼주의자'[1]로 알려진 두 번째 저자는 매우 다른 관점을 제시한다. "그리고 야훼 하나님은 인간(아담 *adam*)을 비옥한 땅(아다마 *adamah*)의 흙으로 만드셨다…."창 2:7 히브리어의 언어유희가 영어로도 잘 포착되는 드문 사례인데, 영어로 표현하면 'humans come from humus'(인간은 흙의 물질에서 왔다는 뜻―옮긴이)가 될 것이다. 이 기록에 의하면, 인간의 소명은 손에 흙을 묻히는 것이다. "그리고 야훼 하나님은 인간을 데려다 그를 에덴동산에 놓으시고 그곳을 일하며 지키게 하셨다."창 2:15

이 두 개의 창조 기사를 합쳐 놓은 편집자는 물론 이것을 한 이야기의 상호 보완적 요소들로 보기를 바랐을 것이다. 서로 합쳐진 이 두 개의 이미지는 인간의 기원과 운명에 대해 풍성한 이해를 제공해 준다. 우리는 한편으로는 하나님과 연결되어 있고, 또 한편으로는 비옥한 땅과 연결되어 있는 존재인 것이다. 아프리카계 미국 전통에서 내려오는 문구를 빌리자면, 창세기 1장은 우리에게 "존재의 가치somebodyness"(마틴 루터 킹의 연설문에 나오는 문구―옮긴이)를 심어 준다. 우리는 하나님의 형상이다. 그래서 우리에게는 무한한 가치와 고귀한 사명이 있다. 그러나 두 번째 창조 기사는 우리

---

1 이 같은 명칭은 해당 저자가 사용하는 신의 이름(야훼YHWH)에서 비롯되었다.

자신에 대해 왜곡된 견해를 갖지 말 것을 암묵적으로 경고한다. 야훼주의자는 땅의 유기 물질이 모든 인간에게 지울 수 없는 흔적을 남겨 놓았다고 말한다. "너는 흙이므로 흙으로 돌아갈 것이다." ^{창 3:19} 성경 서사의 맥락에서 보면, 이 일깨움은 매력적이지만 치명적인 뱀의 속임수, 즉 제한 없는 권력에 대한 하나님의 반격이다. 뱀은 인간을 꾀여 "신처럼 선과 악을 알게" 되는 모습을 기대하게 했다.^{창 3:5} 그러나 하나님은 그 꿈을 깨시고 그들의 유한성을 상기시키신다. 흙은 흙으로 돌아갈 수밖에 없는 것이다.

인류가 하나님의 형상으로 만들어졌다는 것과 인간은 유기 물질로 돌아간다고 하는 두 개의 성경적 상징은 서로 별개의 것이 아니지만, 현실적으로 대부분의 현대 그리스도인들은 그 둘을 분리시킨다. 내 생각에 우리들의 자기 평가는 일반적으로 성경의 두 번째 장보다는 첫 번째 장에 더 기인하는 듯 보인다. 우리가 하나님의 어떤 부분을 소유하고 있다는 것은 마땅히 잘 기억하지만, 그와 마찬가지로 땅도 우리의 일정 부분을 소유한다는 사실은 잘 잊어버리기 때문이다. 지금 이 세대를 향한 제자의 부름은 비옥한 땅과 우리의 친족 관계를 기억하라는 부름일 수도 있다. 현 세대의 탐욕에 대한 성경의 예언적 증언을 제대로 들었다면, 아모스나 예레미야의 말을 듣고 따른 (비록 소수라 할지라도) 사람들처럼 충격과 자각에 휩싸여야 마땅하다. 땅은 우리에게 자원이기보다는 친척과 같으며, 따라서 그것을 그냥 사용하기만 하는 게 아니라 존중해야 한다고 성경은 말한다. 이러한 선지자적 부름을 듣는다는 것은 우리 사회를 감염시킨 무분별한 물질주의로부터 돌아서서 성경적 생태학의 제1원칙인 건강한 물질성을 회복해야 한다는 뜻이다.

매번 재의 수요일마다 그리스도인들은 건강한 물질성의 실천에 참여한다. "여러분이 흙이라는 것과, 흙으로 돌아갈 것이라는 사실을 기억하십시오"라고 사제는 암송한다.공동기도서 265 두 번째 창조 기사에 대한 이 같은 기도는 제자도를 지나치게 영적으로 이해하는 것에 대한 경고다. 우리 이마에 재로 표시하는 십자가는 우리의 '영적 여정'이 지향하는 곳이 어디인지를 알려 준다. 우리가 필멸성에 대한 거룩한 인식을 안고 사는 것을 그리스도교의 수도원 전통에서는 '육체의 금욕'이라고 한다. (영어로) 금욕mortification은 말 그대로 '죽음을 이룬다'는 뜻이다. 어떤 수도자들은 자기 몸에 채찍질을 하거나 지나친 금식을 하는 등 몸을 학대해서 이러한 훈련을 부정적으로 인식하게 만들었다.

그러나 금욕을 매우 다르게 이해하는 방식이 있다. 현대의 어느 수사는 금욕을 "생명의 존엄과 최대한 조화를 이루며 절제하는 단순한 삶을 살겠다는 결심"이라고 정의한다.[2] 이 정의에 의하면 금욕은 우리의 육체를 고문하며 부인하는 것과는 아주 거리가 멀다. 오히려 '죽음을 이룬다'는 것은 우리가 땅에 묶인 피조물임을 모든 면에서 인정하는 것이다. 비록 우리의 존재는 유한하지만, 우

---

2 Brother Timothy Jolley, O. H. C. 이 인용은 원래 뉴욕 웨스트 파크의 성십자가회의 뉴스레터에 실린 글이다.

리에게는 삶의 의미를 자아의 한계 너머까지 확장할 특권이 있다. 이것은 공동체라고 하는 신의 선물에 의해 가능하다. 더불어 이 땅을 공유하는 다른 피조물과 지금, 그리고 죽어서도 공동체로 사는 방법은 모든 생명을 존엄하게 여기기 위해 자신의 소비를 제한하는 것이다. 그렇다면 금욕은 내가 '건강한 물질성'이라고 부르는 것을 실천하고 사고하는 전통적 이름 중 하나다. 이것은 "죽을 때 제일 많이 가진 자가 이긴다"라고 흔히들 붙이고 다니는 자동차 범퍼 스티커의 메시지와 정반대되는 태도다.

│ 이 땅의 토라

인간과 유기 물질 사이의 관계는 단순히 둘 사이에 가족력이 있다는 것 이상을 의미한다. 우리가 '야훼주의자'라고 부르는 성경 저자가 보았듯, 그 관계는 또한 소명을 의미한다. "그리고 야훼 하나님은 인간을 데려다 그를 에덴동산에 놓으시고 그곳을 일하며 지키게 하셨다."창 2:15 인간의 노동에 대한 이 성경의 첫 기록이 고대 이스라엘에게는 당연한 것이었다고 쉽게 설명할 수 있을 것이다. 그들 대부분이 농부였으니, 인간의 첫 직업에 대해서 달리 무엇을 말할 수 있었겠는가? 그러나 자세히 보면 이 선언이 그저 당시의 농경 문화를 반영하기만 한 것이 아님을 알 수 있다. 야훼주의자는 세심하게 단어를 골라서 예외적인 표현들을 썼다. 그 단어들을 자세히 살펴보면, 하나님은 우리가 모든 인간의 생명이 의존하는 비옥한 땅과 어떤 관계를 맺기 바라시는지 이해할 수 있다. 이 성경 저자는 우리에게 '의로움의 원모습', 인간의 불순종으로 모든 균형이 깨지기 전의 그 찬란한 순간에 존재했을, 하나님이 원하시는 관계를 얼핏 보게 해준다.

에덴동산에서의 인간의 활동을 지칭하는 두 핵심 동사 모두 경작이나 농사를 일컫는 데 주로 쓰는 히브리어 단어가 아니다. 따라서 "일구고 돌보다"³라는 일반적 번역은 다소 오해를 살 여지가 있다. 내가 '일하다work'(아바드'avad)와 '지키다watch'(샤마르shamar)로 임의 번역한 이 단어는 구약 성경에 수백 번 나오는데, 땅을 일구는 것과 관련된 일을 묘사하는 데 쓰이는 경우는 극히 드물다. 이 단어가 주로 쓰이는 용례는 하나님을 위해서 하는 인간의 활동을 설명할 때인데, 야훼주의자는 이 단어가 갖는 강력한 종교적 함의 때문에 이 단어를 택했다고 추정할 수 있다. '아바드'라는 단어의 뜻은 '일하다'이지만, 여기에는 누구를 '위해 일하다'라는 뜻도 있다. 고대 사회의 맥락에서 볼 때 이 말은 노예 혹은 종이, 인간이든 신이든 그 주인을 섬긴다는 뜻을 가지고 있다. 성경의 가장 높은 주인은 당연히 하나님이다. 그래서 야훼는 노예의 주인인 파라오에게 이스라엘을 풀어 주어 그들이 다른 형태의 임무에 봉사하게 하라고 계속해서 도전하신다. "내 백성을 놓아주어서 그들이 나를 '아바드'할 수 있게 해라!"출 8:1, 20; 9:1, 13 '아바드'가 하나님을 위해서

---

3 NJPS *Tanakh*를 보라. NRSV는 "일구고 보존하게 하다to till it and keep it"로 번역한다.

하는 일이라면 그 뜻은 '예배'가 된다. 두 번째 동사인 '샤마르'('지켜보다' 혹은 '감시하다', '관찰하다', '지키다' 혹은 '보존하다')의 종교적 함의는 그것보다 더 강하다. 이 동사가 사용된 많은 용례를 보면 '지켜야' 하는 대상은 하나님의 토라다. "너희는 내 명령을, 규칙을, 언약을, 안식일을 '샤마르'해야 한다."출 13:10, 20:6, 31:14 그래서 이스라엘은 자신들의 생명이 달려 있는 거룩한 가르침을 침해하거나, 왜곡하거나, 혹은 그저 잊어버리는 것을 늘 경계하라는 주의를 반복해서 받았다.

이와 같은 문헌학적 정보는 중요하다. 이것을 다 종합해 보면, 이 두 개의 동사는 하나님이 인간 피조물과 그들을 지은 흙 사이에 처음 기대하셨던 관계가 무엇인지를 더 깊이, 정확하게 이해하게 해준다. 그리고 우리가 만약 그러한 의미에 놀란다면, 그것이 바로 성경의 예언적 기능이다. 익숙한 관계가 갑자기 완전히 새로운 관점에서 보일 때, 하나님이 보시는 관점에서 보일 때, 우리는 혼란을 느끼는 동시에 토라의 긴급한 명령을 새롭게 인식하게 된다. 그 명령은 바로 "의를, 너희는 의를 추구해야 한다"신 16:20는 것이다.

'아바드'라는 동사가 새롭게 인식하게 해주는 것 하나는 우선 땅이 우리가 섬겨야 하는 대상이라는 것이다. 우리는 비옥한 땅을 '천연자원'이라고 생각한다. 그러나 성경은 우리가 이 땅에 대해 종속의 관계에 있음을 인식하도록 암시하는 동사를 택했다. 인간의 첫 직업에 대한 설명이 함의하는 섬김의 은유를 알아봄으로써 우리는 이 성경 저자가—혹은 성경의 저자에 대한 좀 더 전통적이고 지금도 유효한 개념으로 말하자면, 성령께서—인간이 땅에 굴복하는 모습을 연상했다고 말할 수 있다. 이 땅의 필요가 우리의 즉각적인 선호보다 우선하는 게 분명하다. 왜냐하면 주인의 요구가 종의 욕망보다 우선이기 때문이다. 성경의 이 예언적 발언은 놀라울 뿐만 아니라 현실적이다. 솔직히 우리 인간은 비옥한 땅이 주인인 집에 사는 식솔이기 때문이다. 가정 경제가 어떻게 운영되어야 하는지를 결정하는 것은 땅이다. 우리는 그 집의 종과 비슷한데, 유용한 서비스를 제공하지만 그 집에 의존하는 관계를 유지하고 있다. 우리는 주인의 번영과 호의만이 보장할 수 있는 음식, 옷, 집을 필요로 하기 때문이다.

두 번째 동사 '샤마르'는 법을 지킨다는 은유를 암시한다. 비옥한 땅을 돌보라는 명령은 하나님의 토라와 계명을 지키라는 명령과 비슷하다. 이 은유도 마찬가지로 생경하다. 대부분 한 번도 생각해 보지 않은 것을 함의하기 때문이다. 즉 우리가 이 땅을 사용하는 데는 하나님이 세우신 규칙과 제약이 있고, 예전부터 늘 그랬다는 것이다. "그것을 관찰해라", 즉 그것으로부터 그리고 그것에 대해서 배워라. "그것을 지켜라", 해와 침해로부터. 따라서 '샤마르'라는 단어는 에덴의 이상적인 조건에서도 인간은 땅이라고 하는 하나님의 토라 아래에서 노동을 했음을 암시한다. 따라서 우리의 임무는 땅과의 관계를 임의로 만들어 내는 게 아니라, (현대의 어느 농경 사상가의 말을 빌리자면) "이 땅의 기대에 부응하는 것"

이다.⁴

법을 지킨다는 은유적 의미와 더불어 '샤마르'라는 동사는 땅과 우리의 관계를 이해하는 데 중요한 두 번째의 일반적 의미를 가지고 있다. '샤마르'는 감시와 보호의 의미로도 사용된다. 그래서 시편 기자는 종종 하나님께 이렇게 호소한다.

나를 지키소서[샤마르], 하나님, 내가 당신께
피했기 때문입니다.시 16:1

나를 당신의 눈동자처럼 보호하소서[샤마르].시 17:8

내 생명을 보존하소서[샤마르], 내가 신실하기 때문입니다.
당신의 종을, 오 하나님, 구하소서! 당신을 신뢰하는 이 종을!시 86:2

취약한 상태에 있는 사람을 지켜보고, 보호하고, 보존하는 하나님의 행위는 언약 관계의 핵심이다. 마찬가지로 토라와 선지서도 언약 공동체의 연약한 일원인 과부와 고아와 나그네를 보호하라고 계속해서 이스라엘에 촉구한다. 땅을 보호하라는 창세기의 명령은 이처럼 취약한 대상을 향한 선지자적 관심을 확장하는 것으로 볼 수 있다. 그래서 언약의 의무를 땅의 영역까지 확장하는 것

---

4 Wendell Berry and Wes Jackson, eds., *Meeting the Expectations of the Land* (San Francisco: North Point Press, 1984)를 보라.

이다.[5]

이 두 동사는 인류와 비옥한 땅 사이의 복합적인 관계를 보여준다. 이 관계는 존중하고, 관찰하고, 보호하는 관계여야 한다. 우리는 땅을 섬겨야(아바드) 한다. 그것을 숭배하는 게 아니라 하나님의 피조물에 합당한 존경을 보이고,[6] 그것의 필요가 우리의 즉각적인 욕망보다 우선함을 인정하는 것이다. 또한 우리는 그것을 감시하고 지켜보아야(샤마르) 한다. 우리에게 가르칠 것이 있는 동시에 우리의 부지런한 돌봄을 필요로 하는 대상으로 보아야 한다. 에덴에서 인간에게 주어진 첫 직업에 대한 종교적인 용어는, 우리가 비옥한 땅을 마땅히 존중하는 것이 토라의 두 가지 큰 목표—하나님을 섬기고 약자를 보호하는 것—를 이루는 것이라는 놀라운 가르침을 준다. 이것이 바로 이 땅의 토라다.

| 정직한 먹거리

인류와 땅 사이의 바른 관계에 대한 성경의 그림은 우리를 불편하게 해야 마땅하다. 우리 문화에 잘 확립된 생각이 거짓임을 말해 주기 때문이다. 현대 농업은 기술이 우리에게 인간과 땅의 관

---

5 언약 공동체에 땅을 포함시키는 것은 홍수 후에 하나님이 다음의 선언을 하신 것에서 그 근거를 찾을 수 있다. "내가 하늘에 무지개를 두었는데, 그것이 이 땅과 나 사이의 언약의 표시가 될 것이다."창 9:13

6 이 땅을 제대로 존중해야 한다는 개념은 다음과 같은 기도로도 표현되었다. "우리 모두가 이 땅을 당신의 피조물로 존중할 수 있게 해주셔서 그 자원을 다른 사람을 섬기고 당신을 명예롭게 하고 영광스럽게 하는 데 바르게 사용할 수 있게 해주소서."공동기도서 388

계를 재정립할 힘을 주었다는 사상에 기초하고 있다. 그래서 오늘날 우리 대부분도 이러한 사상에 기초해서 먹거리를 취한다. 그러나 이것은 위험한 사상이다.

오랫동안 우리는 산업의 낙원을 향해 가고 있다고 생각했다. 오직 인간의 천재성으로 고안되고 만들어진 어떤 새로운 에덴을 향해 말이다. 그리고 이 같은 사업을 증진시키기 위해서 자연을 마음껏 쓰거나 남용할 수 있다고 생각했다. 이제 우리는 무력으로 에덴을 회복할 만큼 똑똑하지 않다는, 그리고 자연은 우리의 남용을 관용하거나 봐주지 않는다는 피할 수 없는 증거에 직면하고 있다. 이러한 증거에도 우리가 옛 야망을 포기하지 못했다면, 그만큼 그 욕망은 우리를 축소시키거나 노예로 만든 것이다. 모든 피조물은 인간이 생각해 낸 목적을 향해 가고 있거나 가야 한다는 생각은, 온 세상을 하찮게 만들어 버렸다. 이러한 목표와 야망에서 벗어나는 것은 즐겁고도 소중한 일일 것이다. 일단 벗어나면, 거대한 정치, 경제, 기술이 결정해 버린 운명에 굴복할 때 잃어버렸던 진지함과 즐거움을 다시 가지고 일하며 살 수 있을 것이다.[7]

시인이자 수필가이며 소설가인 웬델 베리는 현대적 농경주의의 관점을 가장 잘 대변한 사람이라 할 수 있다. 사람들이 자연에 헌신해서 살아가는 것, 비옥한 땅과 의존 및 책임의 관계를 맺으

---

7 Wendell Berry, *What Are People For?*(New York: North Point Press, 1990), 209-210. (강조는 내가 한 것이다.)

며 살아가는 것이 농경주의 운동의 동기다. 농부든 아니든 갈수록 많은 사람들이 이 비전에 동의하고 있다. 그럼으로써 그들은 성공적 사업으로 간주되는 기업 형태의 농업이라는 사회적, '자연적' 재난에 의식적으로 대항하고 있다. 농경주의자들은 우리가 이 땅과 물의 장기적인 건강을 대가로 값싼 음식을 사고 있다는 사실을 생각하라고 이 세대를 촉구한다. 대수층과 강이 고갈되거나 화학물질의 방류로 오염되었다. 공장에서 '자연 비료'가 너무 많이 생산되어 호수와 강에서는 물고기가 살 수 없고, 시골에서는 사람들이 살 수 없게 되었다. 숲과 산림이 제거되고 더 많은 땅이 경작되면서 지표 침해 비율이 치솟고 있다. 농경주의자들은 이 어리석은 행동에는 시간적 제약이 있다는 선지자의 메시지를 전한다. "자연은 우리의 남용을 관용하거나 봐주지 않는다"라고 말이다.

의식적으로든 아니든, 농경주의자들은 참으로 예언자의 메시지를 전한다. 우리가 성경에서 배우는 예언의 기능과 일치하는 일을 그들이 한다는 뜻이다. 그들의 말이 전문적인 차원에서는 아니라 할지라도 여전히 진정한 의미에서 예언적이라고 할 수 있는 근거는 세 가지다. 첫째, 농경주의자들이 말하는 우리와 비옥한 땅의 관계는 성경에서 제시하는 그림과 모든 본질적인 부분에서 부합한다. 땅을 섬기고 보존하는 것, 자연의 한계를 지키는 것, 그것을 침해로부터 보호하는 것, 이 모든 것이 현대 농경주의자들의 기본 활동 원칙이다. 비록 농경주의자들이 설교자이기보다는 유기 농업을 하는 농부일 확률이 더 크지만, 그들은 종종 성경 저자들이 하는 말과 비슷한 말을 한다. "우리는 신비를 안고 살며, 우리가 만들지 않은 피조물, 그리고 우리가 이해할 수 없는 힘에 의해 산다."[8] 농경주의자는 욥기에 나오는 아래의 구절을 일반적인 성경 학자보다 더 쉽게, 더 깊이 이해할 것이다.

> 이제 짐승들에게 물어봐라. 그들이 가르쳐 줄 것이다.
>
> 그리고 하늘의 새에게도 물어봐라. 그들이 너희에게 선언할 것이다.
>
> 혹은 이 땅과 대화해 봐라. 그것이 가르쳐 줄 것이다.
>
> 그리고 바다의 물고기도 너희에게 이야기해 줄 것이다.
>
> 이 모든 것들 중에서 모르는 자가 누구인가?
>
> 야훼의 손이 이를 했다는 것을,
>
> 그의 손에 모든 피조물의 생명이 달려 있다는 것을.욥 12:7-10

둘째, 농경주의 운동이 예언의 기능을 하는 이유는 그들이 성경의 선지자들처럼 권력에 대해 근본적인 도전을 하기 때문이다. 그들은 미국 대부분의 식품 생산과 가공을 장악한 다국적 거대 기업들이 촉진하는 이기적인 '지혜'를 폭로한다. 세계 기아를 해결한다고 선전하는 그들의 목표는 기업과 주주들의 최대 이익을 보장하는 정책을 숨기는 것이다. 농부들과 이 땅이, 그리고 후대의 농부들이 물려받아야 하는 유전 물질과 인간 지식의 유산이 어떤 희

---

8 Wendell Berry, *What Are People For?*(New York: North Point Press, 1990), 152.

생을 치르게 될지는 아랑곳하지 않는다. 산업화된 나라에서는 많은 작물의 종자가 화학 약품에 의존하면서 방대한 관개 수로를 요구하는 몇 가지 혼합 종자로 축소되었다. 제3세계에서는 수출 작물을 키우고, 커피와 소고기를 좋아하는 우리의 입맛을 만족시키기 위해서 우림들이 개간되었다. 게다가 아마도 지금 상실되는 가장 본질적인 '천연자원'은 농부들일 것이다. 농업 산업이 커지면서 이 나라와 외국의 소규모 농부들은 유례없는 속도로 파산하고 있다. 미국 중서부에는 이제 20세기 유령 도시들이 곳곳에 있다. 그곳에는 농부들보다 죄수들이 더 많다. 가족이 대대로 농사를 지었던 농부들이 사라지면, 그 땅의 장기적 건강과 생산성을 보존해 주는 지식과 돌봄도 사라진다. 이익만 추구하는 식품 산업에 대항해서 농경주의자들은 항상성을 주장한다. 그들은 앞으로 올 세대에 풍요로운 유산을 물려주는 데 관심이 있다. 다시 말해서 그들은 수도자들이 금욕이라고 부른 것을 실천하고 있다. 죽음을 건강하고 겸손하게 인식하면서, 자신들이 기억될 만한 선한 것을 남기고자 하는 것이다.

셋째, 농경주의 운동이 예언적 기능을 한다고 볼 수 있는 이유는 하나님의 이익이라고 할 만한 것을 대변하기 때문이다. 즉, 그들은 여러 세대에 걸친 모든 사람의 진정한 이익을 대변한다. 성경의 선지자들처럼, 농경주의자들은 상실될 위험에 처한, 그러나 없어서는 안 되는 고대의 통찰을 제시한다. 그 통찰이 상실되면 이 세대와 미래 세대에도 심각한 결과를 가져올 것이다. 그 통찰은 바로 우리가 땅에 의존하고 있다는 것과 땅에 대한 책임이 있다는 것을 아무도 피할 수 없다는 사실이다. 그 책임은 먹고사는 모든 사람이 공유하는 것이다. 우리가 비록 도시에 살고 농촌에는 한 번도 가 보지 못했다 하더라도, 농경주의자들은 우리가 식료품점에 갈 때마다, 음식을 요리하거나 사먹을 때마다, 땅과의 관계를 날마다 협상하고 있음을 상기시킨다. 채소를 다듬은 찌꺼기를 쓰레기통에 버릴지, 아니면 퇴비 만드는 통에 넣을지를 (의식적으로든 혹은 대개는 무의식적으로든) 결정할 때마다 우리는 인간과 유기 물질 사이의 관계를 협상하는 것이다.

한마디로 말해서 농경주의는, 먹는 행위가 좋든 싫든 우리를 창조계에 가장 온전히 뿌리박는 행위라는 사실에 주의를 기울이게 한다. 먹는 행위를 통해서 우리는 음식이 사실 주식 거래소의 소모품이 아니라 하나님이 주신 선물이라는 신앙을 실천할 수 있다. 이러한 통찰은 전혀 새롭지 않다. 예언적 신앙만큼이나 오래된 통찰이다.

마찬가지로 선물을 소모품으로 오해하는 것 또한 새롭지 않다. 이미 주전 8세기의 선지자 호세아는 이스라엘이 농업적 풍요의 근원을 완전히 오해했다고 그들을 크게 책망했다. 이스라엘은 바알로 통칭되는 그 지역의 풍요의 신들을 숭배했는데, 신의 호의를 얻어 식량 공급을 보장받기 위해 종교 의식으로서 성행위를 했다. 호세아는 이스라엘의 왜곡된 신앙에 대해 야훼가 얼마나 고통스러워하는지 우리에게 들려준다.

그리고 그는 그게 나라는 것을,

곡식과 새 포도주와 기름을 준 것이

나라는 것을 몰랐다. …

그들은 이렇게 말했다.

"이건 내 애인들이 내게 준 선물이다…."

그러고는 자기 애인들을 쫓아가고

나는 잊어버렸다! 하고 야훼께서 말씀하신다. 호 2:10, 14, 15

성매매에 대한 호세아의 은유는 이스라엘이 언약적 관계의 요구는 이행하지 않고 슈거 대디sugar daddy(젊은 여성에게 선물도 사 주고 용돈도 주면서 성관계를 포함한 애정 관계를 유지하려는 주로 재력 있는 나이 든 남자—옮긴이) 신들이 주는 농산품 '선물'만 구한다고 지적하는 표현이다. 그리고 그로부터 약 삼천 년의 세월을 뛰어넘어 문화 비평을 해보자면, 이러한 속임수의 형태는 달라졌을지라도 그 내용은 여전히 유효함을 알 수 있다. 바알 신앙과 식품-농업 산업은 결과는 생각하지 않고 단물만 빼먹으려 한다는 공통점을 가지고 있다. 종교 의식으로서의 성행위를 통해 풍요를 기원하는 것과 대량의 화학 비료와 유전자 조작 식품들, 이 두 가지는 우리가 오직 언약 공동체의 맥락에서만 먹을 수 있다는 사실을 이해하지 못한 고대와 현대의 결과다. 언약 공동체의 맥락이란 하나님과 하나님이 우리에게 '일하며 지키라'고 주신 땅에 대한 장기적이고 유기할 수 없는 책임의 맥락을 의미한다.

우리를 향한 예언적 메시지는 우리가 정직하게 먹든 속아서 먹든 둘 중 하나라는 것이다. "정직함은 땅에서 나온다." 농부가 아닌 사람들의 경우 정직하게 먹는 첫걸음은 우리의 먹거리가 어디에서 오는지, 그리고 그것을 키우거나 재배하는 데 드는 실제 비용—흙에서부터 수자원에 이르기까지의 비용—이 얼마일지를 생각하는 것이다. 지금 우리가 값싸게 먹는 식품 때문에 우리의 증손자들은 어떤 대가를 치러야 하는가? 두 번째는 사고 먹는 우리의 습관을 바꾸는 것이다. 예를 들어, 도시의 여러 지역에 생겨난 지역 사회 후원에 의한 농산물 네트워크로부터 식품을 사거나, 삼천여 마일의 거리만큼 운송되고 수개월의 보존 기간을 견딜 수 있도록 재배된 상업용 잡종들 대신 농산물 직거래 장터에서 그 지역에서 나는 (그리고 종종 사라질 위기에 처한) 사과와 토마토를 사는 것이다. 또 다른 방법은 꽃뿐만 아니라 채소도 키우는 정원을 만들어서 우리의 언약 상대인 비옥한 땅을 직접 경험해 보는 것이다.

이와 같은 방법들은 '그저 상징적인 것'에 불과할 수 있다. 이러한 일들이 식품 산업에 큰 변화를 가져오지는 않을 것이다. 물론 유전자 조작 식품에 대한 소비자들의 반발에서 보듯, 소비자들이 결국은 받아들이게 될 것이라고 생각했던 식품 산업주의자들의 예상과는 달리 전 세계적인 반향을 일으키는 운동도 있지만 말이다. 상징적인 행위라 할지라도 성경적 신앙을 가진 사람들은 상징적 행위의 힘을 안다. 상징적 행위는 깊은 실재를 인식하게 해주고, 그 실재와 우리의 삶이 아주 천천하더라도 부합하게 해준다. (교회에서는 이러한 상징적 행위를 종종 '전례' 혹은 '성례'라고 부른다.) 이 세대를 사는 많은 사람들에게 정직한 먹거리란 우리의 삶이 은혜와 위태함을 동시에 안고 있음을 인식하게 만드는 가장 좋은 수단일 것이다. 이 말은 우리가 먹는 매 끼니가 하나님의 자비에 의존하고 있다는 의미다. 시편 기자는 우리와 땅과 하나님의 놀라운 자비에 대해 말하는 다음의 노래와 기도를 우리에게 주었다.

> 그들 모두가 당신을 바라봅니다,
> 제때에 먹을 것을 주시기를.
> 당신은 그들에게 주시고, 그들은 거두어들입니다.
> 당신이 손을 펼치시면, 그들은 좋은 것으로 채워집니다.
> 당신이 얼굴을 숨기시면, 그들은 망합니다.
> 당신이 그들의 숨을 모으시면, 그들은 끝나고 자신들이 유래한 흙으로
> 돌아갑니다.
> 당신이 숨을 보내시면, 그들은 창조되고,
> 당신은 비옥한 땅의 얼굴도 회복시키십니다.
> 야훼의 영광이 영원하기를,
> 야훼께서 그의 일을 즐거워하시기를.
> 그가 이 땅을 한번 보시기만 해도 땅이 떨고,
> 산을 만지시면 거기에서 연기가 난다.

내가 사는 날 동안 야훼를 위해 노래할 것이다.

내가 살아 있는 동안 내 하나님을 위해 노래를 만들 것이다.시 104:27-33

저녁 식사 자리에서 부르기 좋은 노래다.

17
욕심과 예언
민수기 11장

그들 가운데 있던 깡패 같은 무리가 뭐가 당기는 게 있다고 난리를 쳤고,
이스라엘은 다시 울면서 말했다. "누가 우리에게 고기를 줄 것인가? 우리
가 이집트에서 (공짜로!) 먹던 생선, 오이, 수박, 파와 양파, 마늘이 생각난
다. 그런데 이제는 목이 마르고 우리 눈앞에는 만나밖에 아무것도 없다!"

민 11:4-6

민수기에 나오는 이 장은 만나와 메추라기, 욕심과 예언이 얽힌
이야기다. 이스라엘은 이제 막 시내를 떠나서 행군하는 큰 군대처
럼 사막을 이동하기 시작했고, 만나가 그들의 일일 배급으로 하늘
에서 떨어졌다. 그러나 이 천사의 빵을 대수롭지 않게 여긴 사람

들이 있었다. (성경 저자가 솔직하게 표현하듯) '깡패 같은 무리'가 하나님더러 고기를 내놓으라고 했다. 이 혼란스러운 이야기의 핵심은 하나님이 이들의 식욕에 대해서 주시는 이중의 답변이다. 첫째는 화가 난 답변이다. "고기가 먹고 싶다고? 고기를 먹게 해주지. 고기가 코에서 나올 때까지 먹게 해주겠다!" 그리고 하나님은 메추라기를 무더기로 보내신다. 하나님의 두 번째 대답은 과하지만 그래도 조금 더 친절하다. 예언을 쏟아부어 주셨는데, 너무도 풍성한 예언의 영이 쏟아져서 목회자와 평신도 모두가 주의 말씀을 말하기 시작했다.

억제되지 않은 욕심과 자유롭게 흐르는 예언. 이 이야기의 핵심 메시지는 서로 공존할 수 없을 것 같은 이 둘의 관계에 있다. 이 이야기는 21세기의 북미에 사는 우리에게 특별히 중요하다. 우리 사회를 지배하는 정신이 욕심이기 때문이다. '필요한 것 이상'을 갈망하는 욕심의 죄는 이미 전 세계적으로 영향을 미치고 있다. 우리가 성경을 진지하게 받아들인다면, 우리의 욕심이 이스라엘처럼 하나님의 분노를 사게 한다는 사실을 믿어야 한다.

우리가 탐욕스럽다는 사실에는 논란의 여지가 없다. 세계 역사상 우리만큼 필요 이상을 누리며 산 사회가 없었고, 우리에게 익숙한 생활 양식을 지구가 영원히 감당할 수 없다는 사실은 분명하다. 이 이야기에서 우리가 희망의 메시지를 찾으려면 (나는 찾을 수 있다고 생각한다.) 욕심이라는 죄의 본질을 이해하는 게 매우 중요하다. 기독교 전통은 이 죄를 일곱 가지 치명적인 죄 가운데 하나로 규정했다. 욕심의 성질을 제대로 꿰뚫어 보는 글은 이미 시편에도 나온다. 시편 78편은 이 이야기를 숙고하면서 이스라엘이 고기를 요구한 이유를 다음과 같이 말한다.

하나님에 대한 믿음이 없고,

[비록] 그가 하늘의 문을 여셨음에도

그분의 구원하시는 능력을 믿지 않았기 때문이다.

하나님은 그들에게 만나를 내려 주셨다.

하늘의 곡식을 그들에게 주셨다.

인간이 천사의 빵을 먹었고,

하나님은 그들에게 충분한 음식을 주셨다.시 78:22-25

시편 기자는 이 문제의 본질을 지적한다. 그들이 하나님을 신뢰하지 않았기 때문에 이스라엘은 천사의 빵을 얻고도 거기에 만족하지 않았다. 욕심은 언제나 믿음의 부족에서 나온다. 우리가 필요 이상의 것을 갈망하는 이유는 우리의 공허함을 하나님이 채워 주시리라고 기대하지 않기 때문이다. 그러나 사실은 하나님만이 우리 안에 있는 공허함을 채워 주실 수 있다. 모든 피조물 중에서 우리가 유일하게 공허함의 아픔을 느끼는 이유는 바로 하나님 때문이다. 따라서 욕심은 하나님을 향한 본능적 욕망의 왜곡에 불과하다. 우리는 이 공허함을 먹을 것이나 마실 것이나 옷이나 집이나 자동차나 예술품, 곧 쇼핑몰과 결국에는 차고와 쓰레기통을 넘치도록 채울 모든 물건들로 채우려고 헛되게 난리를 치지만, 그것이 우리를 만족시키지 못하는 이유는 그것이 하나님이 아니기 때문이다. 하나님이 아닌 것으로 자신을 채우려 한다는 것, 문제는 이렇게 간단하다. 간단하지만 치명적이다. 일종의 영적 영양 부족으로 우리를 죽인다. 영적 진단에 탁월한 시편 기자들은 그것을 "영혼의 빈약함"^{시 106:15}이라고 불렀다. 거짓 욕망이 우리를 장악하면 우리 영혼은 제대로 먹지 못해 고갈된다.

이 성경 이야기에서 이스라엘의 욕심은 말 그대로 그들을 죽이고 만다. 그들이 먹고 싶어 하던 고기가…

> 이 사이에 아직 씹지도 못한 채로 있을 때, 주의 분노가 그들을 향해 뜨겁게 달아올라 주께서 큰 역병으로 그들을 치셨다. 그래서 그들은 그 장소를 키브롯 하타아바*Kivrot haTa'avah*, 즉 '먹고 싶어 하다 죽은 무덤'이라고 불렀다. 먹고 싶다고 아우성치던 사람들을 거기에 묻었기 때문이다. _{민 11:33-34}

'키브롯 하타아바'의 비극은 이스라엘이 이미 충분히 가지고 있었다는 데 있다. "하나님은 그들에게 충분한 음식을 주셨다." 성경에서 만나는 충족을 상징한다. '하늘의 곡식'이 40년 밤 동안 광야에 떨어졌다. 이스라엘이 하나님을 신뢰하게 하고 그들에게 만족을 훈련시키기 위한 방법이었다. 아침에 각 가정은 그날 필요한 만큼을 모으고 더 이상은 거두지 않았다. 왜냐하면 만나는 곧 상했기 때문이다. 하루에 먹을 수 있는 것 이상을 모은 사람은 누구나 구더기 덩이를 발견했다.

이렇게 광야의 만나는 이스라엘에게 만족하는 기술을 훈련시키는 방법이었다. 필요한 만큼에 만족하는 것은 그저 생존하는 것, 더 나은 때가 올 때까지 힘든 시간을 버티는 전략이 아니다. 만족은 영적 생활의 가장 고귀한 예술 중 하나다. 어떠한 예술이라도, 마스터하기 위해서는 실제적인 기술도 필요하지만 미적 감수성, 즉 미에 대한 감각 개발이 필요하다. 이 만족의 예술도 마찬가지다. 학비, 늘어나는 빚, 월급 삭감 등은 우리가 원하도록 길들여진 것들을 다 가지지 않고도 사는 법에 대해 생각해 보게 할 수 있다. 그러나 우리 안에 미적 변화가 일어나 '충분한 것'이 아름답다는 것을 알아보고 '너무 많은 것'보다 그것을 더 귀하게 여길 때만이 만족은 예술이 된다.

기독교 전통에서 만족의 위대한 예술가들은 초기의 수도자들, 이스라엘이 다니고 머물렀던 이집트의 사막으로 나간 남자들과 여자들이었다. 그들은 이스라엘을 괴롭게 한 그 아무것도 없음 때문에 사막을 택했다. 4세기의 사막 교모들과 교부들은 우리가 오늘날 '자발적 단순함'이라고 부르는 수도원의 이상을 선구적으로 실현했다. 수도자다운 투박함으로 그들은 이 실천을 '금욕', 즉 '죽음을 이루는 것'이라고 불렀다. 그리고 어떤 의미에서 자발적 단순함은 바로 그런 것이다. 우리 삶에 자신의 죽음을 위한 자리를 만드는 것이다.

이러한 훈련은 여전히 아름다운 이 세상에 우리 다음에 올 사람들의 필요를 생각하면서 자신의 욕망을 바라보는 데서 출발한다. 우리가 보았던 대로 깨끗하게 공기와 물을 남김으로써, 몇 세대만에 고갈되지만 다시 생기려면 지질학적 시간이 필요한 자원들인 석유, 석탄, 혹은 광물과 비옥한 흙 등을 자기 몫 이상 낭비하지 않음으로써, 우리는 죽음의 자리를 마련한다. 자발적 단순함의 동기는 물론 의에 대한 굶주림이다. 소수의 사람이 너무 많이 가지고 다수가 너무 적게 가진 상황이다. 그러나 또한, 그보다는 덜 자명하지만, 미학적인 동기도 있다. 과도한 소비는 민수기의 본문이 적나라하게 보여주듯, 추하다. 이스라엘 백성은 메추라기 더미 사이를 헤집고 다니며 고기가 코에서 나올 때까지 먹었다. 이 장면은 일부러 역겹게 제시되었다. 자신의 가치를 극대화하기 위해서 넘치도록 많은 것을 갈망하는 게 오히려 자신의 존엄성을 떨어뜨린다는 것—하나님은 그렇게 보셨고, 우리도 잘 주시한다면 그렇게 보일 것이다—은 역설이다.

성경의 이 이야기는 매우 불편하지만, 희망의 요소도 안고 있다. 그 희망은 이스라엘의 욕심에 대한 하나님의 두 번째 과잉 답변에 있다. 하나님은 공식적으로 임명된 70명의 장로들에게 넘치도록 예언의 영을 부어 주셨다. 이 예언의 영이 넘쳐서 평범한 이스라엘 사람들의 진영으로까지 들어가 엘닷과 메닷이라고 하는 두 남자가 하나님의 진리를 말하기 시작했다. 그리고 눈의 아들 여호수아가 일이 걷잡을 수 없게 되었다고 불평하자, 모세는 말한다. "네가 나를 생각해서 질투하느냐? 나는 모든 하나님의 백성이 선지자였으면 좋겠다!"

그렇다면 이스라엘의 욕심과 이 넘치는 예언 사이에는 무슨 관계가 있는가? 이 예언의 맥락이 무엇인지 알 수 없기 때문에 추측할 수밖에 없다. 그러나 이것만은 확실하다. 모든 선지자의 기본적 기능은 이스라엘에게 그 상황에 대한 하나님의 관점을 제시하는 것, 즉 백성이 하는 일이 하나님에게 적대적일 때 그것을 보게 하고, 하나님 앞에서 존엄하고 아름답게 사는 삶으로 돌아오게 하는 것이다. 따라서 '먹고 싶어 하다 죽은 무덤'에서 선지자들은 백성이 고기를 갈망하던 것에서 만나를 감사하는 것으로 돌아가게 하려 했다고 나는 생각한다. 선지자들은 분명한 말로 이스라엘에게 자신의 필요가 아니라 하나님의 신실하심에 초점을 맞출 것을 요구했다.

이것이 우리와는 무슨 상관이 있는가? 좀 이상하게 들릴지 모르지만, 나는 우리가 그와 마찬가지로 넘치는 예언을 경험하는 시대에 살고 있다고 생각한다. 왜냐하면 엘닷과 메닷 같은 사람들, 교회가 공식적으로 하나님을 대변하라고 임명하지 않은 사람들까지도 놀랍고도 설득력 있게 하나님의 진리를 말하기 때문이다. 그리스도교가 성경 밖의 사람들을 선지자라고 부르는 것을 경계하는 것은 타당하지만, 이 경우 성경의 이야기 자체가 우리더러 이러한 말을 하게 한다. "모든 하나님의 백성이 선지자였으면 좋겠다!"

우리 사회의 다양한 사람들이 하나님과 하나님의 피조물에 대한 우리의 적대감을 일깨우는 예언적 임무를 수행하고 있다. 세계 인구의 불과 6퍼센트만 차지하는 미국이 현재 (정당한 몫의 거의 여섯 배인) 세계 자원의 35퍼센트를 쓰고 있음을 지적하는 경제학자들, 혹은 석유, 플라스틱, 그 밖의 다른 석유 제품들을 게걸스레 갖고 싶어 하는 우리의 욕심과 국제적 폭력이 서로 연관되어 있음을 보여주는 정치 분석가들이 그들이다. 성경 속 선지자들의 또 다른 기능은 가난한 사람들—우리에게는 잘 보이지 않지만 우리의 이기심 때문에 고통받는 사람들—을 대변하는 것인데, 경제학자 및 정치 분석가의 예언의 관점에서 뉴스를 본다면, 우리의 생활 양식이 우리가 적어도 이 세상에 사는 동안에는 한 번도 직접 만나지 못할 사람들로 하여금 대가를 치르게 한다는 사실을 더욱 분명히 깨닫게 될 것이다. 제3세계 나라들은 자기 땅의 뼈대인 광물과 산림, 자기 백성의 값싼 노동력 말고는 세계 시장에 팔 게 별로 없다. 제1세계의 산업이 그들의 땅을 벗기고 물과 공기를 오염시키는 가운데 그들은 당장 급한 것을 위해 갈수록 심각해지는 장기적 가난을 감내하고 있다.

더욱 충격적인 것은 우리의 이기심 때문에 고통받는 보이지 않는 사람들 중에는 우리의 손자와 증손자들, 즉 과도한 화학 물질을 사용해 최대의 생산성을 뽑아내는 현대의 농업에 의해 고갈당하는 이 땅에 살게 될 우리의 자손들도 포함되어 있다는 사실이다. 그들은 산업 물질과 독성 하수물이 내버려지는 강과 호수와 만에서 나오는 물을 마실 것이다. 우리 시대의 가장 충격적인 예언은 지구 자체가 우리의 이기심 때문에 고통당한다는 것이다. 어느 신학자는 지구와 거기에 사는 인간 이외의 거주민들을 '새로운 빈곤자'라고 부른다. 전 세계적으로 하나님이 주신 풍성한 자연계가 줄어들고 있다. 그들의 자연 거주지가 오염되고, 비정상적으로 더워지고, 갈아엎어져 도로로 포장되고, 무분별한 벌목으로 사라지면서 식물과 동물의 종들이 빙하 시대 이후 그 어느 때보다도 빠르게 멸종되고 있다.

교회에서는 이러한 이야기를 별로 하지 않는다. 신학교도 마찬가지다. 눈의 아들 여호수아처럼 교회는 이 문제에 대해서 진실을 말하는 안수받지 않은 선지자들을 인정하려 하지 않았다. 그러나 모세는 여호수아에게 말한다. "네가 나를 생각해서 질투하느냐? 나는 모든 하나님의 백성이 선지자였으면 좋겠다!" 나는 영적인 훈련의 일환으로, 우리가 하는 일이 하나님의 피조물에 어떠한 영향을 미치는지, 그 둘 사이의 무수한 작은 관계들을 규명해 낼 것을 촉구한다. 이것은 예언적 임무다. 그 관계를 규명하는 것이 고통스러울 것임을 미리 경고한다. 이 세상의 깊은 상처와 그 상처를 내는 데 가담한 우리의 공모를 보기로 택하는 일이기 때문이다.

지구의 치유가 그리스도인의 중요한 책임이라고 교회가 인정하기까지 너무 오랜 시간이 걸렸다. 그러나 이 책임을 감당하려고 노력하는 우리가 서기에 가장 좋은 곳은 바로 이곳, 교회 안이다. 왜냐하면 그리스도교의 예배 자체가 만족의 예술을 배우는 가장 기본적인 훈련이기 때문이다. 예배를 통해 우리는 무엇이 충분한지를 묻는다. "우리에게 일용할 양식을 주십시오." 우리는 예배를 통해 우리를 진정으로 만족시키는 것, 하늘의 떡을 받는다. 그 떡은 광야의 만나를 기억하게 하고, 깡패 같은 무리를 포함해서 신기하게도 모든 사람이 충분히 가졌던 그때를 생각하게 한다. 전례는 깡패 같은 무리를 포함해서 모든 사람이 만족할 하늘의 만찬을 내다보게 해준다. 그러니 성만찬의 언어를 주의해서 듣기 바란다. 모든 기도가 우리에게 만족의 언어를 가르칠 것이다. 또한 우리가 따르기만 한다면, 믿음 가운데서 감사하며 자기 마음으로 그리스도를 먹고 사는 사람들이 경험하는 완전한 만족을 서서히 느끼도록 가르쳐 줄 것이다. 그러니 오라, 식탁이 준비되었다. 먹고 채우라. 깊이 마시고 만족하라. 아멘.